销售中的心理学策略

李会影◎主编

中国纺织出版社

内 容 提 要

那些销售精英之所以能够成功，其中一个主要原因就是他们能够洞悉客户的心理，并懂得运用相关的心理学技巧来处理销售中的各种问题。在销售中谁掌握了客户的心理，谁就将是最后的赢家！

隐藏在销售背后的是客户深层的各种心理，销售人员不仅要洞悉客户的心理，了解客户的愿望，还要学会用心理策略赢得客户的心，以达到销售的目的。本书涵盖了大量的心理学知识，搜集了诸多心理学实验成果，精选了大量相关的销售案例，从中提炼出了在销售中常用的一些心理策略。其实，销售员都是在不知不觉中使用了这些心理学知识，只是自己没有发觉。本书正是站在理论的高度，将销售员心中的那些有待开发的潜能激发出来，从而进入一个“知己知彼，百战百胜”的销售境界。

图书在版编目（CIP）数据

销售中的心理学策略 / 李会影主编. --3 版. --北京：中国纺织出版社，2016.4 （2024.1重印）

ISBN 978-7-5180-2361-5

Ⅰ. ①销… Ⅱ. ①李… Ⅲ. ①销售—商业心理学 Ⅳ. ①F713.55

中国版本图书馆 CIP 数据核字（2016）第 030433 号

策划编辑：向连英　　特约编辑：邓艳丽　　责任印制：储志伟

中国纺织出版社出版发行
地址：北京市朝阳区百子湾东里 A407 号楼　邮政编码：100124
销售电话：010—67004422　传真：010—87155801
http：//www. c - textilep. com
E - mail：faxing@ c - textilep. com
中国纺织出版社天猫旗舰店
官方微博 http：//weibo. com/2119887771
北京兰星球彩色印刷有限公司　　各地新华书店经销
2010 年 8 月第 1 版　2024年1月第7次印刷
开本：710 × 1000　1/16　印张：18
字数：244 千字　定价：49.80元

Preface
『前言』

人生无处不销售，你想要什么，就会得到什么。日本推销之神原一平也曾说过：“人人都是推销员”。的确，我们每个人每天都在通过自己的沟通模式说服别人接受自己的想法。销售对于每个人来说都是一种本能。

然而，问题是为什么有的人做得很好，有的人却为之头痛？美国一项调查表明，通常那些超级销售员的业绩是一般销售员业绩的300倍。在众多企业里，通常80%的业绩是由20%的销售员创造出来的，而这20%的人并非俊男靓女，也不一定都能言善辩，唯一相同的就是他们都掌握了迈向成功的方法。他们的方法不可能完全相同，但却有其共同之处，那就是能洞悉客户的心理。由此可见，成功的推销员一定是一个伟大的心理学家。

心理学是一门与我们生活密切相关的学科，因为人的各种行为都是受心理支配的。兵法有云：“知己知彼，百战不殆”。生活中，如果我们了解了自己的心理，就能从中汲取巨大的精神力量；人际交往中，如果我们洞悉了别人的心理，就将获得掌控人心的密码，无往而不利；销售活动中，如果我们能了解客户的心理需求并给予满足，就可能会使看似艰难的销售工作变得容易……心理学是打开他人心理之门的一把钥匙。懂得心理学的人往往能够在恰当的时候说恰当的话，在恰当的时间做恰当的事，能够察言观色、见机行事，而不会贸然触犯他人。作为一名销售人员，只有掌握了客户的心理，你才能在迅速变化的市场中占有一席之地。

本书内容正是遵循了这个科学的观点而备受读者青睐。为了更好地服务读者，作者倾心推出了本书的第3版。与前两版相比，本版更多地注重心理学知识与销售工作如何更好地结合，因而充实了更多的心理学知识，搜集了诸多心理学实验成果，精选了大量相关的销售案例，从中提炼出了在销售中常用的一些心理策略。其实，销售员都是在不知不觉中使用了这些心理知识，只是自己没有发觉，本书正是站在理论的高度，将销售员心中的那些有待开发的潜能激发出来，从而进入一个“知己知彼，百战百胜”的销售境界。

编者

于北京

Contents 目录

第一章　像鱼儿那样思考　1

有人说全世界最长的距离就是从客户的口袋到销售人员口袋的距离，究其原因是因为我们时常太过于想获得客户口袋里的钱，就像钓鱼者只关心鱼塘里的鱼有多大，却没有关心鱼喜欢什么样的环境和食物。找不到客户所关心的重点，这也就是为什么我们拜访了千百次却还是无法找到与客户做进一步沟通的突破口的原因。要想钓到鱼，就要像鱼那样思考，而不是像渔夫那样思考。换句话说，要想把东西卖给客户，就必须知道客户在想什么！

第二章　摸清客户的牌　23

如今是产品同质化的时代，同类产品的销售人员众多，客户为什么不与别人成交而要和你成交？你有什么优势让客户从众多销售人员中选择你呢？如果销售人员能摸清客户的牌，知道客户的内心想法，就能获得更多的客户。

俗话说，相由心生。人内心里想的什么，在五官上都会有一定的表现。例如，当一个人遇到开心的事情时，他的面相就会眉飞色舞，笑口常开；而当一个人遇到悲伤的事情时，他的面相就会愁眉苦脸，皱眉撅嘴。总之，人的七情六欲无不表现在五官上，五官就是一个心境的测量仪。任何一个客户都愿意购买自己喜欢的产品。抓住了客户的心理，按客户喜欢的方式出牌，销售就能无往而不利。

销售员不仅要洞察客户的心理，了解客户的愿望，还要掌握灵活的心理应对方式，以达到推销的目的。打开客户的心门，不是仅靠销售员几句简单的陈述就能够实现的。客户有着自己的想法和决定，销售员必须在心与心的博弈中取得胜利，才能成功地签下订单。

| 第五章 | 娴熟应对不同类型的客户 83

人人都有弱点，突破人的弱点最容易，效果也最好。如果销售员能洞悉并掌握客户的心理弱点，就等于抓住了客户的命门，这样销售员必然占据主动，销售工作也就会容易很多。

| 第六章 | 读懂客户的肢体语言 107

著名的人类学家、现代非语言沟通首席研究员雷·伯德威斯特尔认为：在两个人的谈话或交流中，通过口头传递的信号实际上仅占全部表达意思的35%，而其余65%的信号都会通过非语言信号的沟通来传递。同时，因为肢体语言通常是一个人下意识的举动，它也很少具有欺骗性，所以在销售过程中，要想了解他人的心理状况，肢体动作就是一个很好的参考信号，读懂了客户的身体语言，也就意味着掌握了65%的成功机会。

第七章 不可不知的心理“显规则” 121

在做销售时，销售员常常猜不透客户的心思，所以不知道该怎么应对客户，结果屡试屡败。于是，销售员便开始害怕客户的拒绝，不敢再去拜访客户，没有拜访率，业绩可想而知。其实，这是由于我们没有掌握做销售必备的一些心理“显规则”的缘故。

第八章 大开眼界的 9 大心理效应 145

各种心理效应是对人的心理现象的提炼、升华、浓缩和总结。通过对这些心理效应的学习和研究，销售员可以学会洞察客户的心理，轻松获得客户的喜欢和信赖，并最终促成客户与你的交易。

|第九章| “堵住”客户的嘴，让他无法说“不” 165

做销售最笨的做法就是对客户百依百顺，被客户牵着鼻子走。所以聪明的销售人员就要学会让客户无法说“不”，只有这样你才能抢占“上风”，才能牵着客户的鼻子走，那才是销售的最高境界。

|第十章| 你的计划，客户的腿 183

美国营销学家卡塞尔说：“生意场上，无论买卖大小，出卖的都是智慧。”销售人员要将产品出售给顾客，就要掌握专业的推销技巧。销售人员如何才能让客户一步一步地按自己的计划去做，是完成订单的关键。

第十一章 在谈判中"俘虏"客户 201

在谈判中，运用恰当的策略，对方的思路就会跟着你的思路跑。从对方的表现中我们可以看出他会做出怎样的反应，它能告诉应采取什么样的措施在谈判桌上"俘虏"客户。在谈判桌上游刃有余，能达到自己目的的，才是谈判高手。

第十二章 细节决定成败，让对方成为你的长期客户 217

细节决定成败！在销售工作中，要想做到出类拔萃，就必须在细节上下工夫。销售员只有把工作中的每一个细节都做深做透，才能让对方成为你的长期客户。因此，销售员要把销售过程中每一个微小的细节放大，把所有细节做到位。

第十三章 记住，客户永远是主角 235

销售员要赢得好的口碑，一定要重视每一位客户，把客户作为永远的主角。虽然有些客户不一定会买你的东西，但是你的表现会让他们津津乐道，他们会主动帮你传播你的与众不同和你的热情好客，很多时候，有些客户还会被你的真诚打动而改变主意。

第十四章 好心态，大赢家 253

心态决定命运，销售是一项富有挑战性的工作，是对销售员心理素质的全面考验。不管别人怎么说，销售员都必须要对销售工作有一个理性的认识，认识到工作的价值和意义，体会到为目标而努力奋斗的乐趣，从而全身心地投入到自己的工作中去，做出不平凡的成绩。正所谓“态度决定一切”，要做好销售工作，首先要摆正自己的职业态度，干一行，爱一行。只有倾情投入，才会换回应有的回报。

第一章 像鱼儿那样思考

有人说全世界最长的距离就是从客户的口袋到销售人员口袋的距离，究其原因是因为我们时常太过于想获得客户口袋里的钱，就像钓鱼者只关心鱼塘里的鱼有多大，却没有关心鱼喜欢什么样的环境和食物。找不到客户所关心的重点，这也就是为什么我们拜访了千百次却还是无法找到与客户做进一步沟通的突破口的原因。要想钓到鱼，就要像鱼那样思考，而不是像渔夫那样思考。换句话说，要想把东西卖给客户，就必须知道客户在想什么！

鱼的思维就是客户的思维

成功是没有秘诀的，如果非要说有的话，那就是时刻站在对方的立场上。

——美国汽车大王　亨利·福特

心理学家为销售员提供了一种销售方法，这种方法要求销售员把自己想象成客户，即从客户的立场出发考虑问题。当客户对你推销的产品提出批评意见时，你要装出忘记自己的销售使命的样子，站在对方的一边说话。

美国汽车大王亨利·福特曾说过这样一句话："成功是没有秘诀的，如果有一个成功秘诀的话，那就是站在对方的立场来看待问题，由他的观点设想正同你的观点设想一样。"在亨利·福特看来，只有多为别人着想，多去了解别人的想法，才能真正知道对方的真正需要所在。

乔治钢铁公司的老板想为公司购置一套房产，于是他请来了房地产业知名人士莱特，乔治说："莱特先生，你知道我们钢铁公司此前租住的都是别人的房子，现在我们公司好转了，我不希望再这样下去，所以，我现在想拥有一套属于自己的房子。"乔治一边说一边把目光投向窗户外面，深情地说："外面的街景好美啊，希望我新买的房子也可以看到如此美的景色，你能帮我吗?"

听完乔治的诉说，莱特立即着手满足乔治的需求，他做过大量的预算，还画过不少图纸，但还是理不出一个头绪来。

其实，在莱特手上是有很多可以考虑的房子的，可是乔治都没看上，根据乔治的要求，最好的房子就是乔治现在的钢铁公司所在的那栋房子，乔治说的街景只有那栋房子可以看得到。

这是不是乔治的意思？莱特马上把他的想法告诉了乔治，但却遭到了乔治的强烈拒绝，乔治说他从没想过要买一套旧房子，他有的是钱，他要的是新房子。乔治对莱特的推荐非常不满，但莱特只是安静地听着，并没有要说服乔治的意思。为了摸清乔治的真实想法，莱特开始了换位思考，他发现乔治想要的房子，其实就是他脚下的那栋旧房子，只是乔治现在还不知道自己真正想要的是什么。莱特脸上露出了笑容，他似乎找到了问题的突破口，于是，他开始向乔治提问："乔治先生，当初你刚刚创业的时候是在什么地方？"乔治回答道："这里。"莱特继续问："那你的公司在什么地方挂牌成立的呢？""也在这里。"乔治一口气说了好多"就在这里"。之后，莱特静静地看着乔治。乔治好像突然明白了什么，然后大笑着说："莱特先生，我知道了，这所房子就是我想要购买的，是的，这所房子是我事业的见证者，它是我们公司的发祥地！除了它，还有什么地方比这更合适的呢？"乔治像释放了什么，一身轻松，在很短的时间内就完成了购买。

纵观这场销售，其过程非常简单，莱特并没有巧舌如簧地去说服乔治购买，他成功签单的奥妙在于他考虑了乔治的需求，他从乔治（客户）的立场上分析了客户究竟想要什么样的房子，只是莱特用了心理学上的暗示方法刺激了乔治，从而达成了交易。

在《哈佛商业评论》上有一篇重印次数最多的文章，就是《亲近客户及其他价值原则》。作者认为，企业要取得市场领先地位，有三条途径：亲近客户、卓越运营和产品领先。成功企业会选择其一做到出类拔萃，而在另外两条上力求达到行业标准。

爱好钓鱼的人都喜欢去那些水草茂密的地方下杆，这是因为，鱼是一种冷血动物，对水温十分敏感。所以，通常情况下鱼都喜欢待在温度较高的水域。一般水温高的地方阳光也比较强烈，但是你要知道鱼没有眼睑，阳光很容易刺伤它们的眼睛。所以它们一般待在阴凉的浅水处。浅水处水温较深水处高，而且食物也很丰富。这其实也是钓鱼高手们的经验，要想钓到鱼，就非得像鱼那样思考不可！

像鱼那样思考并不意味着你也要变成一条鱼，而是要销售人员站在客户的角度去思考问题。当然，这也并不意味着客户的一切需求销售人员都要满足，也不能单纯地只是从客户的角度来衡量销售人员的产品和服务，因为服务同样是要有成本的。例如，销售人员不可能在客户了解了产品后，就要送他回家。销售人员有必要花一些时间来研究一下，从客户的角度来看，到底还有什么能够赢得他们的芳心。

一个专业的销售人员，想提高自己的销售业绩，就必须学会站在客户的角度想问题。但是，很可惜，现在有很多销售人员不知道这一点，他们往往喜欢站在自己的立场思考问题，而不能像一个普通的客户那样思考问题。

如果你想和你的老板相处愉快，并能更好地沟通，就必须得像他那样看问题。销售的道理也是一样的，你想从客户的口袋里掏钱，必须给客户一个掏钱的理由。这个理由源自哪里？源自客户的内心！

行动指南

要想拥有更多的客户，就得像客户那样思考，他们需要什么，你就满足他们什么，就像水中的鱼儿一样，它们喜欢待在水温相对高点的地方，那你就去那个地方钓鱼。不要总是站在自己的角度来想客户，客户更多的时候想的其实和你不一样。

客户总认为自己是上帝

我们的客户也是有血有肉的人，也是一样有感情的，他们也有受到尊重的需要。因此，你如果一心只想着增加销售额，赚取销售利润，冷淡地对待你的客户，那么很抱歉，成交免谈了。

——美国伟大的推销员　乔·吉拉德

美国著名心理学家马斯洛的人的需求层次论告诉我们：当一个人满足了基本的生理需要和安全需要，获得了归属和爱的权利之后，其需求层次就达到了较高层面，即第四层面——尊重的需求：人有受到他人尊重的需要。

其实，从心理学的角度分析，每个人心中都有某种强烈渴求被接纳的愿望："请接纳我吧！虽然你我有年龄、性别、宗教、种族、工作、国籍上的差异，但是请你接纳我吧！我必须知道我是受人欢迎的，我必须用心去感受我的生活，我所相处的人以及对环境的归属感。但是你要帮助我、告诉我。你可以用一个微笑、一句温馨的问候、一个友谊的行动或任何方式来告诉我你接受了我。因为如果你接纳我，那么我就会接纳我自己，我们的关系便能从这个基础开始，然后慢慢建立起我们之间的默契。但是，这一切都必须以我被接纳为前提。"

乔·吉拉德被誉为世界上最伟大的推销员，我们不妨听听他的故事——如何尊重客户。

有一次，一位客户来找他商谈购车事宜。在销售过程中，一切进展顺利，眼看就要成交，但对方突然决定不买了，这让乔·吉拉德百思不得其解。

到了晚上，乔·吉拉德仍为这件事感到困扰，他实在忍不住，就给对方拨通了电话。

"您好！今天我向您推荐那辆车，眼看您就要签字了，为什么却突然走了呢?"

"喂，乔·吉拉德，你知道现在几点钟了?"

"真抱歉，我知道是晚上十一点钟了，但我检讨了一整天，实在想不出自己到底错在哪里，因此冒昧地打电话来请教您。"

"真的?"

"肺腑之言。"

"很好！你是在用心听我说话吗?"

"非常用心。"

"可是，今天下午你并没有用心听我说话。就在签字前，我提到我的儿子即将进入密歇根大学就读，我还跟你说到他的运动成绩和将来的抱负，我以他为荣，可你根本没有听我说这些话!"

听得出，对方似乎余怒未消。但乔·吉拉德对这件事却毫无印象，因为当时他确实没有注意听。话筒里的声音继续响着："你宁愿听另一名推销员说笑话，根本不在乎我说什么，而我也不愿意从一个不尊重我的人手里买东西！”

这次推销让乔·吉拉德发现了尊重客户的重要性，从此，他牢记这次的教训，发自内心地去尊重他的每一个客户，得到了意想不到的收获。

一次，一位中年妇女走进乔·吉拉德的雪佛莱汽车展销店，说她想在这儿看看车打发一会儿时间。闲谈中，她告诉乔·吉拉德，她想买一辆白色的福特车，就像她表姐开的那辆，但对面福特车行的推销员让她过一小时后再去，所以她就先来这儿看看。她还说这是她送给自己的生日礼物：“今天是我 55 岁生日。”

“生日快乐！夫人。”乔·吉拉德一边说，一边请她进来随便看看，接着出去交代了一下，然后回来对她说：“夫人，您喜欢白色车，既然您现在有时间，我给您介绍一下我们的双门式轿车，也是白色的。”

他们正谈着，女秘书走了进来，递给乔·吉拉德一束玫瑰花。乔·吉拉德把花送给那位夫人：“祝您生日快乐！”

女士被眼前的这一幕感动得眼眶都湿了。“已经很久没有人给我送礼物了。”她说，“刚才那位‘福特’销售员一定是看我开了辆旧车，以为我买不起新车，我刚要看车他却说要去收一笔款，于是我就上这儿来等他。其实我只是想要一辆白色车而已，只不过表姐的车是福特，所以我也想买福特。现在想想，不买福特也可以。”

最后，她在乔·吉拉德这儿买走了一辆雪佛莱汽车，并写了一张全额支票，其实从头到尾乔·吉拉德的言语中都没有劝她放弃福特而买雪佛莱。只是因为她在这里感受到重视，于是放弃了原来的打算，转而选择了乔·吉拉德的产品。

任何一位客户都讨厌受到冷遇。你把客户晾在一边，那客户当然会让你的生意泡汤。所以，在工作中，我们要让客户感受到一种热情和足够的重视，这样顾客才会接受你。

行动指南

只有尊重客户，才能让客户尊重你。当客户接受了你这个人，就相当于信任你这个人，而你再站在客户的角度上向客户推荐能满足他们需求的新业务时，自然就会达到事半功倍的功效。此外，在与客户的交往当中还要善于发现对方的优点并适时进行赞美，这样客户就能真真切切地感受到被重视，从而更容易接受我们的推荐。

客户关心的永远是自己

我们很难活在股东对我们的期待之中，更难活在别人的眼里，但我们可以也必须活在真实里，活在客户的成功里，活在今天，活在未来。

——阿里巴巴董事局主席　马云

心理学家曾经做过这样一个实验：

他们让一位大学生穿上一件名牌T恤，然后进入教室。该学生事先估计会有大约一半的同学注意到他身上的名牌T恤，但是最后的统计结果却出乎很多人的预料——只有23%的人注意到了这一点。

这个实验说明，我们总认为别人对我们会倍加注意，但实际上并非如此。由此可见，我们对自我的感觉的确占据了精神世界的重要位置，我们往往会不自觉地放大别人对我们的关注程度，而且通过对自我的专注，我们会高估自己的突出程度。

在心理学中，这种现象被称为“焦点效应”。

从心理学的角度看，这种重视自我的心理主要包含两层含义：其一是自己对自己的关心和保护，其二是希望得到别人的关心和重视。

这是人类的普遍心理，也是心理学中所公认的一个事实——人都是以自我为中心的。其实，这在销售中也是常见的。

客户最关心的永远是自己，他们只会为了自己的原因才购买，而不是因为你的原因去购买。如果想和一个客户合作，就必须先考虑到这个客户的需求是什么。不能按照客户的需求思考，自然就无法完成销售业绩。满足了客户的需求，再加上你的“三寸不烂之舌”，几乎就能搞定了。所以，精明的销售员都知道，做交易的时候，首先考虑的不是赚钱，而是俘获人心。

让我们来看这样一个例子。

甲、乙两个销售人员到同一个客户那里推销商品。

甲到了客户的家里就开始滔滔不绝地介绍自己商品的质量多么好、多么实用，如果不购买的话会多么可惜，结果客户毫不客气地打断了甲的介绍，说：“不好意思，先生，我不需要，因为它不适合我。”甲只好很尴尬地说抱歉，然后离开。

很多销售人员总是一味地关心自己的商品是否能卖出去，一味夸赞自己的商品多么优质，而不考虑是不是适合客户、客户喜不喜欢。这样给客户的感觉就是你只关注自己的商品，只注重自己能赚多少钱，而没有给他以足够的关心和重视。客户的“被重视”心理需求没有得到满足，自然也就很难接受你的商品。

销售人员乙到该客户家里推销时，却是另外一种状况。

乙到了客户的家里，边和客户闲聊边观察其家居布置，据此揣测客户的生活档次和消费品位，并和客户家的小孩玩得很好，似乎孩子已经喜欢上了这位叔叔。同时乙在向客户介绍自己的商品时，先询问的是客户需要什么样的款式和档次，并仔细地为客户分析商品能够给客户带来多少潜在的利益。如会给客户省下多少开销等。最后乙并没有把自己的商品卖给客户，而是说公司最近会推出一款新机型，特别适合客户的要求，希望客户能够等一等，自己过段时间再来。

客户非常感动，不仅仅是因为销售人员乙跟自己家人处得很好，更是因为销售员乙所说所做都是从自己的立场出发，为自己考虑了很多。客户感受到了销售员的真诚，销售员也得到了客户的信任，当然还有订单。

如今是互联网时代，在这个时代，销售员要想成功销售，首先要践行以客户为中心的业务的全面转型，用数据去预估客户的需求，去详细了解每个客户，为每一个客户做量身定制的解决方案。

“以客户为中心”已不再是一句空洞的口号，而是富有哲理的经营理念。销售员只有将自己的销售策略定位在帮助客户更多地实现其价值需求上。客户唯有获得其满意的价值需求和价值体现，才能显现出其应有的客户满意、客户忠诚和客户贡献。

行动指南

“以客户为中心”的销售理念要求销售员做到两点：一是意识，要有以客户为中心的理念，要形成以客户为中心的销售文化；二是行动，在销售过程中要体现出对客户的尊重，对客户的重视，这一点是关键。在平时的工作过程中务必多多使用“换位思考”，始终站在客户的角度思考问题，明白了客户的预期，也就可以在很大程度上影响客户的购买意向。

喋喋不休惹人嫌

倾听，你倾听得越长久，对方就会越接近你。我观察，有些推销员总是喋喋不休。上帝为何给我们两只耳朵一张嘴？我想，意思就是让我们多听少说。

——乔·吉拉德

相信每个人都有这样一种感觉，那就是当商场的销售人员向我们主动推销商品时，我们的第一反应就是戒备，因为你觉得有人要掏我们的钱包。反之，如果是我们自己主动询问或打算购买某种商品时，

则很少产生这样的排斥心理。这其实是供需矛盾的消费环境塑造出的顾客消费心理。

很多人认为达成交易的关键是临门一脚，也就是在客户最终确定购买的环节上。毋庸置疑，客户最终的购买才是检验我们销售成败的标准。但是大多数销售员往往把注意力集中在不足30%有意向购买的客户身上，因为70%以上的客户是刚刚与我们沟通后就回绝的："不需要""没兴趣""我很忙""我已经有了""去、去"……难道这70%的目标客户都真的不需要我们的产品吗？那些销售精英们给出的答案是否定的，客户多是由于心理因素、环境因素等原因轻易做出了拒绝的反应，我们如果能够多用些心思与技巧在这个环节上，至少还会有20%的目标客户可以进入购买的第二个心理环节。

如果知道了客户有主动购买和被动接收之间的心理差别后，你就会在以后的销售中不再喋喋不休，或者说是迫不及待的样子去给客户推销了。大多数销售人员因为觉得客户给自己的时间太少，于是就在其做出反应前像说绕口令一样地给客户传递产品的信息并劝其购买，以为在客户拒绝前推销的越多，客户越可能接受，而事实正好相反，那只会使客户加重排斥心理。

我们来看一个销售案例：

销售人员："下午好，先生，我是文化公司的销售代表，我们公司刚开发出一种非常有效的培训课程，这种培训课程对于提高公司员工的素质、提高工作效率大有好处。如果您有兴趣，我想与您约个时间仔细谈一谈有关情况。"

客户："我很忙，没时间。"

销售人员："我知道您很忙，因为课程的介绍资料并不能完整地表达出我们课程真正的优点，今天我刚好经过您公司附近，我就把这些资料亲自送到贵公司，只需要占用您十分钟的时间来向您做一个详细的介绍。我想这或许才是最节省您时间的方式。"

客户："对不起，我现在很忙，你先把课程介绍放这儿吧，我再和你联系。"

销售人员："我可以给您作一个介绍。"

客户："你说得还不够多吗？一会儿我有个部门会议要开，有个年度计划要做，抽空还要去见我的上司，他正有一肚子的指责准备送给我。而我手下的人呢？人心涣散，互相推脱责任。好了，你还站在这儿干吗？走吧！”

销售人员被客户的这种激动的言辞吓呆了，赶紧拿起自己的东西走了。

在此种情况下，客户已经厌烦至极，销售人员却忙于自我介绍及产品介绍，这样的结果只能招来客户的反感。

其实，大部分客户认为：你只要告诉我事情的重点就可以了，我不需要拐弯抹角，请有话直说！所以，销售人员切忌喋喋不休，有时沉默也许真的会带给你意想不到的效果。销售人员多说几句没错，想了解客户的需要也无可厚非，但如果总是跟在客户身边喋喋不休地推荐产品，是会让客户厌烦不已的。

即使在买卖双方僵持一段时间，仍无法探出对方的底价时，也没有必要拐弯抹角，不妨开门见山，单刀直入，或许可“置之死地而后生”地打开僵局。你可以明白地向对方表示：“这是最低价，如果再降价，这个交易就只好取消了。”

当然，这种方式有些冒险，但往往也因此谈开了议价的空间，使交易能进一步继续进行下去。

例如，在一次房屋买卖中，一位非常有诚意且对房屋满意的客户与销售人员议价，但在一番交谈后，销售人员发现，这位客户在议价之前并未经过事先评估，为了争取更合理的利润，在价位上销售人员也坚持了好一阵子，双方一直无法谈出个结果来。经过几天的僵持后，这位客户终于忍不住单刀直入地对销售人员说：“究竟最低的价格是多少？若再不降价，我决定放弃购买。”

很显然，销售人员如果还继续坚持下去，这笔交易将可能就此泡汤。就算重新再找买主，也不见得能保住原来的利润。最后，双方商议酌量减价后，终于圆满成交。

虽说销售人员也有苦衷，但商场如战场，不积极主动，不多和客户交流，机会就会越来越少。然而，在交流的时候也要注意到客户的反应，看看客户是否对自己的话感兴趣。如果看出客户的不满情绪，请立即调整自己的话语，尽量让客户产生共鸣。

何时出击，何时倾听，是一个非常“艺术”的技巧，用通俗的一个字来说就是“度”。过于疏远遭人嫌，过于热情则同样令人生厌。也就是说，在销售过程中，如果销售员不冷不热，反应淡漠，顾客可能会有不受重视的感觉，但过分殷勤的销售服务却容易吓跑顾客。因此，如何把握这个度，就显得至关重要了。

其实，客户在购物时看重的是销售员的真诚态度，有了这个态度在先，顾客便有了购物的好心情。如销售人员可以先问“需要我帮您什么?”如果顾客不需要，那就千万别一直跟在人家身后说个没完没了。但如果顾客有问题要询问，一定要耐心和蔼地回答，即便是顾客没有购买意向，销售人员也还是应该笑脸相送。

行动指南

在销售过程中，听客户需要什么，听客户期待什么，听客户对自己的看法，这是非常重要的。毕竟，每个人都有被尊重和独立思考的权利，狂轰滥炸式的话语往往适得其反。

卖“信任”胜过卖产品

因为你们，让这个时代看到了希望，在座的你们就像中国所有“80后”“90后”那样，你们在建立着新的信任，这种信任就让世界更开放、更透明、更懂得分享、更承担责任。

——阿里巴巴董事局主席　马云

你见过没有营业员站柜台的商店吗？在如今诚信缺失的年代，这样的商店几乎是天方夜谭，但在长沙天心区湘府中路的一个小区却真实存在着这样一家商店，该商店没有任何监控镜头，老板从来不守店，

店内的商品统统明码实价。顾客在挑好自己需要的东西后，直接把钱放进一个旧鞋盒里就行。或许你会问，这样的商店能开长久吗？据记者调查，这家“无人商店”已开了四个多月，至今没有丢一件商品。用店主自己的话说：“这没什么好奇怪的，姐卖的就是信任。”

这家商店的女老板今年35岁，在开店的前四个月，她一直过着清早来看店、深夜才回家的忙碌生活。如此辛劳奔波，让她备感焦虑。一日，她突发奇想：开一家无人店！说干就干，她在每一个货品下面都标好价格，且注明“自选自付”等告示，放在醒目处，然后她就敞开店门回家了。

把商店撂下不管，任由顾客去挑选，店主老板其实自己心里也很是忐忑。但很快，她的担心就被事实证明是多余的。四个月来，小店从没有发生过营业款被偷或是商品被盗的现象，“无人商店”开得风生水起。

上述案例是一个真实的故事，它传递出来的信息就是信任，一旦客户对我们有了信任感，那么他们就会产生了解产品的兴趣，当他们发现产品确实有益无害时，就会毫不犹豫地同意我们的“安装条款”。所以卖“信任”胜过卖产品。

要想让客户信任你，就要在客户身上投入更多的时间，多花点时间和客户相处，尽量为客户着想，与客户建立起良好的商业友谊。世界著名潜能大师博恩·崔西在和客户相处的时候，绝对不会急着赶时间。他说：“我绝对不会对客户没耐心，我愿意花足够的时间去帮助客户做出正确的决定。”博恩·崔西和许多客户的关系都非常好，甚至在生活中也成了非常好的朋友。他说：“你越关怀你的客户，他们就越有兴趣和你做生意。”关怀是一种由心而生的深切情谊，而情感的力量是强大的，有时候比商品本身、交易都要来得重要。一旦客户认定你是真正关怀他，真心为他考虑，不管一些细节如何变幻，他都会信任你，从而加速购买进程。

尊重每一位你所遇到的人。这是给销售人员最好的忠告。一个人的所作所为很大程度上是为了得到身边人的尊重。你越在意别人的意见，别人对你的尊敬程度就越能影响你的行为。事实也确实如此，当我们觉得别人尊重自己的时候，我们就会对尊重自己的人特别重视。面对客户也是这样，你尊重客户，客户也会尊重你。

销售人员和客户的立场不同，好的销售人员不会只站在自己或本公司的立场去批评任何客户的任何事情，更不能口出不逊。尤其当客户在你面前提及对手公司的情况时，你最好微笑以待：“那个公司也很不错。”然后转移话题，继续介绍自己的产品。如果有人向你“告密”说你的对手公司在批评你，也请你一笑置之，你要做的是毫无条件地接受。

每个人都希望被他人毫无保留地接受。在向客户推销的时候，请你务必保持真诚的微笑，用温和友善的态度面对他人。人与人之间的交往，就是心与心的交流，只有你先付出真诚，并让客户体会到，他们才会信任你。因为人们从内心深处喜欢和能够接受自己的人在一起。

让客户消除排斥心理还要学会赞美。从心理学角度来说，赞美是一种非常有效的交往技巧，能有效地缩短人与人之间的心理距离；赞美是从心理上给人力量；赞美是发自人类内心深处的对他人的欣赏，然后回馈给对方的过程；赞美是人际关系之中一种良好的互动过程，是人和人之间相互关爱的体现。在现实中，当内心中充满了对他人的爱护时，赞美就会油然而生。销售人员如果能把握住这一点，在面对客户时用赞美的语言软化客户，你就会发现原来销售竟然如此简单。赞美能提高客户的自我肯定，让客户感到“得意”。只要你的赞美是发自内心的，那么客户就能得到正面的肯定影响，要知道：赞美客户会让你备受宠爱！

当销售人员懂得真诚地赞美时，那他必定有一颗感恩的心，感谢每一个曾经帮助过他的人。销售人员一定要有一颗感恩的心，尤其是对那些对你来说非常重要的客户。

行动指南

销售人员要意识到这一点，就是在没有取得客户的信任前不要过早地销售你的产品。因为你说得越多，客户的防备心理越重，信赖感就不容易建立，最终销售也就不容易成功。销售其实很简单，当你把信任“贩卖”给客户的时候，客户怎能不购买你的产品？

花的是钱，买的是享受

不是盯着对手如何强大，如何做生意，而是眼睛盯着客户。每天对客户多了解一点、服务得好一点，每天把自己放在客户的角度上去做，做好自己的口碑，这才是真谛。

——阿里巴巴董事局主席　马云

这个世界上没有谁愿意花钱买不愉快。每一位客户都希望碰到善解人意、服务贴心的销售员，使自己不仅购买到了商品，而且也在消费的过程中获得享受。所以销售员一定要关注客户在购买过程中的情绪体验，要让他们得到足够的愉悦感，甚至可以称得上是幸福的感受。

如何才能让客户花钱还能变成一种享受呢？事实上，在很大程度上取决于有技巧的有效沟通。沟通不是简单的对话，沟通是需要站在客户的立场上考虑问题。体会客户的喜怒哀乐，让客户买得高兴，只有让客户心里舒服了，谈及购买的事情才会顺利。

有一位推销员到一个客户家里推销厨房用具，刚好碰到客户家里正在装修。当推销员敲开客户家门的时候，客户家里还没有收拾完毕，屋里乱七八糟，客户迟疑了一下还是请他进了屋。推销员看出客户有些不高兴，于是便小心翼翼地找话题说：“您这屋子好大啊！装修得真不错，既高贵典雅又不失时尚气息。”客户一听是有关装修的话题，很快勾起了自己的兴趣，于是开始发牢骚，说装修工程不顺利，材料不好买，而且进度太慢，已经超过预期很久还没有完工……推销员点头认同，并表示理解，顺便还说了不少安慰的话。

这时，推销员发现客户由于忙里忙外，脚上只穿了一双拖鞋，此时客厅里温度有点低，干活的时候不觉得，而停下来的话会很容易着凉。于是推销员巧妙地提醒客户说：“装修房子是一件很累人的事情，但是也不要忘记照顾自己的双脚，我建议您先‘装修’一下它们，免得它们受冻，向主人抗议。”其实客户自己也觉得有点冷，只是碍于有客人而不好意思说，此时销售员如此温馨地提醒自己，使客户的心里一热，于是他会意地笑笑说：“那真是不好意思了，我先失陪一下。”推销员点头说：“没关系，您请便。”

等到客户回到客厅在沙发上落座的时候，推销员又不失时机地说：“您把它们包装好，我就觉得安心了。我可不希望我的客户生病不舒服。”客户顿时感到内心一股暖流穿过。我们不难想象，在接下来的交谈中，气氛是多么融洽。最后客户爽快地决定购买他的全套橱柜，临走时，客户更是真诚地对推销员说：“我很欢迎像你这样的推销员。”

对别人表示关心和重视，能够换回对方积极的回应。把客户放在心里的推销员，客户也会把他放在心上，能让客户感到愉快的推销员，自然也就能得到客户的积极回报。反之，则很难打动客户。

某品牌汽车销售现场，销售人员已经对客户介绍了最新款宝马车的所有功能、特色，客户对车的各方面没有大的异议，但对最后的购买还有些说不出的犹豫。客户没吱声，只是背着手，绕着车走。

销售人员看着客户犹豫的面色，知道自己已经将销售推进到了客户决定购买与否的临界点，此时，只需他在客户情绪运作的右脑上添一把火，即可燃起他购买的激情。

“先生，来，请进入驾驶室，亲身感受一下驾驶的快感吧！来，坐好。想象一下：仲夏傍晚，你开着这辆车驰骋在海滨大道上，无尽的美景扑向你的眼帘，微咸的海风吹拂着你的头发，车里都是你所喜欢的皮革的味道，同时伴随着优美的音乐。车里还有车载冰箱，里面装满了美食美酒。你身边就坐着你最爱的家人、朋友，他们和你一起共

享着生命中这样最美好的时光。这辆车就像你家的老狗一样，它将会陪着你度过无数的晨昏，见证你生命中每一个重要的时刻。如果我是你，我将会尽快邀请这样一位朋友进入我的生命旅程。而且现在正是九月，秋高气爽，何不现在就把这款爱车开回家呢？”

随着销售人员的描述，客户仿佛觉得自己已经飘出了车辆展厅。他好像看到自己正驾驶着这辆车，在明媚阳光的照耀下，充分享受着生命中美好的每一刻。对应着情绪，客户身体好的感觉被唤起，能量自由地流动起来。这种忽然涌现出来、由衷而起的对生命的热爱与激情，让他决定尽快拥有这辆车——其实在潜意识里，也就是拥有更美好的生活。谁会拒绝更美好的生活以及那种生活所带来的感受呢？“嗯，你们的付款方式是怎样的？”

接下来的结果就可想而知了：客户决定将这款宝马车作为自己的好友，马上邀请进自己的生命历程，一起经历、享受自己人生路上的风风雨雨。

上述案例中，销售员成功销售的关键在于他充分地把客户的购买热情调动起来，让客户觉得如果能够拥有这辆车自己将会变得比以前更潇洒，生活更开心，家人朋友更喜欢自己。总之，客户会觉得拥有这辆车后自己会变得比以前特别。很多时候，我们会发现，对于客户来说，他可能回家思考了半个月，最后还是买了这款车。可是为什么不是此时此刻立即购买呢？其中有一个很大的潜在心理因素：客户的愉悦感没有被调动起来。客户不觉得有什么理由要他迫不及待地拥有这辆车。

销售员通过富有感染力的语言向客户勾勒了一幅活色生香的生活场景。在头脑想象的“情境”中，客户“看”得到无尽的美景，“闻”得到微咸的海风、皮革味，“听”得到悦耳的音乐，“尝”得到美食美酒，“感觉”得到和家人朋友欢聚时的幸福。五种感官因素都被加入到销售人员的推销过程中，它们向客户提供了一种难以言喻的心理体验——愉悦感。正是这种臆想中的愉悦感捕捉了客户的心，而客户的心则是通往客户的钱袋最近的途径。尤其是销售人员的最后一句话：“现在正是九月，秋天天高气爽”，更是为客户立即下订单起到了推波助澜的作用。

所以，销售员在为客户理性地分析产品之后，不妨抓住客户的心理，运用感性销售的策略，帮客户制造一系列拥有产品后的美梦，让客户花钱花得开心，使他觉得在你这里购买产品是一种享受。这样，你的推销就成功了。

行动指南

客户往往都有这样的心理，即愿意多花钱享受好的服务，购买更好的产品。因为好的服务和好的产品能够为其提供更多的舒适和好处，内心的满足感会使其心甘情愿地购买。所以，销售员要充分调动客户的激情，让他们体会到消费的乐趣。

得不到的永远在骚动

我们对稀罕货的本能占有欲直接反映了人类的进化史。

——心理学家　罗伯特·恰尔蒂尼

人们往往认为得不到的永远是最好的。这种心理究竟是什么在作祟？其实，这种心理在心理学上叫“蔡戈尼效应”（也叫蔡戈尼克记忆效应），是指人们天生有一种办事有始有终的驱动力，人们之所以会忘记已到手的东西，是因为对于已到手的东西已经得到满足；如果还未到手，则这一动机便使他对此留下深刻印象。

1927年，德国心理学家蔡戈尼做了一个实验：将受试者分为甲、乙两组，同时演算相同的数学题。其间让甲组顺利演算完毕，而乙组演算中途，突然让他们停止。然后让两组分别回忆演算的题目，乙组明显优于甲组。这种未完成的不爽深刻地留存于乙组人的记忆中，久搁不下。而那些已完成的人，“完成欲”得到了满足，便会轻松地忘记了任务。

这种解答未遂的问题深刻地留存在记忆中的心态就是“蔡戈尼效应”。

得不到的永远是最好的，其动力就是“蔡戈尼效应”。人人都有逆反心理，别人告诉“不准看”，他就偏偏要看。这种欲望被禁止的程度越强烈，抗拒心理也就越大。所以，销售人员不妨深层次地研究一下这种心理倾向，善加利用，不但能把那些看起来“顽固”的顾客软化，还能让他们对你的态度有所转变。

“你不给，他偏要！”这是人类普遍存在的一种逆反心理。

按照社会心理学家罗伯特·恰尔蒂尼的说法：“我们对稀罕货的本能占有欲直接反映了人类的进化史。”

《查泰莱夫人的情人》是西方十大情爱经典小说之一，是英国作家劳伦斯的最后一部长篇小说，因书中大量的情爱描写，曾一度被官方列为禁书。但令人惊奇的是，当人们得知此书被禁止出版的消息后，反而激起了更大的兴趣。结果这本未能公开出版的作品马上以盗版书的形式出现在黑市上，很短时间内就卖了好几千册。

下面再来看这样一个有趣的案例：

在某超市里，促销员将一些饼干免费拿给顾客品尝。她先从一个满满的盒子里取出一些饼干给他们吃，顾客说“味道不错”；然后又从一个快空了的盒子里取出一些饼干给他们吃，顾客说“这种饼干味道更好”。于是乎，客户纷纷去购买这种吃起来味道更好的饼干。

其实，促销员拿的是同一种饼干，只是形状略有差异罢了。然而，人们往往认为稀缺的东西价值更高。

顶尖的销售人员都知道，在销售过程中如果能较好地利用客户这种“物以稀为贵”的心理效应，商品往往会被客户一抢而空。所以你所要做的，便是要让客户觉得你手中的商品“机不可失，时不再来”。

使用这一招式，客户往往会更加珍惜这次机会。下面来看这样一个案例。

在一个炎炎夏日，俄罗斯某百货商店经理亚图申斯基的心里很着急：防寒法兰绒衬衫大量积压，本季度的销售计划肯定无法完成。

他正苦苦思索对策时，突然看到街对面的水果店前排着长队，人们在买香蕉，不断有人叫喊：“每人只能买一斤！”

于是亚图申斯基计上心来。他立即拟写了一张通告，吩咐售货员说：“未经我批准，不准多卖一件！”

五分钟过后，一位顾客走进经理办公室：“我有一大家子人……”

“很抱歉，我实在无能为力。”

顾客正转身要走，经理说：“好吧，卖给你三件。”并写了一张条子送给喜出望外的顾客。这位顾客一出门，一个男人闯进办公室就大声嚷道：“你们根据什么限量出售衬衫？”

“根据实际情况，”经理毫无表情地回答，“我破例给您两件吧。”

就这样，有一个年轻人竟然在一个小时内几进几出，买了大批衬衫。这时，经理的电话铃响了，经理有点应接不暇了。后来，百货商店门口竟然排起了长队，赶来维持秩序的警察也都优先买了一件衬衫。

到了下午，亚图申斯基又想出一个窍门：出售衬衫搭手帕。顾客们虽然怨气冲天，但仍争相购买。傍晚，所有积压的衬衫被抢购一空，经理的脸上露出了不易察觉的笑容。

这是一个成功促销的例子，它同时运用了人们的好奇心理和逆反心理。第一步，运用好奇心理吸引人们的注意；第二步，运用逆反心理使人们更想得到他们认为难以得到的东西。能巧妙地做到这两点，商品畅销也就是自然而然的事情了。

好奇会促使客户花钱购买。如果你的产品，或者你对产品的描述，可以激发客户的好奇心，那么你就再也不用担心营销了。

营销就是变魔术，一旦揭穿了谜底，尽管表演同样精彩，光彩也将褪色不少。

所以，作为销售员的你，是不是应该马上要改改你的推销词和对产品的描述了，“一定要让广告词像魔术、像谜语、像半裸的少女。让客户忍不住，想要掀开表面，看到内在。而揭秘的代价，就是购买！”

但是，运用客户的好奇心的一个前提就是你的产品必须能够给予客户实质的价值，切忌把客户当傻子，欺骗客户，那些挂羊头卖狗肉的欺骗行为只能做一时，只有那些能给客户真正带来价值的东西，才能让客户跟随你，爱上你！

行动指南

怎样才能有效利用客户这种“得不到的永远是最好的”这种心理呢？第一，向客户提出刺激性问题。提出刺激性问题可以激发客户的好奇心，因为人们总是对未知的东西比较感兴趣；第二，利用群体趋同效用。在拜访客户时，如果其他所有人都有着共同的趋势，客户必然也会加入进来，而且通常想知道更多信息；第三，不给客户提供全部信息。保持一定程度的神秘感，给客户留有想象的空间；第四，为客户提供新奇的东西。因为人们总对新奇的东西感到兴奋、有趣，都想一睹为快。

第二章 摸清客户的牌

如今是产品同质化的时代，同类产品的销售人员众多，客户为什么不与别人成交而要和你成交？你有什么优势让客户从众多销售人员中选择你呢？如果销售人员能摸清客户的牌，知道客户的内心想法，就容易获得更多的客户。

真诚是最好的销售技巧

我一直坚信，诚信是有价值的，是可以变成钱的，诚信是最大的财富。

——阿里巴巴董事局主席　马云

心理学家曾经做过这样一个试验：他列举出555个描绘人的个性品质的词语，然后让人们说出他们喜欢的那些个性品质的词语，并说明喜欢的程度。结果排在前八位的人们最喜欢的词语分别是：真诚、诚实、理解、忠诚、真实、信得过、理智、可靠。其中竟然有六种与“诚”有关。而在人们最不喜欢的词语中，虚伪居于首位。可见，人们都把真诚作为与人交往的基础。

几乎所有的客户都会把销售人员的诚实放在第一位，对于大多数客户而言，他们关注的不是销售员的销售技能，在他们看来，你是否诚实才是他们最看重的。因此，对于销售员来说，诚实不仅是一种技巧，更是一种品质，一种让人信赖的品质，只有诚实才能赢得客户信任。如果说销售有什么秘籍的话，那就是真诚，一种大于技巧的大智慧。

我们都有这样的体会，当销售员接近我们时，我们都会怀有一种戒备的心理，因为你不了解他的真实动机和目的。因此，出于安全的考虑，我们往往会将自己的真实情感隐藏起来，然后看销售员的言行举止，其目的就是想发现销售员的意图。所以，在客户层面来讲，他们不仅关心产品的价格、质量，他们还非常看重你的人品。如果销售员表现得过于精明，甚至给客户设置陷阱让他钻，这就加大客户和你之间的距离，他们会感到不安全，除非他是傻子。

不真诚的反面就是虚伪，所谓不真实其实就是你想欺骗，你在编造谎言。为了掩饰你的虚伪与欺骗，你只有不断地去编造谎言，才能圆了你前面的谎言，甚至还要编造更多的谎言。这样的人是没有道德的，也是很危险的，试想，有谁愿意与这样的人打交道？有谁愿意把钱给这样的人？

当然，销售技巧也是很重要的，但它终究取代不了诚恳。以诚相待，这才是销售的法宝。所以，为了减小你和客户之间的距离，销售员就应该向客户主动提供自己一方的情况。别等客户问上门来了你才坦诚相对，客户碍于情面，很少主动去问你的底细，但这些又都是他们太想知道的，所以，只有你首先表现出你的真诚，才能引导客户采取同样的态度。开诚布公，以诚示之，适当地流露出自己的感情、希望和担心，如此才能真正消除客户的戒备之心。

杰克的妻子想要一辆新车。她喜欢跑车，所以他们去了一家4S店，想看看宝马135i。整个店里冷冷清清，销售人员待在车场无所事事。杰克夫妇浏览了好几排汽车之后，最后停在了135i之前。

此时，一位年轻的销售人员迎了上来。很明显，他接受的培训让他会按照销售流程清单行事。“评估你的潜在客户的资质”是列在他清单上的第一件事。

但是，这个销售员的进展并不顺利——杰克的妻子并没有真正地透露他们个人的财务信息，所以销售员就开始进行下一步工作——“确定客户需求”，询问杰克夫妇他们想要一辆什么样的车。

但是，在杰克夫妇接下来问的几个问题上，销售员却很难回答，也许此时的销售员一直在努力想要重新回到他的销售流程上。

结果进展得还是不顺利。

如果是一般的销售员，肯定放弃了客户，但令杰克夫妇吃惊的是，他停止了谈话，深吸一口气，然后说：“非常抱歉，先生。我确实回答不上来。但请您稍等一等，我马上去找一个真正能够帮助你们的人。”

杰克的妻子当即被感动了，她说：“我们不需要别的什么人。你做得很好了。”杰克的妻子又问道：“请告诉我，你开过这中间的一辆车吗？”

此时，这位销售员立马兴奋起来，说：“哦，是的。”他说：“它们真的很快……可能我不该说，但是它们确实比M3的操控性更好。”然后他四下环顾了一下，在确保没有其他销售人员后，他附耳杰克的妻子，说道："即使你不想买，你至少也应该试着驾驶一下它，它们快得像风一样。"

杰克的妻子试着开了一下。这款车的确很棒，然后她便买了一辆。

俗话说："精诚所至，金石为开。"只要抱定真诚的态度，就没有办不成的事情。销售高手懂得表现自己的真诚，收敛自己的精明。对耍小聪明的销售员，客户会避而远之，而对真诚的销售员，却比较放心。态度诚挚、自然，就会很容易促成销售。

其实，产品不尽善尽美有时并不是一件坏事，销售人员甚至有时候能借此转败为胜。一名销售人员在刚开始从事销售工作时就业绩斐然。有一次，他居然在短短的半天时间里就和三十几位客户做成了生意。但是后来他发现自己的产品比其他厂家的产品要贵很多，如果向他订货的客户知道这种情况，一定会认为他不讲诚信，这让他感到很不安。

经过慎重思考，他决定让客户退货，即使自己赚不到钱，被公司炒鱿鱼，也要讲求诚信。于是，他带着订单和定金，花了几天时间去逐个找客户老老实实说明情况。结果，客户们都被他的真诚感动了，不仅没有取消订单，还加深了对他的信赖和敬佩。

这些客户后来又给他带来了很多的客户，最终，他成了圈内有名的销售人员。他总结自己的成功经验时说："做生意就像做人一样，首先要先学会做人，其次才能做好生意。"

其实，销售人员在销售产品的过程中，不仅是向客户推销产品，更是在向客户推销自己的人品。销售人员是真诚的还是奸诈的，直接影响交易的成败。

行动指南

很多销售人员始终都在寻觅什么才是最佳的销售技巧。其实，一个真正的销售员，当他发自肺腑地为客户着想的时候，他就会忘记了最重要的销售技巧。一副公事公办的态度往往不如真诚来得更快。以真诚的态度倾听你的客户，这才是真正无敌的销售技巧。

记住别人的名字事半功倍

名字是人格的重要组成部分，甚至是他灵魂的一部分。

——心理学家　西格蒙德·弗洛伊德

名字，无论对于东方人还是西方人来说都非常重要！著名的心理学家弗洛伊德在自己的《图腾与禁忌》一书中写道：“名字是人格的重要组成部分，甚至是他灵魂的一部分。”名字会伴随我们每个人终身，而人们对自己的名字是最为敏感的，当听到有人在叫自己的名字时，他的内心会产生喜悦感和满足感，人们每一次听到或看到自己的名字时，就像气球被灌了一次气，这将会使他们渐渐膨胀起来。

美国一位学者曾经说过：“一种既简单但又最重要的获得好感的方法，就是牢记住别人的姓名，并且在下一次见面时喊出他的姓名。”姓名是人的标志，人们出于自尊，总是最珍爱它，同时也希望别人能尊重它。如果你与曾打过交道的人再次见面，能一下叫出对方的名字，对方一定会感到非常亲切，对你的好感也会油然而生；而如果只是觉得“眼熟”，再次向对方请教“贵姓”，双方一定会觉得非常尴尬。

“早安，您是……”女推销员说着，一边友善而爽快地伸出手来。这样一来，秘书也不好意思不报出自己的名字来。

“你好，我是张欣。”秘书一边回答，一边跟女推销员握手，“我有什么地方可以效劳吗?”

“是啊，您一定能帮得上忙，张女士。”年轻的女推销员重复了秘书的名字，轻快地说道：“华美公司刚刚派我接管这个地区的业务，我想勤快一些，亲自拜访所有客户。虽然今天早上我没有先约好时间，但是，如果您能让杨先生抽出一点时间来，我保证不会逗留太久，不会耽误杨先生的其他事情。”

从心理学角度分析，这位女推销员的高明之处在于，在起初就听好并记住对方的名字，这是最重要的。然后她重复说出对方的名字，是为了强调对方名字的重要性。接着又说："是啊，您一定能帮得上忙。"这样一来，就以很微妙的手法让张女士负起责任，因为张女士本来就在问"有没有什么地方可以效劳的"。于是，张女士被引向她这边来。

接着，女推销员又用"勤快"和"亲自"这两个字眼来表示必须要见杨先生，并且进一步把张女士拉进这个事件中来。最后，女推销员又说，如果"您"能让杨先生抽出一点时间来，这就显得是张女士个人给予她的恩惠。女推销员还说，"我保证"不会逗留得太久，这样一来，张女士就不用担心会不会因为这个没有事先约好时间的访客而打扰了老板。

卡耐基小时候家里养了一群兔子，他每天都会寻找食物来喂它们。但那时，他的家境并不富裕，他还要做很多杂事，所以，有时候根本没有时间去找到兔子喜欢吃的青草。

后来，卡耐基想到了一个好办法：他邀请附近的朋友到他家来看兔子，并让他们选出自己最喜欢的那只兔子，然后用这些小朋友的名字分别为这些兔子命名。

自从每位小朋友都有了一只叫自己名字的小兔子后，这些小朋友每天都会迫不及待地找新鲜的嫩草给与自己同名的兔子吃。就这样，卡耐基再也不用为家里兔子的粮食问题操心了。可见名字的魅力是多么奇妙。

威士顿·苏勒是美国某小镇上的一个无名小卒。二十世纪三十年代中期，威士顿·苏勒接管了他父亲旅馆里的餐厅，就是这个只有20个座位的小餐厅，后来在他手上发展成了横跨密歇根州的著名家族企业。它的众多分店形成了一条环绕密歇根南部的餐馆带，它也被评为全美最佳餐馆之一。

苏勒在接管他父亲的旅馆餐厅之前，曾是美式足球的四分卫兼中卫、棒球的一垒手，同时还是篮球的后卫。在那时候，他就要求自己必须记住队友以及对方球员的名字。第二次世界大战期间，苏勒成为了一名海军后勤军官。他在华盛顿出差期间，尝遍了首都的美食，同时，他还发挥自己善于记忆的特长，记住了每一个与他接触过并告知他姓名的军官的名字。

现在，这家公司已经交由苏勒的儿子汉斯和孙子接管，如今已是密歇根州尽人皆知的餐馆了。苏勒成功的因素一部分归功于他的餐馆有一种非常有名的秘制小点心，但最主要的还在于苏勒的超强记忆力。他记住了每一位与他接触过的人的名字，让每一个来餐馆就餐的顾客就像到他家来拜访的宾客一样。苏勒成功的方法就是每遇到一个初次见面的人，无论是顾客、合作者、竞争对手或者自己的员工，他都会问对方的全名，然后将这个名字重复三遍，并尽量在接下来的对话或聊天中用到对方的名字。经过这道程序以后，苏勒基本上就可以永远记住这个人的名字了。

苏勒的成功也证明了记忆的重要性。记住每一个客户的名字，让其能够真正体会到宾至如归的亲切感，是取得成功的一个策略。

小 A 是某啤酒公司的销售人员，在加入这家啤酒公司时，他和所有的职场新人一样，内心忐忑不安，不知道如何融入这个大集体。让他迅速成为企业优秀员工的却是他记住了某位客户的名字，使公司成交了一张大单子。

那位客户以前并不是他们的大客户，他只是很偶然地来过他们公司一次，与他们公司并没有很密切的业务往来。当他再次到来时，小 A 却准确地叫出了他的名字，这让他很感动。于是当有合作机会出现时，他第一个就想到了小 A。

销售人员在面对客户时，如果能经常流利地叫出对方的名字，客户对你的好感就会越来越浓。因此，如果你的目标是做一名优秀的销售员，就必须训练超强的记忆力，在下一次见面的时候能准确地叫出客户的名字。

那么，如何才能记住客户的名字呢？

第一，索要对方的名片。如果你认识了某人，就问他们要一下名片，别不好意思。迅速记录一点关于这个人的信息还有外貌特征，免得把他和你见过的其他人混淆了。如果你忘记了某人的名字，你可以随时查阅一下他的名片。

第二，在脑海里重复几遍。一旦知道客户的名字后，马上在心里重复三遍这个人的名字，以便加深印象，并反复利用各种机会，用名字来称呼客人。

第三，写下来。“成功一是靠记忆，二是靠记录”，要有效记住客户的名字，在销售过程中必须把客户的名字及相关资料记录下来。切记“好记性不如烂笔头”，你可以在一些隐蔽的地方，如洗手间，把别人的名字写在纸片或者笔记本上。

第四，再问一遍。在和客户结束谈话之际，为了确保你记得没错，请客户再重复一遍他的名字。要知道，别人是很乐意听到你提出如下问题：“可否请你再说一遍你的名字？”“你的名字怎么写的？”记住，别人的名字永远是最好听的！你尽管叫他的名字！不要不好意思问清楚别人的名字。

第五，视觉化。给这个名字配上插图。例如，如果你遇到一个叫“张英布”的人，你不妨把此人和三国里的吕布联系起来，三英战吕布嘛。这样的话，你再见到这个人时，吕布的图片就会浮上脑海，这样你就比较容易叫出他的名字了。

第六，联系身份特征。如果你发现了和你交谈的人某一方面有趣或有显著的特征，你就在脑中重复一下这些关联。比如，“赵凯在 eBay 网上转售特殊的鞋子”，或者“凯利参加了三项全能运动”。

第七，在谈话中多加使用。在对话时，尽可能多说对方的名字，但不要让气氛尴尬了。在句子中漫不经心地插入名字，例如，“我十分同意你，赵新蕊。”或者“赵新蕊，你喜欢住在北京吗？”这样对于记住别人的名字效果非凡。

第八，让名字押韵。我们为什么很容易记住唐诗宋词，因为诗词的一个特点是押韵。所以，在记客户的名字时不妨在脑中想出一个和名字押韵的特点。

行动指南

首先，做销售，就别怀疑自己的记忆能力，别人能做到的，我们也能做到，所以，要相信自己再多的人名也能记住，这个是前提。其次，要习惯性地在自己的包包里放一支笔和一个笔记本，有随时记录的习惯，这样就能更加有效地记住客户的名字了。

喜欢你的客户

我由衷地喜爱我的观众们。

——魔术师　哈瓦德·萨史顿

人与人之间其实有一种很强的倾向，每个人都喜欢那些喜欢我们自己的人，即使他们的人生观、价值观都与我们自己不同。因此，要想让客户喜欢你，你首先需要表现出喜欢对方的样子，哪怕你可能并不真的怎么喜欢对方。

李建是某公司销售部门的一员干将，也是本部门人缘最好的人。他非常善于与客户打交道，无论对方年龄几何、性别如何，他总是能在很短的时间里赢得对方的好感。因为这个原因，他的销售业绩在公司上升很快，不到一年的时间，他已经被升为销售首席代表的助理了。

后来，首席代表移居澳大利亚，便把自己大部分的业务交给他做，两年后，他的业绩就远远超过了其他人，成了部门的销售冠军。

像他这样的红人，一般在公司里难免会遭到排挤，然而在李建身上却从来没有发生过这样的情况，他和每一个同事的关系都处得很不错，遇到什么事情，大家都乐意帮忙。

一次，一位朋友向他抱怨人际关系的复杂、人情的淡漠，并问他为什么能得到那么多人的喜欢与帮助。

李建笑着说："因为我喜欢他们。"

朋友不信："怎么可能喜欢所有与你打交道的人？"

李建不否认，他笑笑说："只要我表现出喜欢对方的样子，这就够了。"

曾经红极一时的魔术师哈瓦德·萨史顿有句名言："我由衷地喜爱我的观众们。"这句话深含了值得我们学习的心理技巧，也就是"喜爱引起喜爱"。

美国社会心理学家阿伦森曾向他的朋友做过一项调查：“为什么对一些伙伴比对另一些人更喜爱?”结果得到的答案虽然各种各样，但有相当大的比例认为“那些反过来也喜爱自己的人”最受欢迎。

从心理学的角度来说，我们每个人都不可能对自己拥有百分之百的信心，要想弥补这点，唯一的办法就是获得他人对自己的肯定。所以，对那些能够给予我们肯定的人，我们就很容易去接受他们。

有人说，自恋是水仙花的专利，实际上，我们每个人都有不同程度的自恋倾向，我们喜欢自己，爱自己，所以，我们总是把自己的意见、爱好等强加到他人的头上并依次作为衡量其他人和事物的标准。从人的本性而言，这是合理的，也正因此，人们往往能够对于那些喜欢自己、接受自己的人更容易产生好感，至于他实际上是什么样的人，我们往往忽略了，我们更钟情于别人对自己说的好话。

这种自恋心理，用心理学上的一个术语来解释就是“相互吸引定律”，即当人们发现一个人喜欢自己，不管对方的客观情况怎么样，是否具备自己喜欢的特点，也会无条件的比较喜欢对方。

这种心理产生的原因有如下几点：

一是对方的喜欢让我们体验到了一种愉快的情绪。我们只要一想起对方，就能想起与之交往时所拥有的快乐，使我们一看到他们，就自然而然地有了好心情。

二是对方的喜欢满足了我们对尊重的需要。人与人之间交往，无不希望获得对方的尊重。如果对方喜欢自己，就会在言行中有所表示，如此一来自然让人感到欣慰。

三是对方对我们的喜欢会让我们感到自信。在实际生活中，没有哪个人是完全自信的，大多数人都是通过他人评价自己的成就和吸引力来判断自己的价值，调整自己的目标的。因此，大多数人都喜欢甚至是迷恋得到别人的肯定。

四是能与对方产生志同道合的感觉。当对方表示喜欢我们时，我们就会想到，对方一定是认可我们的某些行为特征，意味着对方在某些方面是与自己相似的，喜欢与自己相似的人更是一件情理之中的事情。

行动指南

要想被人接受，就要先学会接受别人。如果能表现出对别人的喜欢，就能轻易赢得对方的好感。客户们总是比较喜欢从他们喜欢的销售人员那里购买东西，对于销售人员来说，销售最关键的是要懂得如何让客户喜欢自己。

找到你与客户的共同点

物以类聚，人以群分。

——《战国策·齐策三》

罗斯是一个刚大学毕业的青年，在多次求职后都被拒之门外，这令罗斯感到十分沮丧。最后，他又抱着一线希望到一家公司应聘，这次，罗斯吸取了前几次失败的经验，他先打听到该公司老总的历史，经过几番了解后，罗斯发现这个公司老总以前也有与自己相似的经历。得到这个信息后，罗斯如获珍宝。应聘那天，罗斯就与老总畅谈自己的求职经历以及自己怀才不遇的愤慨。果不其然，罗斯的一番谈话一下子博得了老总的赏识和同情，最终他被录用为销售部经理。

罗斯所用的方法就是心理学上的“名片效应”。名片效应的含义是这样的，当两个人在交往时，如果首先表明自己与对方的态度和价值观相同，就会使对方感觉到你与他有更多的相似性，从而很快地缩小与你的心理距离，更愿意同你接近，结成良好的人际关系。

为了验证名片效应的普适性，社会心理学家纽利姆以大学生为对象进行了一项实验：他先对一个群体的大学生们进行了调查研究，然后将一部分特征相似的大学生安排在一起居住，把另一部分特征不同的学生安排在一起。数日后，特征相似的学生大多能彼此接受和喜欢，进而成为好朋友。反观那些特征不同的学生，尽管他们朝夕相处，但仍然很难相互喜欢并建立友谊。美国心理学家拜恩等按相同和不相同的态度把学生搭配起来，然后让他们进行短时间的约会，拜恩的目的是考察约会后他们相互喜欢的程度。最后的结果是这样的，相似性的确和喜欢有联系。后来，心理学家通过大量的研究都证实，价值体系、对象身份、社会背景和文化程度等的相似性都能影响到个人对他人的选择，对人与人之间的吸引具有特殊的意义。

中国有一句俗话，叫“人以群分，物以类聚”。当你迎合客户的爱好时，他会感到被理解和赞赏，感到开心和愉悦。心理学研究表明，情感引导行动。假如你也有此类爱好，双方一定会有很多共同语言，会产生更多的共鸣，双方之间的距离一下会拉近很多。

销售员小赵见到客户时，就对客户的相貌做了判断，觉得很可能是老乡，简单寒暄之后就问客户：“听您的口音，好像是广西人吧?”客户点头说：“是。”小赵说：“真巧啊。我是南宁的。您呢?”客户说：“我是桂林的。”小赵说：“桂林好啊，桂林有漓江，‘桂林山水甲天下’，我前年去过一次，真是名不虚传啊!”气氛一下就融洽了很多，他们亲切地交谈了起来，等到小赵起身告辞时，他们已经是熟悉的朋友了，客户还说有时间欢迎小刘到他家做客。

当然，我们的客户不可能每一个都跟我们有乡缘，这种巧合看上去具有一定的偶然性，但是也有其必然原因。那就是你必须通过“火眼金睛”发现共同点，然后围绕这个突破口进行交谈，当相互认识和了解了，以至像久违的朋友般亲热的时候，销售就水到渠成了。

乔是一家企业的总经理，他要去拜访一位准客户，然而由于各种原因，他使尽浑身解数，也没能见到那位老板。

一天，乔终于想到了一个好办法。他看到一位员工从那位老板办公室的另一道门走了出来，立刻朝那个员工走了过去。

“大哥，你好，前几天，我跟你的老板聊得很愉快，我有件事情想要请教你。请问你们老板的衣服都是送到哪一家洗衣店清洗的呢?”

“从我们超市门前穿过，上一个小坡，左边拐角处第一家洗衣店就是了。”那位员工听说他和老板聊得很愉快，也不隐瞒，很爽快地就回答了他。

“谢谢你，那你知道洗衣店几天会来收一次衣服吗?”乔想了解得更清楚一些。“哦，这个我就不是很清楚了，应该三四天就会来一次吧!”那位员工诚恳地说。

“谢谢你!”乔高兴极了。

很快，乔就从洗衣店老板的口中得知了那位老板西装的面料、颜色、样式等各种资料。接着，他找到了专门为这位老板做西装的店。

店主对他说：“乔先生，您实在是太有眼光了，你知道××老板吗?他可是我们店的老主顾了，您所要的西装，花色与样式都和他的一模一样。”接着，店主又主动向他介绍那位企业老板的名字，甚至进一步谈到他的谈吐与喜好。

机会终于来到了。乔穿上那套西装并打上与之搭配的领带，从容地出现在老板面前。不出所料，那位老板果然大吃一惊，接着就恍然大悟地笑起来……

老板握住了乔的手，自然而然地开始了愉快的聊天。最后，乔很自然地说到了找他的主要目的。就这样，那位老板成功地变成了乔的客户。

乔的成功正好说明了制造与准客户的共同点，引起准客户的注意，使之产生进一步了解你的欲望的重要作用。

能与客户心灵相通是每个销售人员都梦寐以求的事情。不过心意相通并不是自然天成的，销售人员要不断地去努力扩大与客户的共同点，才能让客户与我们产生更多的亲近感和共鸣。因此，销售人员可像乔一样，努力制造与客户的共同点，让客户产生“他也跟我一样”的“共通心理”，这样搞定订单就不是难事了。

行动指南

俗话说：工夫在诗外。销售人员除了做好具体的销售工作之外，还应多与客户聊些工作和销售以外的话题，寻找与客户的共同点，加深了解；对客户的经历和成就表示由衷的钦佩和赞赏；对客户遇到的困难，在力所能及的范围内真诚地提供帮助。

倾听客户的声音

最核心的问题是根据市场去制定你的产品，关键是要倾听客户的声音。

——阿里巴巴董事局主席　马云

大多数人的头脑中都有一种思维定式，认为最优秀的销售人员应该是伶牙俐齿、激昂雄辩的那一类人。但科学研究和事实都表明，现实并非如此。

据一项权威的心理调查显示，在参加心理测试的优秀销售人员中，有75%的人在性格测定中被定义成内向的人，他们为人低调诚恳，能够以客户为中心，并且十分愿意去了解客户的想法和感受，他们在销售工作中，花在倾听客户意见上的时间远多于夸夸其谈地宣扬自己的观点。

在人际沟通过程中，说占到30%，听占到45%，阅读占16%，写占到9%。其中聆听占到45%，比说的比例还高。然而如何听却常常是被人们忽略的一项沟通技巧。研究表明，人说过的话有75%都被他人忽略、误解或是遗忘了。从某种程度上来说，这是因为我们大多数人没有接受过或是很少接受倾听技巧训练。

一个优秀的销售员最重要的素质便是认真聆听客户的要求。要了解倾听技巧，先看看“听”字的繁体写法：“聽”，一个“耳”字，听自然要用耳朵；一个“心”字，代表一心一意、很专心地听；“四”代表眼睛，要看着对方；“耳”下方还有一个王字，是说对方至上，要把说话的人当成王者对待。

美国著名销售大师约翰·阿瑟曾这样总结道：“在销售过程中，销售员不应只是自己滔滔不绝地介绍公司或产品，而是应注意聆听，聆听客户对产品的需求是什么，由客户帮助你改变你的产品。”

某个名表专柜前，一位销售人员正在向客户推销手表。这时，她注意到客户手腕佩戴的是一块国产梅花表。

“先生，你现在佩戴的这块表也很好看哦，很经典。不过看款式，应该是比较早一点的吧?”

“对，我妈妈送给我的，戴了几十年了，很有感情。那时候，手表是很贵重的礼品。”

“那你今天想买一块什么样的表呢?”

“过几天是我妈妈六十大寿的日子，我想选一个特别的生日礼物送给她。”

这位客户在销售人员的带动下开始讲述自己的故事，而在倾听客户讲故事的同时，销售人员迅速做出了以下分析和判断:

客户对商品的心理需求倾向于情感层面。为了感谢母亲多年来为自己的付出，希望能通过礼物表达对母亲的感激之情。也就是说，此时，情感是即将购买的商品除功能之外的很重要的附加值。什么商品能够表达、渲染出这种亲情，这种商品被购买的概率就会较高。客户更关注新手表的性价比，而对时尚与否不太关注。

在做出这样的分析后，销售人员判断客户的购买需求为情感需求，能表现儿女对父母的亲情孝心；功能需求，能满足老年人的使用需求；价格需求，作为贵重礼品，价格以中高档为宜。

所以，此时销售人员马上针对客户的需求做出了反馈:“呀，你母亲六十大寿了，真是可喜可贺。我们有专门针对老年人开发的系列产品。上次也有一位客户在此购买这款表作为祝寿大礼，深得老人家欢心。请到这边来看一下。”

很多刚入行的销售员由于基本功不扎实，往往心生胆怯，遇到客户时，他们总怕自己忘记该说的，或回答不出客户的问题，更害怕遭到客户的白眼。为了避免这些情况，他们只好不停地说话。但结果却适得其反。其实，妥当的方法应是用心、真诚地倾听。

倾听客户谈话时，要真正带着兴趣听客户说话。不要假装有兴趣，要有发自内心的真诚。有的销售员面带微笑听人家说话，甚至望着客户的眼睛，但他们心里却在想别的事情，这让人感到很虚假。

不要将客户告诉你的事写下来。这种情况好像你是在记录什么案底，一下子让客户绷紧了神经。除了这种感觉外，客户会觉得你没有在听他说话，而是在想别的事。

切忌在客户说话的时候显露出你挑剔、鄙视的心理。面对客户，许多人会不自觉地在心里想，“这人真无聊，他什么时候才会停止?”或者“她怎么会拿这么低档的包包!”即使你这么想时，脸上带着微笑，还是很有可能被客户感受到你的鄙视心理。

我们都非常反感别人打断自己的说话，客户也一样，当客户在说话时千万不要打断他。不要任意打扰，不要试着转换话题或纠正他，这对年轻的销售员来说的确很难，但不这样做，客户就会认为你对他的话题不感兴趣，从而产生隔阂。

在销售过程中，销售人员的话永远不是最主要的，倾听才是最重要的。几乎所有真正伟大的销售故事都是从倾听开始的。越懂得倾听的艺术，我们就越能越过客户的心理防线，与客户建立起有利于销售的关系。

行动指南

学会倾听要做到：第一，要体察对方的感觉。一个人感觉到的往往比他的思想更能引导他的行为，越不注意人感觉的真实面，就越不会彼此沟通；第二，要注意反馈。倾听别人的谈话要注意信息反馈，及时查证自己是否了解对方；第三，要抓住主要意思，不要被个别枝节所吸引。善于倾听的人总是注意分析哪些内容是主要的，哪些是次要的，以便抓住事实背后的主要意思，避免造成误解；第四，要关怀，了解，接受对方，鼓励他或帮助他寻求解决问题的途径。

记住客户小小的喜好

不知道现在年轻人喜欢什么，这是我觉得最可怕的。

——腾讯董事会主席　马化腾

每一个人都有自己的喜好，有人喜欢车，有人喜欢登山，有人喜好老位置……越是对客户的细微之处记得清楚，越是能提高客户对你的好感。一般而言，只有那些让你感兴趣、让你欣赏、让你关心的人，你才能记住他的细微之处。如果客户发现你能记住他的细微之处，那么客户就会认为你对他感兴趣，你欣赏他、关心他。

于先生是一个业务繁忙的人，经常因为生意上的事在全世界到处飞，这样的忙人忘了自己的生日应是不足为奇的事。

又一个生日到来时，他早就忘到了九霄云外，然而他却收到了一封意想不到的生日贺卡："尊敬的于先生，我们是泰国的东方饭店，您已经有三年没有光顾我们这里了，我们全体员工都非常想念您，希望能再次见到您，今天是您的生日，祝您生日快乐！"

自己忘了生日，远在泰国的一个饭店的陌生人却还记着！于先生感动得热泪盈眶，他不禁回忆起自己上一次入住东方饭店的情形来。

那天早上，当他正走出房门准备去餐厅用餐时，楼层服务生恭恭敬敬地问道："于先生，要用早餐吗？"

于先生奇怪地反问道："你怎么知道我姓于？"

服务生说："我们饭店有规定，要背熟所有客人的姓名。"

于先生在惊讶之余高兴地乘电梯到了餐厅所在的楼层，刚刚走出电梯，餐厅服务生就说："于先生，里面请。"

于先生更是疑惑："你并没看我的房卡，也知道我姓于？"

服务生答："上面刚刚打电话下来，说您已经下楼了。"

走进餐厅，服务小姐立即微笑着问："于先生，还是要老位置吗？"

老位置？于先生想起自己差不多已有一年的时间没有来这里，上次坐在哪里，连他自己都不是很清楚了，难道说这里的服务员记忆力那么好吗？还是因为自己有令人过目不忘的外表呢？看到于先生惊讶的表情，服务小姐马上解释说："我刚刚查过电脑，您在去年的6月8日曾坐在靠近第二个窗口的位置上用餐。"

于先生想起来了，马上说："老位置，老位置！"

小姐接着问："还是老菜单？一个三明治，一杯咖啡，一个鸡蛋？"

"老菜单，老菜单！"于先生满意地点头。

于先生兴奋至极，这是一顿他从未享受过的最美妙的早餐。

不过，客户的有些喜好也并不是一成不变的，在服务的过程中也要避免擅自做主。

易先生是一家酒店的忠诚客户，他喜欢吃香蕉。第一次来这家酒店时，他告诉服务员自己喜欢吃香蕉，当班服务员转告房务中心，房务中心做好记录。第二次来入住，房务中心通知服务员依然摆放香蕉，第三次来入住的时候，有心的服务员微笑地征询易先生道："请问易先生，今天还是放香蕉吗？"易先生开心地说："这儿的服务真不错，服务员很用心哦，我来过两次，就已经知道我爱吃的东西，但是今天我想换换口味改吃苹果。"

服务员在服务过程中捕捉到了易先生的喜好信息，但是没有擅自决定为客人放香蕉，因为客人的喜好有时也会改变，所以销售员在销售中要处处做个有心人。

牢记客户的喜好，还能用来判断他的购买能力和承受能力。例如，售房经纪人遇到一个客户，在经过沟通后发现，这位客户喜欢流行音乐、街舞等新潮的事物，在后来带客户看房后，客户表示要回家和父母商量，因为没有那么多钱，钱要父母给。他想买一套三居室，可是最后由于经济原因只能在一居室中选择了，这说明他的喜好决定了他的承受能力和价位不会太高。再如，一个开宝马越野车的看房客户，售楼人员在沟通中得知他就是喜欢越野车，这意味着他的经济实力较高，售楼人员就不会向他推荐很差很便宜的房子，而是向他推荐高档小区。

行动指南

在平时的销售过程中，销售员要多留意客户的喜好，可通过客户的谈话、观察客户的习惯以及客人常问的问题等来了解，然后把客户的喜好记录下来，这样等第二次遇到客户时你就能做到游刃有余，重要的是能让客户感受到你很关注他。

敢于接受客户的批评

大多数人在批评你的时候，尽管措词让你受不了，但他们是善意的，对我们是抱有期待的，很多人讲的是有道理的。

——阿里巴巴董事局主席　马云

生活中，我们常会面对突如其来的批评。谁都不愿意听到批评，但在成熟人的眼中，批评可能比掌声更有价值。

从心理学的角度来说，有些人害怕批评，是因为不了解批评究竟含有什么东西。愚昧的人总是在批评中气馁，惯于为自己作无谓的辩解，沉溺在过往的痛苦中。而聪明的人却善于从批评中发现新大陆，找到另一次成功的契机。

一般来说，批评是客户对我们的产品或服务不满的表现，是向我们提意见的一种方式。所以，面对客户的批评，我们大可不必过分的恐慌，客户对我们有更高的要求，未尝不是一件好事，至少他们给我们改正的机会，希望能在我们这里得到更好的服务，而这些却是你不断创新的原动力；心理学家曾做过关于批评方面的统计，统计结果表明，但凡挑剔的客户，有不少是明智而又忠实于你的客户，是你利润的重要来源，还有一部分人甚至会与你成为很好的朋友，是你利润倍增的永恒动力。如此看来，客户虽然对我们要求苛刻，但我们却赢得了客户的心，扩展了自己的发展空间。所以，在以后的工作中，如果再遇到这样的客户，你一定要把它当作一次机遇，因为稳稳当当的业务，谁都会做得很好；可一旦出现问题，差距就会体现得淋漓尽致。

有人说国外的东西好，其实东西还就是那个东西，在人们叫好的背后，其实是被他们得体的售后服务所折服。因为你的一点儿牢骚，在他们看来就是大事，他们会很诚恳地询问，并且认真地替你解决问题，那无微不至的服务态度令你欣喜；面对这样的商家，你还能说什么呢？下回你还会死心塌地购买使用他们的东西。

这个世界上没有什么是绝对的东西，即使你因此受到批评，而影响了你的业绩，但那些都是暂时的，风雨过后就会见到彩虹。只要你怀抱一颗真诚的心，对方就有可能开口，一旦对方开口讲述缘由，他对你的反感也就消除了一半，同时，你也知道了自己的不足，可以有针对性地采取措施。

如果你在销售过程中让客户产生了反感，你也不妨采用一种简单有效的方法：请求对你反感的人给予批评。高露洁公司总裁立特先生就将这一方法发挥到了极致。

立特先生最初是一名香皂推销员。当他开始推销高露洁牙膏时，订单很少，他曾一度担心自己会失业。经过分析，他确信产品和价格都没有问题，于是他推断问题出在自己身上。因此，每当他推销失败，他就会到街上走一走，想想什么地方做得不对，是自己的表达不太具有说服力，还是不够热情。

有时，他还会折回去，诚恳地直接请求商家给予批评：“我不是回来销售牙膏的，我希望能得到您的意见和指正。请您告诉我，我刚才有什么地方做错了。您的经验远比我丰富，事业又成功，请直言不讳地给我一些指点。”

就这样，通过请求对方给予批评，立特先生赢得了许多珍贵的忠告、友谊以及订单。

无独有偶，如今的世界华人首富李嘉诚年少时也曾使用类似的方法而获得成功。当时的李嘉诚还在做推销员。有一次，李嘉诚进入一家酒楼推销铁桶，却被老板毫不客气地拒绝了。

不过，李嘉诚可不是一个轻易认输的人。他离开酒楼时就一直在思考对策，很快他就有了主意，于是又转身回到了酒楼。

当他再次见到酒楼老板时，不等对方开口，就抢先说道："我这次不是来推销铁桶的，我只是想向您请教，在我进贵店推销时，我的动作、言辞、态度等行为有什么不妥的地方，请您指点迷津。我是一个新手，又是一个晚辈，您比我有太多丰富的经验，在商界您已经是一位成功人士了，我恳求您给我以指点，好让我改进。"

李嘉诚主动请求老板给予批评，这让原本对他感到反感的老板大吃一惊，也为其感动。果然，他一改拒人于千里之外的姿态，向李嘉诚提出了一些批评建议。最后，这位老板还改变了主意，购买了李嘉诚的铁桶。

为什么他们会得到这样的结果呢？因为无论是立特先生还是李嘉诚先生，他们都虚心向对方求教，请求对方给予批评的这一低姿态向对方传递了这样的信息：首先，我很尊重你；其次，我承认你比我强；再次，我知道自己存在很多不足的地方；最后，我渴望得到你的指点。

试想，面对一个如此尊重自己、渴望得到自己指教又很谦卑的人，谁还会心生恶意、心存反感呢？既然得到了对方的认同和喜爱，又何愁订单不来呢？

行动指南

有时客户提出反对意见正好言中了我们商品、服务的缺点，不妨先诚恳地接受客户的批评意见，并详细询问产品质量问题及客户期望解决问题后达到的效果。然后根据客户的意见，对产品质量上的问题进行修正，并在达到用户期望值后及时反馈修复结果并通知客户。

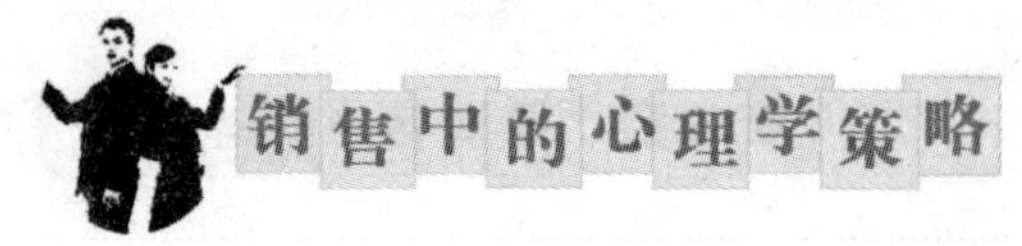

包容的力量：把错误都揽在自己身上

客户第一，员工第二，股东第三。

——阿里巴巴董事局主席　马云

销售人员在与客户进行业务来往中，不可避免地会发生一些失误或其他一些意想不到的事情，而有些失误可能是客户单方面或者双方共同造成的，这时，你不妨本着包容的心态，主动地把客户的错误揽到自己身上，因为这样是一个善意的鼓励、可以帮助一个人找回自信和尊严、不争执不抬杠、避免跟别人发生正面的冲突。

有一位名叫克鲁斯的保险销售员，下面是他的一次经历：

有一位客户在购买了克鲁斯的一份意外伤害保险后，忘记了取回一张非常重要的单据。而克鲁斯在交给这位客户一叠材料的时候，已经把所有单据都帮他整理好了，可能是这位客户在克鲁斯的办公室看完后遗漏了。于是，这张重要的单据就隐藏在克鲁斯存有一堆客户资料的文件夹里，之后被束之高阁了。

三个月之后的一天，这位客户在外出旅游时不慎摔伤，当他找到保险公司要求赔偿的时候，保险公司要他提供两张证明，否则不予赔偿，其中就有他遗忘的那张单据。

其实，在这种情况下，克鲁斯没有任何责任，他也不知道那张要命的单据就在他这里。当那位客户找到克鲁斯的时候，克鲁斯迅速和他一起寻找那张单据，他帮助客户仔细地回忆了存放单据的每一个细节，但始终没找到单据的下落。

后来，克鲁斯把存放客户资料的文件夹取出仔细查找，当客户看到那张单据的时候，埋怨他不负责任，克鲁斯真诚地说："真对不起，是我工作的失职，没有提醒您取走这张重要的单据，差点就耽误了您的事情。"

经过了这件事情以后，克鲁斯不但没有失去这位客户，反而赢得了这位客户的信任。后来，他还为克鲁斯介绍了很多客户。

就这件事情本身而言，显然客户是错的，是客户自己忘记拿走那张重要的单据，克鲁斯可以理直气壮地说明情况，如果这样做，能说克鲁斯错了吗？但他并没有这样做，在为客户找单据的同时甚至将客户的错误主动揽到自己的身上。

有时候，错误真的不在销售员本人，而是客户的错，即便如此，你也不能得理不饶人地和客户发生争执。顾客就是上帝，留住一个客户很难，而失去一个客户却很容易。我们只有站在客户的角度上，时刻为客户着想，才能与他们长期合作。把客户的错误揽到自己身上，没有人会去计较谁对谁错，进而去追究你的责任；你也不会因此失去应有的面子，大家更关心的是留住客户最终成交。你把难堪留给了自己却方便了客户，客户会看到你的体贴与关心，给予你想要的回报。

下面是一个发生在雅典的真实故事。

一天下午，两位中国妇女走进了一家专门经营旅游纪念品的商店。这家商店的经营面积不小，但商品的陈列非常凌乱，店里没有一只玻璃货柜，铜雕银器、彩瓶挂盘、仿古的大理石雕像，都随意地摆在一张张木台子上。

当时，商店里没有什么人，两位中国妇女闲逛了一圈后，将要走出店门时，其中一个妇女大概仍然留恋某件商品，转身想要再看一眼——就在她转身之际，她腰间的挎包将门口木台子上的一个五彩瓷瓶碰到了地上，当场摔了个粉碎。若在其他商店里出现这个场面，毫无疑问，店主要坚持索赔，顾客要据理力争，指责店主商品摆得不是地方。可这次不然，正当那位妇女有些不知所措的时候，店主已经走到她面前，说："对不起！没吓着您吧？"那位妇女也连声道歉，问他："要我赔吗？"店主说："您在告诉我，应该把东西摆在恰当的地方。请吧，欢迎您再来！"

最后的结局是这样的：那位中国妇女买走了一个古希腊的铜像。她的朋友也觉得这位店主可以信赖，买走了两个彩色挂盘。双方皆大欢喜。

为什么会出现这样的结局呢？就是因为这家店主从顾客的角度去

思考问题，当商品被打破时，他首先想到的不是自己的利益而是顾客的感受，他不认为这是顾客的错，相反却检讨自己。把顾客的错误主动地揽到自己的身上，正是他赢得顾客的法宝。

把顾客的错误主动地揽到自己的身上，是一种高级的商界处事原则和职业素养。销售人员要树立“客户永远是对的”理念，不与客户发生争吵，主动承认自己的过失，力求让客户满意。

行动指南

“揽错不压身”，行有不得，反求诸己。在与客户发生矛盾时，我们不妨把失误之过揽到自己身上，有时会使对方感到良心不安，从而将对你的怨恨变为友爱，批评变为表扬。承认错误的过程其实也就是为自己辩解的过程，我们的真诚与主动会让客户从心里与我们拉近距离，从而理解我们的处境，接受我们的观点。

第三章 谁动了客户的心智

俗话说，相由心生。人内心里想的什么，在五官上都会有一定的表现。例如，当一个人遇到开心的事情时，他的面相就会眉飞色舞，笑口常开；而当一个人遇到悲伤的事情时，他的面相就会愁眉苦脸，皱眉撅嘴。总之，人的七情六欲无不表现在五官上，五官就是一个心境的测量仪。任何一个客户都愿意购买自己喜欢的产品。抓住了客户的心理，按客户喜欢的方式出牌，销售就能无往而不利。

身份决定行为

人性深处最深的渴望，就是得到别人的恭维。

——西方谚语

第二次世界大战期间，美国由于兵力不足，急需补充一批军人。可是国内人力有限，去哪儿找人呢？于是，美国政府就把眼光盯在了监狱里的犯人身上了。为了获得这批人的效力，美国政府选派了几个懂心理学的专家对犯人进行一对一的战前训练和动员，并让这些专家们随犯人一起到前线作战。

训练开始了，但心理学专家们并未对犯人进行过多的说教，而是规定犯人们每周必须给自己最亲的人写一封信。但信的内容必须是由心理学家来统一拟定的，大致内容是要犯人叙述在狱中的表现是如何好、如何改过自新等。专家们唯一的要求是犯人们必须认真抄写，然后寄给自己最亲爱的人。三个月后，犯人们随心理专家一同开赴前线。到了前线，心理专家们的要求同样是要犯人给亲人写信，但这次的内容是要写他们是如何服从指挥、如何勇敢等。结果，这批犯人在战场身先士卒，表现出来的战斗力一点也不逊色于正规军，他们在战斗中正如他们信中所说的那样完全服从军队的指挥、在战场上勇敢拼搏。后来，心理学家就把这一现象称为“贴标签效应”，也就是心理学的暗示效应。

其实，在犯人的内心深处是特别希望得到别人的认可的，特别是在亲人面前。心理学家正是懂得了这点才让犯人在书信中写下对自己正面的评价，给他们创造了改过自新的形象与身份，从而提升了他们的荣誉感。通过这种心理暗示和引导，时间长了，犯人们就会自主地按照信中所说的那样去努力，结果真变得跟信中所说的一样了。

这个心理学效应也可以运用于销售中。“身份”层次决定行为层

次，人们都会做一些与自己身份相符的行为。所以在销售中，我们想让客户购买产品，不妨先给他一个购买产品的身份，给他贴上一个适当抬高他的标签。只要他认可了这个身份，自然会消除异议，轻松签单。

小辉是翠微大厦里服装专卖店的销售员。有一天，有一位男客户选中了一套西装，但总是在嫌价格太贵而迟迟没有付账。小辉看到了这种情形，便微笑着说："先生，这可是名牌，自然会贵一些，但相对于您来说，这应该不算贵。一看您这身打扮，就知道您是一位成功人士。像您这样的身份，只有这样高档的衣服才配得上啊！"那位男客户听到这里，便不再讨价还价，而是笑呵呵地付了账。

有一次，有一位男客户嫌衣服的颜色太深，不想买了。小辉脑子一转，马上就说："颜色深能显成熟。要知道成熟美可是男性'综合魅力'中最耀眼的'闪光点'哦！刚才已经有好几位大老板买了这个款式和这种颜色，康佳公司的马总就挑走了一套这样的衣服。"

还有一次，有客户嫌衣服颜色太浅。小辉就说："颜色浅能显得人朝气蓬勃，充满活力，给人一种帅气冲天、魅力四射的感觉啊！"

小辉总是能见什么人说什么话，给足了男客户们面子，从而让这些客户心甘情愿地掏出钞票。

其实，小辉的成功就是他为客户贴了一个标签，也就是"身份层次"。"身份层次"决定"行为层次"。也就是说，一个人会做出与他身份相符的行为。根据这一原理，在销售中，你要一个人购买产品，只需要给他一个购买该产品的身份就够了。如果他接受并认可了这一身份，自然就会做出你想要的购买行为。这就是心理学在销售中的运用。

行动指南

在化解客户异议的过程中，我们不妨给客户一个"购买的身份"，给客户塑造一个高一点的身份，这样既暗示了我们产品的优质和高级，又让客户感觉购买我们的产品会很有面子。

不卖流行卖怀旧

我坚信一流的感情才能组成一流的广告。所以，我们每次都刻意在广告作品中注入强烈的感情，让消费者看后忘不了，丢不开。

——美国著名广告人　罗宾斯基

现代营销学之父菲利普·科特勒和约翰·卡斯林在《混沌时代的管理和营销》一书中提到：经济危机下，人人自危。而且随着社会转型的加快，传统的简单的生活渐渐淡出我们的视线，人们生活的节奏越来越大，压力也在日渐增强，人们内心的一些不安和恐惧心理逐渐显露出来，在双重压力下，消费者开始选择一种安全的心理慰藉，用来逃避残酷现实，以得到暂时的心理安宁。此时，怀旧就变成了一种普遍的社会现象。

但就消费者个人来讲，怀旧是一种正常的情感，这就是为什么一些以怀旧为题材的电影、小说、歌曲、摄影、美术等很容易被大众所接受的原因。它已不仅是个人兴趣的一种传达，还是渗透在当前社会大众文化消费行为中的集体性爱好。怀旧情感对消费者的消费行为会产生一定的影响，特别是一些复古餐厅与复古服装的盛行，足以说明消费者的怀旧情感是多么强烈。

从心理学角度来讲，怀旧是人类一种常见的心理活动，怀旧行为的背后，是人类在寻求心理上的安全感。在熟悉的情景中，或者沉浸在熟悉情景的想象中，人一般是不会有危机感的。然而在现实生活中，所有的人每天都面临着新的变化，而新的变化带来了不确定性，可能是机会，也可能是危险。特别是整个社会处于快速动荡的转型期时，为缓解急剧变化所带来的适应新环境的心理压力，寻求心理平衡，怀旧成为人们一种常用的心理自卫方法。

电影《致我们终将逝去的青春》获得票房的高收入时，我们知道它搅动了那一代人对他们青葱岁月的怀念。其实这是一个很好的怀旧营销的例子。当我们在销售中，制造一种与受众过往经历的连结，唤醒客户对过去岁月的回忆，这样我们就可以成功地实现销售。

王辉有一位客户曾上过老山前线，还获得过荣誉勋章，现在这位客户在一家国企里担任厂长。该工厂准备引进一批先进的生产设备，王辉正积极地同这位厂长联系。

这天，王辉再次约见这位厂长，并把双方的见面场地选择在了一个特别的地方。

这位厂长应邀来到了这家位于繁华地带的老兵餐厅。刚一走进餐厅，厂长备感亲切。餐厅内墙壁上挂着几只小巧的手枪，还有一幅用子弹壳拼成的行军图。在餐厅中央，陈列着一个锈迹斑斑的小钢炮和几只三八式步枪。

王辉微笑道："这里的环境很特别，我曾经来过一次，不知道您喜不喜欢？"

该厂长微微一笑："还行，挺好的。"

王辉接着说："我非常向往以前革命老前辈们经历过的那些兵戎相见的日子，要是我生长在那个年代，肯定也能当个排长连长什么的。"

该厂长被他的话逗乐了，笑道："你这是站着说话不腰疼，你们这些年轻人，好日子过惯了，都不知道战场上子弹是不长眼的，一个不留神，你就成了枪下亡魂了。"

"这么说，厂长您是经历过战争了？"王辉饶有兴趣地问。

这句话勾起了厂长的回忆，他情绪激动地说"是啊，我上过老山前线，真正的战争场面可比现在的电视剧残酷多了。要不是那次我机灵，现在就不可能坐在你对面了。"

"有这么严重吗？说来听听，让我这个小辈长长见识。"王辉迫不及待地请求道。两人的谈话非常投机，王辉还从对方的语言中了解到该厂长许多其他情况，最终，根据这些宝贵的信息，王辉顺利签下了该厂的采购大单。

事例中的销售员王辉就是抓住了对方怀旧的心理，解除了对方的心理防线，从而促进销售工作的顺利进行。销售员要真正了解怀旧客户群的特点，就要主动挖掘自己的产品、品牌中潜在的怀旧元素，来唤醒、激发消费者的怀旧心理，并在此基础上进行销售和宣传。

销售人员要想利用人们的怀旧心理，就必须了解客户所怀旧的事物和人，并且要找出一个群体的共鸣点，唯有如此，才能更好地定位客户群体，扩大自己的业务范围。销售人员在与客户沟通时，有必要对客户群体进行细分，一般而言，怀旧群体大致可概括为以下几类：

第一，年龄为40岁及以上的客户。通常40岁以上的人比较容易产生怀旧心理，并且怀旧心理与年龄成正比。

年纪轻的人对生活的感受少，生活的积淀也比较少，每天被诸多事物缠身，忙学习、忙工作、忙结婚，几乎没有太多的闲暇去思考，总是步履匆匆。所以40岁以前的人很少有怀旧心理。当然，少数早熟或心态老成者除外。

人过40，尤其是处于退休年龄阶段的人，没有了学习、工作、事业、家庭的困扰，生活各方面相对稳定，思考的时间多了。再则，这一阶段的人可能对社会的快速发展和变革会有些不适应，甚至看不惯，因此对过去的情景有了更多的追忆。销售人员在遇到这个年龄层的客户时，就可以适当考虑利用他们的怀旧心理，在与他们交谈的时候，可以适时地提出一些过去美好的生活，勾起他们的回忆，拉近你和客户的距离，让他们感到亲切和温暖，进而产生购买欲望。

第二，一些有着特殊经历的群体。特殊的经历和背景使他们在某些方面有一种趋同性，同时对以往的经历又容易产生怀念和留恋之感。例如，上山下乡的知青；共同上过战场、出生入死、浴血奋战的战友……这些有特殊经历、特殊背景的群体，对生活有着更多的理解。也正是如此，他们心里有着那个时代、那段经历留下的深刻烙印。销售人员的产品如果能引起他们追忆过去、产生共鸣，他们就会有一种普遍的认同感、偏爱感和亲切感。

第三，远离或脱离了以往生活环境的群体。这些人脱离了其原有的生活环境，但其心里还烙有过去生活的印记，在消费时也常流露出怀旧的色彩。如有这样一类群体，他们过去生活很贫穷，后来经过数十年的拼搏，事业成功了。这时如果细致观察他们的言谈举止、消费行为和生活方式，就不难发现以往贫困生活环境对他们的影响。销售

人员若能抓住有这样的怀旧心理的客户，只要对症下药，切中他们的需求，就能轻松获得丰厚的回报。

第四，不愿改变过去的生活习惯，喜欢沉溺于过去情境中的群体。随着时代的加速发展，人们生活的环境发生了翻天覆地的变化，许多产品更新换代频率加快，一部分前卫人士追逐潮流，还有一部分人会在心里架设起一道屏障加以抵制，对那些外包装或外壳上仍保留着过去痕迹的产品情有独钟。

综上分析不难看出，以上四种怀旧型客户的怀旧心理各不相同，他们的怀旧情结也各有不同。所以销售人员在进行销售时，应采用不同的策略，有的放矢、有针对性地区别对待。

行动指南

在使用怀旧销售策略时，要注意两点：第一，怀旧包装。利用人们返璞归真、怀念过去的心理，人为地创造“历史感”或“原始感”包装的形式。在怀旧包装设计中，最主要的是抓住客户的共同记忆符号进行设计，把这种记忆符号通过包装有形地展示在客户面前，以达到刺激其购买的目的。第二，怀旧广告。怀旧本身就是一种情感，因而怀旧型的广告应以情感诉求为主。注意情感、情绪与企业、产品、服务的联系，在怀旧广告中营造生活场景，表现生活片段的广告往往更易给客户留下深刻的印象，更能打动人心。

商品陈列的心理效应

> 消费者第一眼看到商品，就可能喜欢它，便会决定是否购买。商品陈列的最根本的要点，就是要让消费者第一眼就看到你的商品，让你的商品直接跟消费者对话。
>
> ——美国杜邦公司

我们都去过商场、超市等卖场，但有些卖场总会让你有一种舒服的感觉，缘由就是它们的货品陈放得非常和谐，容易激发起我们的购买欲望，有些则不然。还有些商场会将看上去很不搭配的两种货品放在同一个陈列区，如尿布和啤酒，但销量却出奇的好。

商场这么陈放货品其实是经过深度研究和论证后得出的商品陈列学。不过，你可别小看了这简单的物品摆放，科学的陈列能大大增加销量，加快商品周转率，反之则会导致客单价低，货品周转率低，甚至导致货品滞销。但是，要做到合理地陈列商品并不容易，还真不是一件容易的事情。

商品陈列的确是一种学问，它与人们的心理和行为习惯相关。一件商品能否引起顾客的购买欲望，其布置与陈列起着十分关键的作用。这些商品没有高低贵贱之分，即使是水果蔬菜，也要像一幅静物写生画那样艺术地排列。因为有效的商品陈列可以刺激消费者的购买欲，并促使他们实施购买行动。因此，商品的陈列在日常的经营工作中显得尤为重要，尤其是便利店及自选式商店，商品的陈列必须运用一定的技巧。

某书店老板总是把引人注目的畅销书摆在进门左侧的书架上，这是因为人的眼睛看东西习惯从左侧开始，而后转向右侧，也就是说，看左边时往往是“无心”，而看右边时往往是“有意”，因此，把畅销书置左有利于锁定顾客视线，而把专业书和工具书放在不显眼的地方，

买专业书和工具书的人目的性很强，有耐心寻找或询问。书店如此，一般商铺则恰好相反。主推商品、新进商品、重要利润商品一般摆放在右侧，这是因为大多数人习惯于用右手，所以总喜欢从右边开始拿东西。

在进行商品陈列时应注意以下几点：

1. 要丰满、符合便利性

顾客走进商场，最关心的不是销售人员的服务，而是货架上的商品。一位营销专家说："商品本身就是广告。"其实，商品陈列也是一种广告。当顾客看到货架上琳琅满目的商品时，他们会迅速燃起热情，精神也会为之一振，购物的兴趣随之高涨起来。相反，如果商品摆放得稀稀拉拉，他们心里就会觉得商品这么少，看来是没有什么好买的东西了，因此，要随时保证货架上的商品摆放丰满，以此来方便顾客选购。在摆放商品时，一定要按大类、按品牌陈列，避免商品无序混放，影响顾客的选择。另外，商品的陈列应该从一切方便消费者的角度出发，商品摆放的位置要便于消费者拿取或回放。商品的陈列，应尽可能地使顾客能从不同位置、不同方向取到商品，不同的行走路线都能看到商品。

2. 摆放要明了，展示出商品的美

消费者被堆放丰满的商品所吸引，这时他最想知道的是"这东西怎么样"。于是看看商品的质量，又看看外观，再想想适不适合他用。这时候，商家需要在商品陈列上尽可能充分地展示商品的美，包括内在美与外在美。内在美就是商品质量。质量是商品形象的生命线，利用商品陈列展现良好的商品质量，无疑对树立良好的商品形象大有裨益。

上海某防火材料专卖店搞促销，销售人员没有向顾客多说什么，只是将木制防火材料放在一个架上，下面是一个特制的火焰装置正燃起很大的火，火烧着木制防火材料，而防火材料没有半点变化，现场演示生动地显示了这种材料的防火效果。这引起了顾客的极大关注，从而促进了销售。

展示商品的外在美，就是运用多种手段将柜台货架上的商品予以美化，借此激发顾客的购买欲。如在一个售卖蔬菜的柜台里，冰柜上方有一排彩色射灯，紫红色灯光直射柜内蔬菜，每个格子里的蔬菜下面都垫着一个橘红色的圆形小垫子。透过玻璃看上去，蔬菜的颜色很好看，十分鲜嫩。这种人工设置的彩色射灯和橘红色小垫子让商品展示出来的美对顾客的消费刺激是不难想象的。

3. 要营造一种美好的气氛

顾客在一个良好的陈列气氛中购物，容易被商品所营造的气氛打动，产生积极联想，从而对商品也有了好感，购买欲望就会油然而生。这就是商品陈列气氛所要达到的目的，也是专卖店销售的最终目的。

有两家紧挨着的童车专卖店，第一家只是将童车排列整齐、保持洁净，如此而已。第二家则不同了，他们摆放童车的地方，除了这种基本展示外，还在营业场地的一角用屏风圈出一个半开放的小屋，小屋里放着一辆漂亮的童车，童车上拴着五颜六色的风铃、彩条，一个十分逼真、美丽的大布娃娃躺在童车里，手拿奶瓶在吃奶，小屋的墙上贴着一张充满童趣的彩笔画，地上放着玩具狗，玩具熊……置身在这个环境中，看着这一切，不由人不生出一缕温馨之情。

第二家商店的销售结果可想而知了，顾客被商店所营造的气氛打动，产生积极联想，继而连带对商品也有了好感，购买欲望很容易就产生了。

俄罗斯有一句谚语："语言不是蜜，却可以粘住一切。"销售人员除了要巧舌如簧，还要想办法让商品会说话。销售心理学家告诉我们："大多数消费者购买商品都是在想象心理支配下采取购买行动的。"当然，销售人员销售商品最终都是为了获利。因此，在陈列商品的过程中要考虑的一个很重要的问题，就是通过有效的陈列增加商品的销量，提高商店的经营形象，实现消费者的持续购买。因此，商品的陈列要和室内的经营环境相适应。

行动指南

在商品同质化的今天，要想让你的货品首先被消费者选中，就要研究透消费者的心理因素，即消费者的感觉、知觉、注意、记忆、情绪、情感、想象以及每个消费者不同的气质、性格都是影响其购买行为的重要因素。如果在商品陈列时充分考虑到消费者的心理因素，也许会别有洞天。

无创意，不销售

移动互联网时代，不创新就会被颠覆。

——腾讯董事会主席兼首席执行官　马化腾

曾几何时，人们开始放弃西装革履，喜欢穿休闲装。如今，我们仍然穿衣戴帽，但时尚已经改变。销售也是一样，在这个时代，我们必须改变销售的方式，否则将无法收回成本，更不要说达到盈利的目标和实现我们的梦想了。

贾冉是清华大学毕业的一名大学生，先是在 IT 公司上班，后来突发奇想，开始了自己的创业之路，如今的他已成为国内最大的“鲜切水果王”。这位“80 后”是怎样“切”出财富人生的？

2011 年 3 月的一天，贾冉无意间走进北京一家汽车 4S 店，店内等候区桌子上摆放着一盒糖果。看着桌子上五颜六色的糖果，贾冉灵感乍现：既然会用糖果招待客人，那也不会拒绝水果，不少企业的员工午餐里就少不了水果，与其吃一个整梨，大家更乐意吃水果拼盘。这或许就是贾冉的创意。说干就干，但理想很丰满，现实很骨感。贾冉遭受了一次又一次的碰壁。在经过一次次尝试后，这家 4S 店最终被贾冉感动了，而贾冉也迎来了他的第一个大客户，每天向果酷网定制 100 份果盒。仅此一单生意的利润，就足够维持他公司的日常开销了！

有了第一单生意后，贾冉几经思索，决定把销售业务从个人客户转向企业客户。于是，他带着自己的“鲜果切”果盒，转战于北京各大商圈广泛撒网，每一家金融机构、互联网公司、服务机构都是他的目标。

工夫不负有心人，2011 年 4 月，贾冉终于从百度采购部门一位负责人的手里拿下了针对互联网企业的第一份大订单！

就这样，在开张 8 个月后，贾冉的现实版“水果忍者”生意终于

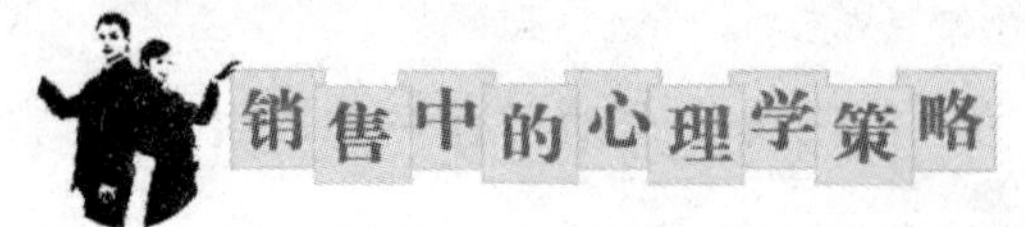

扭亏为盈，每月竟有了六七万元的利润。

人们对于新的、奇的东西有一种与生俱来的渴望。产品有创意，客户就会感兴趣，销量就会好。遗憾的是，产品的设计者不是销售人员，你并不能决定你的产品能够具有新颖别致的特点，但是你可以从自己的销售工作上下工夫，采用有创意、新颖的销售方式，同样能够抓住客户的心。

上海萃众毛巾厂生产出一种“变色毛巾”，这种毛巾的表面图案是猪八戒背丑媳妇，毛巾一浸到水里，丑媳妇就变成了孙悟空，可毛巾一离开水，孙悟空又成了丑媳妇。“变色毛巾”由于迎合了人们求新好奇的消费心理，从而在竞争激烈的毛巾市场上一枝独秀，其销量比普通毛巾高出好几倍。

创新无界限，它可以表现在高科技领域，也可以表现在市井乡野。有一家个体馒头店的老板，看到满大街馒头店里生产的都是清一色的白馒头，销路平平，便灵机一动，买来当地特产胡萝卜，将其切碎，将胡萝卜汁掺入面中，推出了“胡萝卜”馒头。这种馒头很有特色，而且品尝起来还有一种特殊的香味，使昔日冷冷清清的小店顿时顾客盈门。

销售的新规则非常简单，它的困难不在于如何运用，而在于如何掌握。在这里列举出几种值得思考的新方法：

（1）要珍惜自己的好奇心，这一点在孩童时期就不容忽视，要保持对世界的神秘感，有开动脑筋发问的习惯，这样才不至于扼杀自己的创造力。爱默生说过：“人们喜欢猎奇，这就是科学的种子。”

（2）不要轻视点滴的创造而不屑为之，而呆望着大创造从天而降。培养创造力要从所学、所做的事情或事业中一点一滴做起，因为现在的一切美好事物，无一不是创新的结果，忽视现在，也是对创新的一种否定。

（3）要开阔眼界，广泛涉猎，培养多方面的兴趣爱好，跟各种不同环境、不同职业的人接触、交往。

（4）从培养人格做起。叔本华说：“在所有我们所做和所受的经历当中，我们的意识素质是占着一个经久不变的地位；一切其他的影响都依赖机遇，机遇都是过眼云烟，稍纵即逝，且变动不已，唯独个

性在我们生命的每一刻钟是不停工作的。”所以，只有培养独立完善的人格，才能成为创造型的人才，才能体现真正伟大的人格。

（5）培养创造力最重要的是靠主观因素，追求个人的自我完善，才能使创造力爆发。

（6）创造力的培养要有一个“天高任鸟飞，海阔凭鱼跃”的环境，没有限制才能创新。

给销售加一点创意，有时候能取得意想不到的效果。

行动指南

创意是销售的灵魂。销售人员必须认识到销售并不只有一条道路、一种方式，而是有成千上万种道路和方式。从每个人身上学到一点，把学到的知识与个人的经验相结合，再加进你自己的个性，就能形成自己独特的销售风格。

引爆客户的兴趣点

视其所好，可以知其人焉。

——北宋政治家、文学家　欧阳修

什么是兴趣？我们来看看心理学上是怎么给兴趣下定义的。

兴趣是人积极探究某种事物的认识倾向。它使人对某种事物给予优先注意，并带有积极的情绪色彩和向往的心情。兴趣是爱好的前提。当兴趣进一步发展成为从事某种活动的倾向时，就变成了爱好。爱好不仅是对事物的优先注意和向往，而且有从事实际活动的倾向。

所以，销售员要想和客户成交，就得激发客户的兴趣，有了兴趣导向，客户自己就直奔成交的主题了。

一天，一位房地产销售代表带着一对夫妻去看房子。这个房子的装修不是很精致，许多人来这里看过房，最后都没有下定决心购买。这次当他们在房前停下来的时候，那位女士的视线越过房子，落在了后院一棵正在开花的梧桐树上。

女人立刻叫了起来："啊，老公，你快来看那棵正在开着美丽花朵的梧桐树！当我还是小孩子的时候，我家后院也有一棵开着花的梧桐树。"

随后，他们都从车里走出来，走进房子。这位销售人员立刻记住了这位太太的话。

当那位先生挑剔地看完了房子，他说的第一件事就是："看来我们得把这个房子的地板换一下。"

销售代表说："是啊，没错。不过在客厅这个位置，您只需要一瞥，就能穿过餐厅看到那棵漂亮的开着花的梧桐树。"

那位太太立刻不由自主地从后窗看出去，看着那棵梧桐树，嘴角不自觉地溢出了笑容。销售代表观察到，在这对夫妻中，妻子才是重要的决定者，于是，他决定把主要精力集中在太太的身上。

他们走进厨房，先生说："厨房有点小，而且煤气管什么的有点旧。"

销售代表立即表示认同，并说道："是的，您说得没错。但是当您在做饭的时候，从这里的窗子望出去，仍然可以看到后院里那棵美丽的梧桐树。"

接着，他们又走上楼看了一下其余的房间。那位先生又说："这些卧室太小了，而且这墙纸也太难看了，房间都需要重新粉刷才行。"

销售代表说："是的。不过，您有没有注意到，从主卧室那里，您可以将那棵开花的梧桐树的美景尽收眼底。"

看完房子，那位太太对有梧桐树的那套房子实在是太喜欢了，以至于她不再提议去看其他的房子了。最后，他们买下了那套房子。

他们之所以会这么快做出购买的决定，是因为那个销售员看出了这位太太对梧桐树的特殊喜好，找到了客户购买的关键点。

在销售人员销售的每一件商品或服务中，都有一棵"开着美丽花朵的梧桐树"。销售人员要找到消费者眼中那棵"开着美丽花朵的梧桐

树”，并不断地反复进行刺激。

小李是某4S汽车店的销售员，在一次汽车展销会上，小李结识了一位潜在客户，而且这位客户也带走了小李给她的产品手册，并且答应小李有时间就会给她电话，但时隔数日，小李一直没收到回复。于是，小李试着打电话联系，客户说平时太忙，周末难得放松放松，和朋友约好一起去射击场玩，然后就把电话挂了。

小李虽然没约到这位客户，但收获还是有的，至少他得知这位客户是一个射击爱好者，于是，她立即去书店找了很多有关射击方面的书籍，经过一两个星期的恶补终于掌握了不少射击方面的知识。万事俱备后，小李再次致电那个客户，此次，小李对汽车只字不提，而是跟客户说自己在北四环附近发现了一家设施齐全、环境优美的射击场馆，希望有机会切磋一下。果然，客户满口答应，约好下周末一试高低。付出必有回报，由于小李潜心学习了射击知识，这让客户刮目相看，而且还感慨自己找到了知音。在返回的路上，客户说自己特别喜欢驾驶豪华的SUV越野型汽车。小李当即告诉客户他们公司正好刚刚上市一款新型SUV越野汽车，并与客户约好时间看车，客户也爽快地答应了。

所以，作为销售员，你要明白一个现实，就是对于每一个愿意听你讲述产品的顾客来说，他们都至少有一个购买兴趣点，而你要做的就是找到顾客对产品的兴趣点，瞄准这个点，反复地加以刺激，你就能够征服顾客的心，从而提高自己的业绩。

行动指南

抓住客户的购买兴趣点其实不难。首先就是要站在客户的角度去想问题。只有这样，你才可能准确掌握客户的心理，找对他的购买兴趣点。还有，你必须给予客户足够的重视，让客户感受到自己的价值，让客户感受到自己受到足够的尊重。因此，销售人员一定要真正地关心、重视客户，聆听他们内心真正的想法，通过观察他们的眼神、肢体语言等洞悉那些他们想说而没有说出的话。感客户之所感、想客户之所想，才能准确找出客户的购买兴趣点。

物以稀为贵

稀缺心理会占据人的思维，人的脑子里是容易产生一连串强烈的需求感的。

——社会学家　艾尔德·沙菲尔

俗话说：“物以稀为贵。”机会越来越少，价值就越来越高。当某个东西变得非常稀缺的时候，其价值也就成倍增加。短缺会直接干预人们的行为，心理学家认为，害怕失去某种东西比希望得到同等价值的东西对人们的刺激作用更大。在消费心理学中有一个概念叫“稀缺效应”，指的就是由于某件东西稀少而引起消费者强烈的购买行为的现象。

当某种东西变得越来越少而且见成稀缺之势时，我们就会特别想得到它；如果再加上必须通过竞争才有可能得到它时，我们想得到它的愿望就会变得更加强烈。当人们觉察到自己想要的东西数量有限的时候，就会认为自己所向往的物品在价值上要超过那些数量充足的物品。从心理学的角度看，物品的稀缺性和唯一性会提高其在人们眼中的价值。

客户在购买商品时也是一样。有时越不容易得到的东西，客户越想得到。如果销售员能利用客户的这种心理，让客户知道这种产品是稀缺的，给客户制造一种很可能买不到的紧张气氛，让他对你所推销的商品产生一种占有欲，然后你再跟他说“现在有货了，这种商品可以买到了”，此时客户心里必然很庆幸，从而欣然买下你的商品。

下面案例中的这个业务员就是利用客户的这种心理，成功地把房子卖出去的。

某业务员正在推销甲、乙两栋房子，而此时他想卖出甲房子，因此他在跟客户交谈时这样说：“您看这两栋房子怎么样？现在甲房子已

经在前两天被人看中了，要我替他留住，因此您还是看看乙房子吧！其实它也不错。”客户当然两栋房子都要看，而业务员的话在客户心中留下深刻的印象，使之产生了一种“甲房子已经被人订购，肯定不错”而“乙房子不如甲房子”的感觉，最后他带着几分遗憾走了。

过了几天，业务员找到这位客户，高兴地告诉他：“您真是很幸运，订购甲房子的客户把房子退回来了，他说家人太多，觉得房子有点小，想另找一栋再大点的房子。我那天看您对甲房子有意，便特地给您留下来了，您现在可以买到甲房子了。”

听到这，那位客户当然也很庆幸自己能有机会买到甲房子，现在自己想要的东西送上门来了，此时不买，更待何时，因此，业务员很快就把甲房子卖出去了。

在这个例子中，销售员稳稳地掌握住了客户的心理，通过把客户的注意力吸引到甲房子上，然后又告诉他甲房子已被订购，让他感到很遗憾，刺激他对甲房子更强的占有欲，接着制造意外，给予对方购买房子的机会，最后很轻松地就让客户高高兴兴地买下了甲房子。这个案例告诉我们，在销售中，销售员如果能够把握并善于利用客户心理，将会起到事半功倍的效果。

行动指南

策划和制造“稀缺”并不是要欺骗客户，讲的是真话，但如何讲、何时讲就是技巧了。一般来说，要考虑如下两点：第一，目标的诱惑力的大小。稀缺目标如果很有诱惑力、吸引力，那么，人们就会有对获取这一目标的兴趣，就会有占有的积极性；第二，获得目标的可能性，也就是期望值问题，如果达到这一目标的可能性很低，那么人们就可能放弃这一目标。关注和享受稀缺，希望拥有被争夺事物的愿望，几乎是人的本能。销售员一定要学会宣传和制造稀缺，以此来影响客户的购买行为。

第四章
心的博弈

销售员不仅要洞察客户的心理，了解客户的愿望，还要掌握灵活的心理应对方式，以达到推销的目的。打开客户的心门，不是仅靠销售员几句简单的陈述就能够实现的。客户有着自己的想法和决定，销售员必须在心与心的博弈中取得胜利，才能成功地签下订单。

分解你的要求，获得客户的让步

让人们先接受较小的要求，就能促使其逐渐接受较大的要求。

——心理学家　费里德曼

每个人都有这样的感觉，就是我们都不大愿意接受那些难度较大的要求，因为正常情况下很难达到对方的目的。相反，对于那些小的且易完成的要求，我们都很乐意接受。或者说至少你得把那种较大的要求分解成容易完成的小要求我们才勉强能接受。

王凯是中关村软件园卖传真软件的销售员，今天，他要去拜访一位需要传真机的客户，这单生意很重要，王凯事先就做好了周密的计划。下面是王凯与这家公司张经理的对话。

王凯："谢谢您张总，您在百忙之中还抽空见我。上午您在电话上说贵公司需要一台传真机，我们谈谈，好吗？"

接着，王凯开门见山地询问："请问张总，您需要什么样的传真机呢？"

张经理："当然是能传真给对方文件的机器啊！"（这还用问，当然是传真文件的机器啊，张总不假思索地回答）

王凯："现在公司不是都有电脑吗，您为什么不用电子邮件呢？"

张经理："你可不知道哇小王，我要传送的是项目计划书。我们大部分的老客户都可以接收电子邮件，但他们就是不肯用。你知道什么原因吗？这些公司都是有三四十年历史的老企业了，他们的老总都是'古董'级的人，对新科技一时还不能完全适应，更恼人的是他们从不信任网上的东西。所以，他们每次收到电子邮件后还要再打印出来，太麻烦了。所以，他们喜欢邮寄或传真。他们就是要看到白纸黑字才放心。"（一肚子苦水都倒给了王凯）

王凯："如果我没猜错的话，张总，您还是比较喜欢用电子邮件，而不是传真机？"（王凯满脸善意）

张经理："没错，我讨厌死了传真机，按一大堆按钮不要说，还经常卡纸。所以啊小王，这次你可千万别给我整成万能的机器，我只要能用两三年的便宜货就够了。我敢打赌，两三年后，传真机就会像老打字机一样被送往博物馆了。"

王凯："那么，我再问您一个问题张总。您想要什么样式的机种？"

张经理陷入迷茫之中。

王凯接着说："对您来说，快速拨号的功能重要吗？您可以把常用的老客户号码预先设定，到时候自动拨号，方便吧？很多客户都说这样很省事。有些客户也很喜欢简单的影印功能。"

张经理："不必了，影印机我们早就有了，没必要把钱浪费在这个上面，至于快速拨号和自动重新拨号的功能倒还不错，这款机器价钱如何？"

纵观这场谈话，我们不难发现，张经理真正想要的东西与他描述的其实根本就不是一个东西：他是需要一台传真机，但是，他又特别头疼传真机。换句话说，有无传真机对他都无所谓，他的目的很简单，只要能迅速把文件传送给客户就行了。此时，王凯就可以顺理成章地引出自己真正想卖的产品——电脑传真软件了。明白了张经理的意图后，王凯就游刃有余了。

王凯："照您刚才讲的，您不是很喜欢用传真机，只想迅速将文件传给客户，对吧？"

张经理："没错，越省力越好。"

王凯："好，那么我建议您不用买传真机了，我相信您应该会喜欢这套电脑传真软件的。这套软件不需要其他配套设备，就能让您利用电脑收发传真。这应该比较符合您的需要吧？"

接下来，王凯就开始对客户解释起这套电脑传真软件来。结果，王凯成功地把电脑传真软件卖给了张经理。

心理学家费里德曼和费雷泽的一项研究证明：让人们先接受较小的要求，就能促使其逐渐接受较大的要求。换句话说，就是向对方提出要求时，将要求零碎地提出来，比一下子提出所有的要求要更容易得到首肯。

一个人在某种特殊的情况下，戒备心往往会比较重，会有意识地隐藏自己的心声。如果情况变了，如警报突然消失了，场所突然转换了，这种转变往往会带给人一种安全的感觉，让人不由得放松警惕，一不留神说出真心话。如果想要了解一个人的真实想法，又明知道对方不轻易说，不妨先让对方心情放松，让对方自然地说出心里话。

第二次世界大战爆发时，塞耶为了给关在德国监狱的一个英国副领事送一些生活用品，不得不与监狱长反复谈判。在提供马提尼酒的问题上，监狱长始终不肯让步，塞耶只好另想办法。

见到英国副领事时，塞耶一件一件地把东西递了过去：睡衣、衬衫、袜子、梳洗用品等，随后，塞耶拿出了一瓶雪利酒，他向副领事解释说，可以在午饭前喝一点儿。

监狱长一言不发，但还是接过了塞耶手中的酒。接着，塞耶又拿出了一瓶香槟酒，塞耶说："这个可以先冰镇一下，到恰到好处时与午餐一起享用。"

监狱长不耐烦地接过了。接着，塞耶又拿出一瓶杜松子酒、一瓶味美思和一个鸡尾酒调制器。塞耶还一边解释说这些都是为副领事调制晚餐用的马提尼酒准备的。

塞耶转身对监狱长说："哦，你兑上一份味美思，四份杜松子酒，再加上足够多的冰块……"

这时，监狱长肺都快气炸了，他怒吼道："够了！我可以给他提供雪利酒、香槟酒，甚至是杜松子酒，但他完全可以自己调制他的马提尼酒！"

为什么监狱长竟然会同意提供马提尼酒？自然是因为塞耶亦步亦趋地提出自己的要求，一件一件地提供调制马提尼酒的原料和工具。监狱长原本不答应提供马提尼酒，但塞耶的烦人实际上还是得到了回报。这一方法也是谈判高手惯用的技巧。

一个聪明的谈判者非常清楚，要让对方同意自己所提出的所有条件，循序渐进才是上策。因为他绝不会一下子就摆出一副让对手接受全部条件的架势。相反，他会把要求细分，在不同的阶段一点儿一点儿地提出来，这样，对方就能一次次地被说服，最终满足你提出的所有要求。

行动指南

兵法云："步步为营，稳扎稳打。"要想最终得到客户的同意，销售员首先要通过发问来找准客户的需求，了解客户的真实想法，然后再有计划地让客户跟着自己的思路走，步步为营，最后打动客户。

让客户觉得占了便宜

顾客要的不是便宜，要的是感觉占了便宜。

——《消费心理学》

在日常生活中，我们经常看到在超市门口有一支长队在一大早就形成了，原因是超市在做促销活动，要打折了。但凡听到这样的消息，一些人（特别是一些大妈）就会争先恐后地向这些地方聚集，以便买到便宜的东西。

我们知道，物美价廉永远是大多数客户追求的目标，很少听见有人说"我就是喜欢花多倍的钱买同样的东西"，人们总是希望用最少的钱买最好的东西。这就是人们占便宜心理的一种生动的表现。

其实，占便宜也是一种心理满足。客户会因为用比以往便宜很多的价钱购买到同样的产品而感到开心和愉快。作为销售人员务必要懂得客户的这一心理，用价格上的差异来吸引客户。

有一位淘宝店小二由于经营的不是什么大品牌，因此生意很惨淡。为了维持下去，他想了个办法，就是买衣送条裤子，条件是"上衣价格 +1"送。实际上，这个送并不是真的送，是贵的服装加便宜的服装，羊毛还出在羊身上，店主并未真的亏损什么，而且这种促销仍然赚。但是给客户的感觉却大不同，客户会觉得 1 元钱就买了条裤子，占了好大的便宜啊，店小二的聪明就在于，他给客户设置了门槛，即要想得到裤子，必须再加 1 元钱。如果这条裤子直接白送，即使这 1 元钱直接加到上衣的价格中，客户也不会产生这么强烈的占了很大便宜的心理，他还会认为裤子的价格一定是店主加到上衣价格中去了，非得加上 1 元钱不可，客户才能体验到占便宜的“甜头”。

玫琳在一家超市里当卖糖果的店员时，是所有店员中最受顾客欢迎的。许多顾客宁愿多等一会儿也要向她购买。同事们都很好奇，因为玫琳长得也并不是最漂亮的，这到底是为什么呢？

有人问她：“你是不是给顾客的量特别多啊？”

玫琳摇了摇头：“那是不可能的，我的秤一向都很准，既不会多也不会少。”

“那为什么顾客都喜欢去找你买东西呢？”

玫琳笑着说：“别的店员在秤东西时，起初都会拿得多，然后一点一点地从秤上的袋子里往外拿，而我则总是先少拿一点，然后再一点一点地往秤上的袋子里加。顾客们可能都以为我比别的店员给得多，所以才喜欢我，才会宁可多排一会儿队也要在我这里买东西吧。”

事实上，玫琳每个月的业绩都要遥遥领先于店里的所有同事。后来，这位长相平凡但做事一点也不平凡的女孩，竟然成为了拥有 30 亿美元资产的“好乐公司”的副总裁。

玫琳为什么会成为如此受顾客欢迎的人呢？原因其实很简单，那就是她能让顾客产生“捡了便宜”的感觉。

一位销售员究竟如何才能迅速赢得客户，拿到订单呢？通过营造令客户产生捡了便宜的感觉的氛围，推销员就为顺利成交埋下了重要的伏笔。事实上，让客户产生捡了便宜的感觉的销售，才是到位的销售，才是最能赢得回头客的销售。

绝大多数人都有想占便宜的心理，都希望能少花钱多买东西。一点点地往里加，往往要比一点点地往外拿来得让人心里舒服。一点点地往里加，更容易让人产生捡了便宜的感觉。玫琳正是因为准确地抓住了客户这一微妙的心理弱点，才招揽了源源不绝的客人。

行动指南

打折促销之所以有巨大杀伤力，其根源在于满足了消费者的占便宜心理。作为销售员，首先就是在促销活动中，尽量使折扣商品价格直观，体现出实惠。其次，务必让操作简单化，避免繁琐。如果程序过于繁琐，客户会觉得你是在给他们设陷阱，引导他们上当。再者，尽量体现差异化，如附送赠品等以引起消费者的注意，增加消费者尝试购买的概率。

心急吃不了热豆腐，别急于让步

慢工出细活。

——民间谚语

世界上没有免费的午餐，在销售过程中，你也绝对不能做出无理由的让步。“心急吃不了热豆腐”，过早地让步，在心理学上来说是一种不自信的表现，这样会让客户在心底对我们的产品价值大打折扣，如此一来，会让自己在销售谈判中失去有利的地位。

大家都知道商场中的“公平交易”准则。在商业社会中，人们购买产品时要讲究公平交易，但是现实中却不可能有对等交易，许多人认为公平交易就是对等交易，这是错误的。

事实上，在销售过程中，卖方一般都会希望成交价高，而买方则希望成交价低，卖方与买方是在进行一场博弈。

在销售谈判的心理博弈中，有一条很重要又很单纯的原则：不要单方面做过早的让步，否则你会在下面的销售谈判中陷入被动。世界上没有白给的东西，也绝对没有无理由的让步，否则情况会变得非常棘手。

单方面让步之所以坏事，并不在于所做出让步的大小，关键在于它削弱了你的谈判地位。我们都有过购买家电、家具的经历，一般商家都是这么规定的，顾客出价 1 万元，商家让步到 9000 元，再 8500 元，再 8200 元。从这个让步策略中我们可以看得出来，商家让步的幅度是 1000 元、500 元、300 元，让步幅度呈递减状态，也就是让步幅度越来越小。这种策略的目的就在于让顾客感觉到让步越来越难了，越来越接近底线了，如果不抓紧购买，到了后面是让不了的。这个是不难理解的，我们不妨反过来看看，先让步 300 元，再让步 500 元，再让步 1000 元，同样是让步到 1000 元，但给顾客造成的感觉却大为不同了，顾客会觉得你的东西是不是有什么质量问题，否则你为何要做无条件的让步？是不是你心中有鬼，却不好公开？所以，在让步时，切忌心急，而是要做到递减让步。

要做到有效让步，首先是要在价格上做文章。一般来说，第一步让步的幅度是最大的。如果你是卖场的老板，你的价格底线是让 2000 元，那么第一步让一半，即 1000 元是较为合理的；如果你准备让 1000 元，那第一步让 500 元则较为合适。只有这样后面的让步才可能越来越小。

其次，还需要掌握让步的时间。在让步的过程中要把握好时间的度量，一般来说让步应该是越来越慢的。也就是说，第二次让步到第三次让步的时间比第一次让步到第二次让步的时间长。民间有俗语说得好，“多磨出细活”。如果把握不好让步的时间，顾客会觉得你让步很容易，反倒可能增加他的期待，进而提高要求。如在货物采购谈判中，供货方要求采购方首付款必须达到 50%，而采购方则坚持 30%。采购方让步到 35% 用了两个小时的谈判时间，那么再让步到 38%，谈判时间至少要大于两个小时，这就能让对方感觉到，再让步是越来越难了。

行动指南

让步是有技巧的：首先，你的让步必须能够影响你的客户产生相类似的行为倾向，否则你的让步就毫无意义；其次，在关键问题上绝不能让步，有些条件是不能拿来作为商业谈判的交换筹码的，否则会导致满盘皆输；再者，让步最好是一步步实施，别一次性亮出自己的底牌，否则往往会使你陷于很被动的境地；最后，你的让步需要“出师有名”才好，完全没有理由的让步会使你的客户或者判断对手觉得莫名其妙，甚至怀疑你之前开出的条件是否真的合理。

给客户留足面子

对人来说，最最重要的东西是尊严。

——印度作家　普列姆昌德

“抹不开面子”是人们普遍的一个心理弱点，所以，作为销售员的你就要巧妙利用这个人性的弱点来赢得客户的订单。有时候，给足了客户面子，客户就会用钞票来回报你了！

客户在购买商品时，一般都不会轻易购买，而是要经过一番精挑细选，精打细算后才最终决定要买。例如，在大型服装市场里人满为患，但商家却鲜有入账的，因为在这个庞大的群体里，一部分人是来闲逛一饱眼福的，另一部分人则是因为款式、质量或价格等原因不称心如意而没能成交的。面对后一种状况，优秀的销售人员往往能说服客户，从而促成交易。

小娟在翠微商场看中了一件衣服，一问价钱居然要300元。小娟也是商场老手了，她认为这件衣服值不了这么多，最多也就180元。于是她“对半砍”。

“150元行不行？”小娟直截了当地问。

“150元我连本钱都没有收回来，肯定不行。这样吧，你再加一点，我就算给你带一件得了，现在生意也太不好做了。”

“我最多出180元。”小娟语气很坚决。

“成交！”

小娟很高兴，暗自为自己掌握了砍价的“秘籍”而自豪。

殊不知，精明的售货员早就摸透了小娟的心理，在砍价时他运用了一个小小的心理策略，让小娟高兴地“上当”了。

商家难道会有先见之明？客户就这么乐意上他的当？其实，这就是消费心理学上的“留面子技巧”。

留面子技巧在销售中运用得很广泛，销售员往往抓住客户的这种心理，在卖东西的时候先开出一个顾客不能接受的“天价”，当顾客一再砍价时再逐渐地降低价格，结果既满足了客户的心理，又降低了价格谈判的难度，轻松地取得了利润，获得了双赢。

销售最理想的结果就是双赢，顾客买到了满意的东西，售货员得到满意的佣金，这样的交易才能做得长久。因此推销员要学会这种让顾客高高兴兴“上当”的心理策略。

下面就是一个给客户“留面子”的成功案例。

某工厂自己创立了一个服装品牌，准备打开内地市场，奈何产品推出后经销商反应平淡，结果导致产品积压。

后来，他们趁当地举办一场全国性服装展览会的时机，邀请了全国一百多家经销商来参展，路费、住宿等费用全包，果然客商纷至沓来。

经销商来到当地后，该工厂先安排他们参观展览会，然后安排他们游玩当地的风景名胜。到第四天，该厂把他们集中到厂里召开一个内部交流会。会上该厂老总提出了一个要求：“请大家协助我们在当地开一家我们公司所经营的品牌的专卖店。”老总把开店的费用逐项列了出来，大概要十几万元。这一下所有客商都不敢吭声了。老总见时机已到，马上按计划提出第二个请求：“如果大家觉得开专卖店有困难，那就以后再说，但现在还是先请大家带点货回去试销一下，如果销量好，大家对我们的品牌有信心，我们再谈专卖店的事。”经销商听到这个请求感觉不难做到，便纷纷答应了，并且对产品的价格也没有提出过多的异议。这样，积压的产品也就解决了。

在这个案例中，该厂老总运用的就是给客户留面子的技巧，开专卖店只不过是给客商一个台阶下，从而达成自己真正的目的。

总之，销售员应该善于给客户留面子，先报出高价，给顾客留一个讲价的空间。

行动指南

销售员要给客户留够面子，不要轻易地戳穿客户的心理，要让客户觉得自己是聪明的，只有这样他们才能和你成交。

沉默是金

大直若屈，大巧若拙，大辩若讷。

——《老子》

爱迪生是一个伟大的发明家，自动发报机就是出自他手。爱迪生想建造一个实验室，但是他缺乏资金，所以，他想把自动发报机的发明及制造技术卖掉。但由于对市场行情不太熟悉，不知道这项发明到底能卖多少钱，于是，爱迪生便和大人米娜商量。米娜说：“要 2 万美元吧，因为我们的实验室建造下来，至少要 2 万美元。”

爱迪生卖发明的消息不胫而走，纽约的一位商人就抢先来跟爱迪生谈交易。在商谈时，这位商人首先就问到价钱问题。但爱迪生一直认为向商家要 2 万美元有些高了，没好意思开口，于是他只好沉默不语。面对爱迪生的沉默，这位商人有些急了，但爱迪生始终不好意思说出口，他想等爱人米娜下班回来后再商量一下，可商人实在耐不住了，说："爱迪生先生，我看我先开个价吧，10万美元，您觉得怎么样?"

商家的这个报价非常出乎爱迪生的意料，爱迪生当然应允。后来，爱迪生对他的妻子米娜开玩笑说："没想到我什么都没说就赚了8万美元。"

爱迪生的这8万美元真可谓"沉默是金"了。沉默有时可以给对方和自己都留余地，沉默甚至可以挽救我们。

适时沉默是一项有效的沟通技巧。保持适当的缄默，让自己身在暗处令人难以琢磨，反而更能占据主动。保持沉默，还可以让你有更多的时间思考，减少说错话的概率，增加说对话的概率。

"沉默"在心理学上是非常重要的词汇。所谓沉默也就是"留白"，就是用一些空白的东西让对方去体会，接受并同意自己的想法或安排。我们都见过断臂的维纳斯女神雕像，这个雕像曾给人们留下了很多遐想的空间。还有中国的国画，画家为了表现出更深的意境，往往也善于采用"留白"艺术，用画面上的一部分空白启发欣赏者的想象，从而达到"此处无声胜有声"的艺术境界。

唐朝末年，有位宰相叫陆象先。都说宰相肚里能撑船，陆象先的气度也确实不小，并且他还有一个特点，常常是喜怒不形于色，让人无法揣摩。

陆象先早年在同州担任刺史，有一天，陆象先的家童在路上遇到了陆象先的下属，这个下属是个参军，但是家童没有下马。在当时，奴仆见到当官的不下马是很不礼貌的行为。虽然家童没有下马是不礼貌的行为，不过这也不是什么很严重的事情。因为这个家童不一定认识这个参军，即便认识，也许当时没有看见，这也是可以说得过去的。

可是这个参军却非常蛮横，他当即大发雷霆，在大街上拿起马鞭狠狠地抽打了那个家童。可能是为了显示自己并不畏惧刺史大人，这个参军打完家童后，还跑到陆象先的府上，用挑衅的口吻对他说："下官冒犯了大人，请您免去我的官职。"

参军的言下之意似乎是：如果你因为这件事免去了我的官职，就说明你袒护家童；而如果你不免去我的官职，就说明你这个刺史好欺负。

陆象先了解了事情的整个过程后，答复参军说：“身为奴仆，见到做官的人不下马，打也可以，不打也可以；下属打了上司的家童，罢官也可以，不罢官也可以。”说完，陆象先就把那个参军晾在一边，不再理他。那个参军听后呆呆地愣在那里，一个人站了很久，也没有想明白陆象先是什么意思。最后，只好灰溜溜地退了出去，从此，他对陆象先的态度收敛了很多。

在销售谈判的过程中，适当地保持沉默是一种自信的表现。因为沉默能迫使对方说话。而羞怯、缺乏自信的销售人员往往害怕沉默，要靠喋喋不休的讲话来掩饰自己内心中的不安，这点需要在销售当中努力克服。在销售过程中，聪明的买家往往都不会轻易丢掉一笔好交易，之所以拒绝你，有时候是因为他们试图了解你的底牌，在这种情况下，希望你能再坚持一下，这对你不会造成什么损失。也许就在你即将放弃的前一秒钟，他们会这么问：“你的最低价格是多少？”狐狸尾巴终于露出来了，在这之前复杂的铺垫就是为了这句话。这时候你应该怎么办？把低价报给他们？千万不要这样！当他们听到最低报价会不会善罢甘休？当然不会！他们继续会以不合作的态度逼你。即使双方未能达成交易，他们也是赢家，因为买家已经掌握了你的底线。这样一来，无论下一次继续与你谈判还是和其他公司交易，他们都会优势在手，主动权在握。所以，你最好的回应方式就是请他们出一个合适的价格，借以探出买家的底牌。当然这时他们也许不会如此直率，对一些谈判高手来说简直就是班门弄斧，买家对于自己的底牌会守口如瓶，“打死也不说”，同时他们还会继续施压迫使你说出具体的数字。那该怎么办呢？如此一来，比拼的就是双方的耐心了，你可以再次重复一遍之前的话：“还是你们出个更合适的价吧！”然后采取沉默的心理策略——没错，百分之百的沉默，一个字也不说！

不可否认，双方陷于沉默的这段时间是非常艰难的时刻，尤其是对于那些性格外向的人来说，简直就是在煎熬。销售谈判中的沉默是一种艺术，需要掌握分寸。那么，如何才能把握好沉默的“度”呢？

第一，你要明白沉默必须有目的、有计划。沉默看似是一件消极而无作为的事情，但其实它是一种以退为进的积极行动。沉默不是逃避、忍让，而是一种策略，目的在于能更有效地控制谈判局面。

第二，要把握好沉默的时机。什么时候该沉默，什么时候不该沉默，这是非常有讲究的。沉默的时机要把握得非常准确，否则不仅不能达到预期的效果，还有可能会惹上麻烦。

第三，要控制沉默的时间。沉默时间要根据谈判的需要来设定，有时需要时间长，有时则需要时间短。不过，积极的沉默绝不是永久性的，要见好就收。

第四，沉默要在之前的陈述、铺垫下进行。因为从某种意义上说，沉默应该是一种准备和酝酿，是整体销售策略中的一个环节。

总之，在销售过程中，要灵活运用沉默这一手段，它会让你在无言中获得胜利。

行动指南

在跟客户沟通时，不要一味地施展你的口才，有时候选择沉默也是一种沟通的绝招，让客户词穷后再出击。就像《孙子兵法》中的“隔岸观火”一计那样，不要急于采取攻逼手段，顺其变，让敌人自残自杀，时机到即坐收其利，一举成功！

适度暴露产品的缺陷

黄金无足色，白璧有微瑕。

——《寄兴》

心理学家研究表明：那些敢于承认自己缺点的人比怕露怯的人更容易成功；而想方设法粉饰自己“短板”的人、不敢正视自己缺点的人则很难取得成就。

在心理学家看来，敢于暴露缺点的人更有学习和工作动力。一个人如何对待自己的缺点，在一定程度上反映出他个人内心深处的动机。不敢正视自己的缺点、想方设法“藏短”的人背后的深层动机是“自我美化”，而敢于承认并改进自己缺点的人，背后的深层动机则是“自我提升”。

美国心理学家阿伦森进行了一项研究后发现，一个能力非凡而又完美无缺的人的吸引力，远不如一个能力非凡但身上却有着常人一样的缺点的人强，这就是为什么在日常生活中，人们认为太完美的人缺乏人情味，倒不如有棱有角、有些小毛病的人更贴近人性。

王川是一名做除锈产品推销的工作人员，某天，他接到一位客户的电话，这位客户向其咨询如何为铝件除锈的问题。这位客户告诉王川，他们的工件都是发动机部件，很多时候存在一些返工件，在其上面会出现一层厚厚的油渍与氧化层，虽然他们试过很多方法，都无法有效去除上面的油渍与氧化层。通过朋友的介绍，他了解到王川他们公司的产品或许能够帮到他们，于是便打电话过来。王川在认真了解了客户的工件尺寸、重量以及日处理量后，便为其推荐了一款非常适合其产品用的喷砂设备。最后，王川还建议这位客户带工件过来，可以为其免费喷砂试样。

第二天一大早，打电话咨询的那位客户便来到王川的公司，并带了一件样品过来，在这件样品上面不仅有大量的锈，还有很多油垢与泥土。看到这个样品，王川暗暗地想：你可够狠的啊，拿着这么一个难处理的样品。由于客户拿的样品是发动机的部件，为了不让砂进到里面，客户便用一些报纸或其他丝绵一样的东西将口都堵起来了。

对客户拿来的样品观察了一会儿，王川在喷砂试样前，便跟客户暴露了一个缺陷：若是喷比较厚的油垢工件时，很容易导致砂料与油渍粘到一块，导致堵塞。而且，王川还告诉客户，在工件上面有孔的地方，还必须要自制一个堵头，千万不能用报纸或者丝绵类的东西堵上，否则就更容易造成堵塞。

听了王川的建议，客户回答：“没事的，你可以先帮我试一下。”

正如王川所料，在喷砂的过程中真的发生了堵塞的情况。这时王川又教客户如何排除堵塞故障。经过一番努力，样品终于喷砂出来，最终的效果令客户十分满意。这位客户当即便决定向王川订购一台手动喷砂机。

在销售过程中，坦言有关产品的一些缺陷，会让客户更加信任你的产品。聪明的客户一定明白没有十全十美的产品，因此，销售员与其遮遮掩掩，不如坦诚以待，往往更能赢得理性客户的认可。许多时候，一旦客户发现你所陈述产品的缺陷并不是他们所看重的时候，他们便不会在意这些，反而会更快做出购买决定。

20 世纪 50 年代，美国恒美 DDB 广告公司接了一个很棘手的策划案，将一种德国产的小型汽车打入美国市场。

要知道，当时美国人绝大部分都偏爱那种大型的国产车。然而，在广告播出的短短时间内，那种德国产的小汽车——大众旗下的甲壳虫，摆脱了原来滑稽可笑的形象，一举成为受无数人追捧的畅销车型。

甲壳虫的成功在很大程度上要得益于 DDB 公司优秀的广告策划。令人惊奇的是，该广告策划的着手点并不是大力宣扬该车型的优点，如经济适用、耗油少等，相反，他们把汽车的缺点暴露给了消费者。

毫无疑问，这个广告突破了当时业内的一贯做法。它直接明了地告诉消费者，甲壳虫车不符合当时美国人对汽车的审美观。广告语是这样说的："丑是表面的，它能丑得更久。"就是这样一则广告语吸引了人们的注意力，让甲壳虫汽车一下子受到了大家的欢迎，并畅销了很长一段时间。

事实上，这是因为这则广告大胆地说出了甲壳虫的缺点，反而增加了其可信度。接下来再说到它的优点时，就更容易让人相信了！

美国大名鼎鼎的销售员阿玛诺斯很善于推销，业绩非常惊人，不到两年的时间，他就由一位普通销售员升到了销售主管。他销售时从来不会依照惯例进行。

如销售一块土地，他不会依照惯例向客户介绍这块土地的位置如何好，如何有投资价值，地价又如何便宜。他首先会很坦率地告诉顾客："这块土地附近有几家工厂，如果拿来盖住宅，居民可能会觉得有点吵，因此这里的价格比一般的地方便宜。"

但是无论他把这块地说得如何不好，他也一定会带客户到现场参观。当客户来到现场时，会发现那个地方并没有像阿玛诺斯说的那样不好，有的甚至不禁反问："这里哪有你说的那么吵？现在无论是搬到哪里居住，噪声都是不可避免的。"

如此一来，客户心中对产品的评价一定高于他所介绍的情形，于是便心甘情愿地购买。这样他的订单就如此轻松地成交了。

行动指南

销售人员在面对客户时，与其大肆宣扬产品的优点，倒不如让自己老实一些，通过一定的技巧将产品的某些小缺陷展露在客户的面前，这种销售手段往往可以为你带来更多客户的信赖，从而有效提升你的销售业绩。不过，需要销售人员特别注意的是，将产品的缺陷适度暴露给客户时，所暴露的缺点一定要瑕不掩瑜，否则就会适得其反，令你遭遇聪明反被聪明误的结局。

第五章
娴熟应对不同类型的客户

人人都有弱点，突破人的弱点最容易，效果也最好。如果销售员能洞悉并掌握客户的心理弱点，就等于抓住了客户的命门，这样销售员必然占据主动，销售工作也就会容易很多。

来去匆匆型

浪费别人的时间等于谋财害命，浪费自己的时间等于慢性自杀。

——美国总统　富兰克林

如今，随着生活节奏的加快，我们很少会把大把的时间花在购物上，即便是去个商场，也是来去匆匆，但对于商场的销售员来说就不是什么好事了。面对来去匆匆的顾客，他们根本不知道哪些是真正的买家，即便抓住一个顾客，也是不知如何应对，还是用原来老一套的办法在那里喋喋不休地给客人讲解产品，殊不知，客户的时间很少，他们根本不想去听你说什么，在这种情况下，如何才能留住顾客的确是件不容易的事情。不介绍吧，怕顾客不清楚；介绍吧，又怕顾客嫌啰唆。其实销售员完全没有必要产生那么大的心理压力。如果客户没有关注我们的产品，我们的首要任务就是激发客户的兴趣，唤起客户的好奇心，一步步引导客户产生购买需求。通常有以下几种方式：

1. 用悬念吸引客户

悬念往往能激人好奇，催人思索，也就是它既能激发兴趣，又能启动思维。因为它是出于人们预料，或是充满矛盾情结，或是让人迷惑不解，从而造成了一种心理上的焦虑、渴望和兴奋，就想打破砂锅问到底，尽快知道谜底，而这种心态就是由悬念产生的。所以，在销售过程中，销售员可通过制造悬念，来引起客户的好奇心，提高他们的注意力，并让客户产生探究问题答案的强烈愿望。接下来再引导客户的好奇心逐步转向产品的性能方面，吸引客户产生购买欲望。

2. 用利益吸引客户

初次见面的客户，很可能在销售员介绍完产品后就要离开，这说明销售员没有用有效的手段抓住客户的兴趣点。我们不妨用利益吸引法，首先告诉客户可以获得的利益，这符合客户的求利心理。

用利益作为吸引客户的切入点，是一种比较实在的方法，它更直接也更有效。销售员首先就要把购买这款产品的好处告诉客户，是否打折促销、是否有相关赠品等，从而引发客户的兴趣，增加客户进一步了解产品的愿望。

3. 用参与吸引客户

客户“三过店门而不入”，说明他对产品还没有一个深入的了解，更不用说发现产品的闪光点了。如果销售员能够用参与的方式吸引客户，在简单的产品描述之后，创造一切机会让客户参与到体验活动中，那么客户就很容易联想到拥有产品后给自己带来的益处。这样，销售员不费吹灰之力就能与客户达成交易了。

现实生活中，这种让客户亲身体验的销售模式随处可见。如一些免费的健身体验馆、免费试听讲座、化妆品的免费试用装等，都是让那些没有打算购买产品的客户先体验效果。这是打开市场的有效方式，销售员在向客户推销产品时，要充分利用产品体验这一有力武器，吸引更多的客户来了解产品，从而提升推销效果、提高销售业绩。

4. 节省客户的时间

既然客户的时间那么宝贵，那你不妨直接告诉他，你很重视他的时间，也同样重视你自己的时间。这不但证明了你很有工作效率，还说明了你的业务非常繁忙。如在约客户见面时，你可以非常有诚意地和你的客户再约时间，这样还能确立你的专业形象。当你再次面对他时，相信他再也不会拿时间紧来拒绝你了。因为你已经向他证明了你也是一个把“时间当作金钱”的人。

行动指南

面对来去匆匆的客户，你唯一的应对措施就是怎样节省时间，以此来赢得他们对你的好感。如能在短时间内完成的谈话绝不拖长，能10分钟说完的话绝不要拖到11分钟。如果你经常耽误时间，不妨带上一块手表，不时地看看，然后说："很抱歉，我想您对我们的产品一定已经有所了解了，我非常乐意为您介绍我们的产品，但是我还要赶到下一个客户那里。今天拜访您唯一的目的就是和您见见面。至于一些细节问题，如果您有兴趣的话，我们可以约个时间，我再详细向您介绍一下，现在就不耽误您宝贵的时间了！"

爱慕虚荣型

虚荣心很难说是一种恶行，然而一切恶行都围绕虚荣心而生，都只不过是满足虚荣心的手段。

——法国哲学家　亨利·柏格森

虚荣心，从心理学角度来说是一种追求虚荣的性格缺陷，是一种被扭曲了的自尊心。人人都有自尊心，都希望得到社会的承认，这是一种正常的心理需要，所以作为销售员，如果碰到这类客户要正确对待。这类客户重视有商标的高级品的形象胜过商品的实际用途，常常把自己爱用的商品标签挂在嘴边，得意地炫耀自己身上的高级商品。这类虚荣心很强的客户比较容易接待。你只要善于告诉他某种商品具有的豪华、罕见、高级等特性，就能够不花很多时间让他购买。所以，对待这类客户的方法就是把赞美和恭维送给他。

一对中年夫妇来到翠微大厦选购首饰，在一家珠宝店驻足了，原来他们相中了一只价值9万元的翡翠手镯，但是昂贵的价格让夫妇二人有些踌躇。这时销售经理走过来对这对夫妇说："××国总统夫人也和你们一样很喜欢这个手镯，但是由于价格太高也没买。"这对夫妇听完后，当下就付了款，拿着手镯心满意足地走了。

这个翡翠手镯由于价格太高，本来不符合客户对所要购买首饰价格的标准，但就是售货员简单的一句话，坚定了客户购买的决心。这位销售员并没有按照常理，通过夸赞这款手镯有多么物超所值来劝说客户购买，而是通过一个暗示性的语句满足了顾客的虚荣心理，使他们感到自豪，从而促成交易。

恭维有时候是非常有力的一招，很多时候会影响一个人的决定。美国商人谈生意有这样一个很重要的诀窍：谈论对方最引以为荣的事情。聪明的销售员必定对人的心理了解透彻，能迅速找出让客户引以为傲的东西，然后再当面恭维他。

一天，有一位老人来到"金五星"家具城选购家具，经过一番比较后，老人将目光停留在一套真皮沙发上。

看到老人驻足不前，销售员毛娟立即微笑着上前说道："大爷您好，您眼光不错，一眼就挑中了今年最新款的真皮沙发。"老人似乎没有听见般继续看着沙发。

毛娟又继续说道："这套沙发是法国进口真皮的，而且无论家里是什么样的装修风格，它都很合适。"

老人："谢谢，我只是来感受一下，可你这里的沙发不是很适合我。"

毛娟："大爷，您的气色看起来很健康，您经常运动吧？"

老人："也不是，年纪大了，很多运动都做不了，只能散散步而已。"

毛娟："是吗？那我也要建议我大伯多散散步了，他和您年龄差不多，可是您看起来比他健康多了。"

老人："哦……"

毛娟："想想你们生长在战争年代，真的很艰苦，我大伯参过军，您也一样吧？"

老人："是的，我上过前线，参加了好几次战斗。"说到这里，老人的眼睛闪动着兴奋的光芒。

毛娟："您真伟大，要不是你们，我们这些晚辈哪能够过上这么好的日子啊！您打仗的时候身手一定很敏捷吧？"

老人："呵呵，我们当年打死了不少敌人，还缴获了大量武器呢。"

毛娟："是吗！那您太厉害了！"

老人："我们当年的岁月极其艰苦，但它却是我这辈子最快乐的日子，光荣呀……"

毛娟："嗯，是呀，没有你们，就没有我们现在的安居乐业，也使您的家人能在漂亮温馨的家里快快乐乐地过日子。"

老人："哦，对了，你一说到家，我家正好缺少一套好沙发，我决定就买这套了。"

心理学家说，人性中最深切的愿望，就是那种被人赏识的渴望。然而，这点却成了人性的弱点，太多的人都禁不住恭维，即便是摆在他面前是他力所不及的事情时，人们也希望自己能够表现出不平凡来。

除了上述"合理"的虚荣外，有些人的虚荣却过了头，他们可能为了满足自己的虚荣心，喜欢撒点谎，好让别人觉得他们高人一等。应对这种类型的客户其实也很简单，他们喜欢被人吹捧，那你就顺着他们的喜好，给他们最满意的"吹捧"，让他们在完全满足的状态下渐渐改变原有的戒备状态。客户如果对你所讲的话题感兴趣，也愿意和你交谈下去，在一般情况下就很容易成交。

行动指南

恭维客户的技巧是：第一，务必要迎合客户的心理，找准那些让其引以为傲的事情或经历；第二，即使是恭维也要和客户互动，不要只让客户一个人讲述自己的光辉史，也不要自顾自地说恭维话，而完全不看客户的反应；第三，当客户提出异议时，千万不要因此对客户产生抵触情绪，而是巧妙地恭维客户提出的意见很有价值、很合理，并承诺一定会改进；第四，恭维客户，也并不意味着让你放弃自己的原则，如果和客户有分歧，面带微笑地协商才是可取之法。

脾气暴躁型

要求旁人都合我们的脾气，那是很愚蠢的。

——诗人 歌德

我们经常会遇到一些脾气暴躁、爆粗口的客户。这些人往往会使用一些侮辱和教训别人的话来抬高自己，唯我独尊。他们是吹毛求疵的人，稍有不满，就会立即表现出来，忍耐性很差，与他们在一起随时都会闻到火药味。

心理学家把暴躁型叫作胆汁质，胆汁质又称不可遏止型或战斗型。胆汁质的气质特征是外向性、行动性和直觉性。具有强烈的兴奋过程和比较弱的抑郁过程，情绪易激动，暴躁，反应迅速，行动敏捷而有力；在语言上、表情上、姿态上都有一种强烈而迅速的情感表现。

与脾气暴躁的客户打交道，一定要尽量配合他，即说话的速度快一点，处理事情的动作利落一些。在介绍业务时，只要说明重点即可，细节可以省略，不要拖延谈话时间；在性急的客户连珠炮似的向你发问时，你一定要听清楚对方的问题，可以先和他谈结论，不必过多地谈理由；当你把客户的注意力吸引到你的话题上时，要尽量说明你认为紧要的理由，要长话短说，多用动词，少用形容词，语言要简短有力，态度举止要有分寸。

丽丽就曾遇到过这样一位客户，因为自己一句话没说对，使客户大为牛气。打电话的时候，客户很生气地对丽丽说："我不在你们公司购买产品了，我不是在你们公司还有很多积分吗？把那些积分全部给我兑现，直接打到我的银行账户里。和你们公司没有什么好说的了，全部了结了更省事儿！"还让丽丽不要再来打扰他。

后来，丽丽登门拜访时说了不少好话，才勉强留住了这位客户。

暴躁型的客户容易情绪化，也是希望被特别关注的人。遇到这类客户要认真对待，否则稍有不慎就会遇到大麻烦。

第一，明晰角色。当客户发脾气时要明确他发脾气不是冲着你，而是对某些方面不满意，也就是对事不对人，这是客户的性格问题。每个人脾气秉性不同，当遇到不同的问题反映也就有所不同，但都不会无缘无故发脾气；只有认同这点，你才能站在更客观的角度解决问题，这点很重要。

第二，寻找本质。客户发脾气肯定是你哪方面做得不到位，令他不满意，对这个环节与现象要表示理解和认同，这样他很快就可以得到平息，此时，你切忌与他理论，否则你将陷入无休止的争执中，这些都于事无补；所以，此时你要做的就是认真地听客户的观点，并时不时发出一些声音“我知道”“我能理解你”这样呼应他的词语，如此下来，这种冲突局面很快就冷却下来了，同时把重点做个适时的记录，这个时候客户需要的不是你娴熟的销售辞令，而是你的耳朵。

第三，认同肯定。当客户开始发脾气，连珠炮似的说出一连串的问题时，你可以先说：“我觉得您说的有一定道理”“谢谢您告诉我这些”等。感谢客户、肯定客户就能让客户的情绪很快回归平稳，可以让客户放下怒火，回到理智上来。此时，你再以温和的方式委婉地提出自己的意见，这样效果会比较好一点。

第四，专业服务。大多数客户的暴躁来源于一线工作人员没有解决好细节问题，而客户的着眼点恰恰就在于细节问题，如你是否如实地记录了他们的诉求、有没有给他们一个具体的反馈时间、有没有告诉他们将如何处理这件事。这些都体现了销售员的专业水平。

第五，心态平和。如果你碰到的是一个爆粗口的客户，此时别针尖对麦芒地和他理论，你一定要换个心态，“其实他是一个愿意有话直说的爽快人。”想想他受到的遭遇和不公平待遇，他已经被你的服务和产品搞得疯狂了，跑到一个陌生人面前来发泄他的情绪，寻求你的帮助，这有多可怜。如此一来，你心里好受多了吧？请记住，拥有一个良好的心态，再挑剔的客户都会成为你的粉丝。

行动指南

在应对脾气暴躁客户的投诉时，销售员首先应平息客户的愤怒，要知道愤怒的客户同样是重要的客户，所以你要以一颗平常心对待，不能因为对方的盛气凌人而屈服，也绝对不能溜须拍马，这两种态度都会让他们看不起你。唯一正确的是真诚无欺、不卑不亢，用自己充满魅力的言语去感动他。

事事节俭型

小处不省钱袋空。

——英国政治家　托马斯·莫尔

对大部分人来说，金钱是个很重要的东西，没有它，生活可能就不会那么顺利，因此多数客户都有一个良好的习惯，那就是勤俭节约。

“赵董，你想不想知道如何节省贵公司的电量呢?”

“李总，我们公司现在生产了节能型中央空调，制冷速度非常快，但是耗费的电量却是很少的，与你们现在使用的空调相比，我们的产品可以帮助你降低生产的成本。”

毫无疑问，大多数客户对自己腰包里的钱都很重视，可以省下钱是他们的愿望，节约简朴型的客户更是如此，上述销售员的话通常是可以让节俭型的客户接受的。

那么，节俭型客户通常都有哪些特点呢，一般来说，节俭型客户在购物时都有如下表现：

一是价格上求实。他们会“货比三家”，把价格当作判断商品价值和品质优劣的标准，形成“价格 = 价值 + 品质”的印象，认为“一分钱一分货”，对生活必需品的价格变动比较敏感，而对耐用消费品或高档次商品的价格变动往往反应比较迟钝。

二是商品使用功效上求实。他们心中的价值天平就是：商品价值=商品的功效/实际支付价格。这一关系式意味着，顾客支付同样的价钱购买某类商品，获得的商品功能效力越多越好；反之，商品功效相同时，购买商品的支出越少越好。在对商品的价格、功能、质量的反复比较中，他们的求实心理得到了平衡。

三是对企业服务功能的求实。他们会对企业提供商品服务的质量、服务态度、服务功能和企业信誉度反复进行审视比较，以免吃亏上当，蒙受损失。

节俭型客户在消费心理上属较为保守的一类。这些人大都经历过较为贫穷的生活，深知赚钱不易，所以即使后来生活条件改善了，也仍然节俭，并视为个人美德，对不节俭的人的许多习惯看不惯。在购买商品的时候，他们一般都会挑选实用的商品，而非那些华而不实的东西。在对待商品的态度上，他们也表现得非常挑剔，总爱挑产品的毛病，对你推荐的产品，他会想到用多种拒绝的理由和方法。节俭型客户还有一个特点就是对数字非常敏感和感兴趣，特别是在产品价格上，他们最不能忍受的就是高价的产品，价格越高，他们挑剔的程度就越大。

或许你会认为这样的客户很小气，其实并不完全如此，只不过是勤俭节约的习惯让他们害怕浪费而已。对于购买的商品，他们保持的态度是物有所值。所以，当遇到这样的客户，销售员切不可夸夸其谈，谈话要尽量避开产品的价格，把重点集中在产品的价值上，如果你告诉他你的产品使用的年限可以抵得上其他同类产品的两倍的话，那么他们会表现出很感兴趣。此时，你可把话题慢慢转到价格上来，比如说，你要适时地说“一分价钱一分货”，告诉他们你的产品价值高是因为有较高的质量和很好的售后服务，可以帮助他们省去很多麻烦。在说服的过程中，要把不同产品的性价比说清楚，要让对方明白产品的价值，这样他们购买产品的机会才会提升。

行动指南

不要认为节俭型的客户就是抠门的客户，他们只是养成了习惯而已，所谓节俭成习，其实是一种美德。面对这样的客户，销售员不要过于在价格上刺激他们，要慢慢往价值上引导他们，因为他们在乎的是实用，而非华丽。此外，不要用鄙夷的目光看待节俭型客户，说不定他们身上具备的正是你所欠缺的。

犹豫不决型

犹豫不决的人，永远找不到最好的答案。

——德国诗人 歌德

相信做销售的人都碰到过这样的问题：

（1）客户很有意向购买我们的产品，就在我们费了九牛二虎之力马上成交的时候，客户却说“我再考虑考虑”。结果是出了大门就没下文了。

（2）客户的要求很明确，对产品也很满意。但在成交的那一刻，客户却因为价格问题和销售员谈僵了，最终不了了之。

（3）客户对销售员提供的方案都能接受，唯独提出一些瑕疵，但却在价格问题上刁难销售人员，销售人员要么被顾客误导，要么无所适从，导致最终没有成交。

（4）客户对产品没得说，但是对价格却不太满意，其实就是想要占点便宜，此时，我们的销售人员往往把握不好火候，把价格降得太快，客户一看这么容易就降下来了，他没感觉到占到便宜，所以，即便成交了，客户也是鸡蛋里挑骨头指出产品的各类不是，最终为售后服务埋下隐患。

相信上述问题，每一个做销售的人都遇到过，怎么办呢？这些客户如果用一个词语来概括就是“犹豫不决”。面对这样的客户，销售员务必做到如下几点：

1. 弄清客户犹豫不决的原因

一般情况下，犹豫不决的客户的具体表现为：对销售员所推荐的产品基本满意，似乎也有点心动，但是要购买时却犹豫不决，可能多次对产品的质量、款式、价格等作比较、挑毛病。他们总是瞻前顾后、举棋不定。心理学上对这种现象的解释是：

（1）存在某种认知障碍。客户对产品缺乏必要的知识和经验，所谓“吃不透、摸不准”，从而拿不定主意。

（2）情绪刺激。俗话说：“一朝被蛇咬、十年怕井绳。”客户曾经上过当、受过骗，一旦遇到同类产品，便会产生消极的条件反射。

（3）性格特征。一般来说，犹豫不决的客户大多稳重、小心谨慎。这类客户在看产品时，要对产品的性能、质量、型号和售后服务等各个方面都满意了才会下定决心，这是标准的理智型购买。

销售员可以通过观察客户的言谈举止等，对客户犹豫不决的原因做一个大致的揣测，也可以直接询问客户，让其说出犹豫的原因。如果客户愿意说出原因，就说明他们确实需要销售员的帮助，这时采取恰当的引导措施必定能使交易顺利完成。

2. 帮助客户消除犹豫

对于表现出犹豫不决的客户，销售员首先需要有足够的耐心，千万不要逼迫客户马上做作出决定。客户的犹豫不决来自于对产品的不够肯定，所以销售员要始终给予客户肯定的暗示，帮助其消除疑虑，然后通过自己真诚和良好的服务去赢得对方的信任。销售员一定要保持真诚的态度，让客户感受到你的称赞和认同。切不可为了尽快成交而忽略谈话的语气和态度，否则不仅不能帮助客户消除犹豫心理，还可能使客户更快地离开。销售员热情的服务会感动客户，为你在客户犹豫的天平上增加取胜的砝码。

3. 假定客户已经同意签约

这个技巧重点在于攻心。当你发现客户发出购买信号却有点犹豫

不决时，最好的做法是假定客户已经按照你的思维作出决断。比如，客户想做一个广告来宣传一下产品和企业形象，可是他对广告业并不是很了解，因此一直犹豫不决。这时，销售人员就可以对这个客户说：“××经理，您看这样，我是先帮您做一个样品，还是直接把广告样品做出来好呢？既然要扩大宣传，当然要做就要做得好，反正广告费用也相差不大，您说呢？”这样，客户考虑的不是做不做，而是怎么做的问题，无形中就已经同意要做了。用这种二选一的方法模糊客户的视线，从而顺利地达成协议。

4.采取欲擒故纵的策略

如果你的客户天性优柔寡断，虽然他可能对你的产品和服务很有兴趣，你也解决了他的所有问题，但是他就是拖拖拉拉不愿意做出决定。这时，你不妨故意做出收拾东西、马上要“再见”的样子。一般情况下，如果那个客户真的想买，就会做出决定。但也要注意，这种方法只适用于竞争不太激烈的情况，否则可能会适得其反，被人钻了空子。

5.借助拜师学艺的方法

当你费尽唇舌、想尽办法也没有效果，不能让客户做决定的时候，不妨试试这个方法。你可以说：“××经理，虽然我知道这样的业务对公司很重要，但是我的能力太差，没有办法说服您。不过，我还是非常希望您能指出我的错误。能不能让我有个提高的机会？”用谦卑的口吻说出诚挚的话，能满足对方的虚荣心，也许还能结束你们之间的对抗状态。他如果愿意直接指出你的问题，在鼓励你的时候，说不定还能有签约的机会。

6.帮助客户做决定

销售员在了解了客户的情况之后，可以试着帮助客户做出决定。因为对于犹豫不决的客户，销售员一味地尊重其选择，只会助长他们的疑虑。我们不妨制造销售的紧张气氛，增加客户对产品需求的紧迫性，比如，销售员可以提醒客户产品数量有限、即将断货，或是产品促销即将结束、就要恢复原价等，给客户制造紧迫感。然后再根据客户的实际情况和要求快速制订出具体方案，摆在客户面前，引导客户选择，这样就能有效地制约客户的犹豫心理，令其做出决定。

行动指南

遇到犹豫不决型的客户，销售员首先要取得对方的信赖，这种类型的人会在冷静中思考，脑中会出现“否定的意念”，最好的应对措施就是诱导，让他慢慢顺着你的思路回归到成交的终点上来。

小心谨慎型

一朝被蛇咬，十年怕井绳。

——民间谚语

我们大都有这样的经历，就是在经受过一次刻骨铭心的挫折后变得非常谨慎了，日后但凡碰到此类问题，我们总是退避三舍，小心异常。这种心理其实很正常，属于人类自我保护意识的范畴。但如果谨慎过度就有些不妥了，这就是我们这里要说的小心谨慎型客户了。小心谨慎型的客户由于曾经吃过亏上过当，因此，他们在面对销售员时往往会很认真地听你说话，用心想，有不明白的问题就能马上提出来，怕自己稍有疏忽而上当受骗。这种客户的心思都比较细腻，疑心比较大，反应速度也会比较慢。

小心谨慎型的客户非常谨慎和理智，相应地也很挑剔。相对来说，他们更关注的是细节方面的问题，对事物的准确度和真实数据都很关心，很在意事情的真相，非常留意商家的可信度，谈话的时候还会不断地提醒自己要小心谨慎。

小心谨慎型的客户一般都很精明。具体表现为怀疑、挑剔，善于分析问题。在跟这些客户打交道之前，最好先对其做一个详细的了解，尽可能把握他们的心理，以达到使其动心的目的。最好能让他们感到

有安全感，让他们知道你是在认真倾听他们的话，认真了解他们的要求。

这种客户尤其喜欢与冷静、细心的人打交道。从你进门的那一刻开始，他就会仔细观察你的任何细节，包括你的服饰、与产品有关的材料是否整齐等。他们很在意这些细节，也希望和他们商谈的销售员具备较高的工作效率。

在与谨慎型客户打交道时，销售员务必要注意过程的节奏性。因为谨慎型客户在刚开始时的节奏是非常慢的，他们在想尽一切办法挑出产品的问题，所以，这时你一定要给他们足够的时间，和他们的步调保持一致。也就是说，你要向他传递这样一种信号：我和你一样，我不会威胁你，你跟我在一起很安全。当你和他建立起一定的信任后，此时，你再加快节奏。此所谓“先跟跑，然后领跑”。就和跳舞一样，只有你和客户的步伐一致了，当你变换节拍时，客户才有可能跟上你的步伐。这个策略如果使用得当，销售过程几乎不费力气。

这类客户往往决策时间很长，此时，你不要急于反对他所做的事，不妨让他随心所欲。当你停止对客户的“进攻”时，他反而再不好意思抵抗你了。此时，你可以给他一些建议性的意见供他参考。

在你给客户充足的时间考虑决策时，也要提醒他有其他客户已经买了这个产品。潜台词是你不在乎他花多长时间做决定，但是他们自己会在乎。

对小心谨慎型客户，关键是要在整个决策过程中给予他们鼓励和支持，让客户知道与你一起做决策是安全的。把他们的担心之处都抖出来并逐一解决。

还有一个方法就是给他们指导，并设定最后期限。大多数谨慎过度的客户总是推迟做出决定的时间，这是他们的一个大问题。如果你能帮助他们解决这个问题，即使是部分地解决，他们也会非常感激你，从此成为你的忠诚客户。给予指导并设定最后期限对小心谨慎型客户是很有用的方法。

行动指南

小心谨慎型的客户大都是有经济实力的人，他们保持沉默其实是在观察，然后就有问不完的问题向你砸来。应对这样的客户在语气上一定要迎合他们的速度，说话尽量慢下来，才能使他们感到可信，特别是在介绍产品的功能时，最好多引用专家的话或真实的事实来证明给他们看，同时强调产品的安全性和优越性。

世故老练型

世事洞明皆学问，人情练达即文章。

——古典名著《红楼梦》作者　曹雪芹

相信不少销售员都碰到过一些极为老道的客户，这些客户深藏不露，给销售员造成了很大的压力，他们大多数时间都在保持沉默，对你的讲解无动于衷，有超强的定力。和这种客户商谈的时候，往往会让你感觉找不到方向，抓不到头绪，不明白他们的意思是什么，一不小心就会被这些客户给绕进去。这种类型的客户其特点是非常圆滑，在与销售员面谈时，先是固守自己的阵地，并且不易改变初衷；然后向销售员索要产品说明和宣传资料，继而找借口拖延，还声称会另找厂家购买，以观销售员的反应。倘若销售员初次上门，经验不足，便容易中其圈套，因担心失去客户而主动降低售价或提出更优惠的成交条件。

世故老练型客户大多是经历了很多的风雨，是从大风大浪里闯过来的，为人处世难免会有较为圆滑的举动。他们一般不轻易说话，即使说，也大多很含蓄。面对这种琢磨不透让你仰视的客户，你要怎么

做才能了解他们内心的真正想法呢?

这些客户城府很深，所以，在跟他们谈话的时候，尽量不要不懂装懂，要做到实事求是，真诚一些或许能得到他们的好感。

面对世故老练型的客户，如果你不能打动他们的心，处理得不够好，那绝对是在浪费你的时间。不但不能达成交易，甚至连客户有什么样的需求都不清楚。

所以，拐弯抹角是不能达到目的的，开门见山，单刀直入，问问题直截了当，不给他含糊其辞的机会。不妨多跟客户讲讲你推销的产品的功能，相比其他同类产品的优势，或者是本行业将来的发展趋势，这些实用性的东西才更能打动他们的心。要知道，这些人看重的是实实在在的利益，对自己没用的东西绝对不会去买，也绝对不会去尝试。

尽管世故老练型的客户话很少，虽然我们不能从话里发现他们的弱点，但是我们能观察他们的肢体语言，有时候心理上的东西不是从他们嘴里而是从他们的肢体语言上表现出来。当然，一个城府很深的人对自己身体的控制能力也会很强，你还要小心他们利用自己的肢体语言给你造成假象，故意引你上钩。

当然，这里面也有一些故作深沉的客户，他们说话没什么实质性的内容，老是跟你绕圈子。也许，这只是一个摆脱你的策略。你必须看穿他们。

行动指南

面对世故老练型客户，我们要有这样的信心——不管他如何伪装自己，但最后你都可以通过身体语言洞察他们的思维，摸清他们的真实想法，从而制定有针对性的销售策略，实现销售目的。

贪小便宜型

天下没有免费的午餐。

——西方谚语

几乎每个人都有贪小便宜的心理，大家都希望吃到一次“不要钱的午餐”。用心理学家的观点来看，爱贪小便宜的人在大多数情况下更多的不是出于功利上的考虑，而是为了享受占到“小便宜”后喜悦轻快的好心情。

有兄弟俩开了一家专做男士服装的裁缝店。哥哥是主要负责人，负责衣服的制作，弟弟是个“聋子”，负责销售。每当弟弟在帮新顾客试衣服时，他都会告诉顾客自己的听力不好。当他与顾客交谈时，他会时不时地给客户提醒一下要求顾客讲得大声一点。一旦顾客找到一套自己喜欢的衣服并询问价钱是多少时，他就会走进后面的房间，把做主裁缝的哥哥叫出来，说：“哥哥，这套衣服卖多少钱？”哥哥便会放下手里的活，抬起头，给出一个比真实价格高出很多的数：“是那套最好看的纯羊毛套装吗？360 元。”弟弟往往都假装没有听清，他会把手拢成杯状放在耳后，朝向哥哥再问一次。哥哥则再次回答：“360 元。”此时，弟弟走到顾客身边，对顾客说：“他说要 262 元。”正常情况下许多人都会赶快把这套衣服买下来，以便在可怜的弟弟发现自己所犯“错误”之前，带着他偶然捡来的便宜货急忙离开。

但有些人就不是这种人性上的使然，而是贪得无厌在作祟。碰上这样的客户，销售员最好的方法是在谈话的一开始就告诉他：“我的产品能帮你省下不少钱，绝对可以给你一些不错的优惠！”

有一家鞋店的生意不是很好，老板有些苦恼，毕竟价格已经降得很低了，如果再降就真的会亏本，但是店里还是冷冷清清的。后来，他的一个朋友给他想了一个好办法，让他制造一场有轰动效应的活动，

让客户“限时抢购”。具体规则是：事前先胡乱摆放一大堆新鞋，不分左右，不分尺码，然后让客户挑选，谁能在限定的时间内把一双鞋配上对，那鞋就归谁。

第二天，老板果真这样做了。只见老板“开始”的口号还没有喊完，一大群客户就争先恐后地冲进来，在鞋堆里胡乱翻了起来。看到这样的场景，老板的脸上泛起了得意的笑容。活动结束后，老板当场把鞋子给客户打好包，还表示以后这样的活动会经常举行，希望大家能常来捧场。

虽然这种活动本身并不能给商家带来利益，但是给商家带来了实实在在的人气却是不容置疑的。

在销售人群中流传着这样一句话：“客户要的不是便宜，而是要感到占了便宜”。客户有了占便宜的感觉，就容易接受你推销的产品。

客户占便宜的心理给了商家可乘之机。如一些女士在购物买衣服时，常常用对方不降价自己就不买来“威胁”商家，于是商家最终妥协了，告诉女士“就要下班了，我不赚钱卖你了”“我这是清仓的价钱给你的，你可不要和朋友说是这个价钱买的”“今天你是第一单，算是我图个吉利吧”。于是这位女士自以为独享这种低价的优惠满意而归。此种情况并不少见，精明的商家总能找出借口卖出这些东西并让客户觉得占了便宜。由此可以看出，大多数客户不喜欢对产品的真实价钱仔细研究，而是想买些更便宜的物品。

在北京中关村电脑城有一家卖电脑的店，店里除了主营的电脑产品外，还陈列着各种各样的与电脑不相干的物品，比如茶叶、抱枕、玉器把玩以及各种小工艺品等，使店里显得拥挤杂乱，但这个店的生意却出奇的好。

原来，每当有客户来购买电脑的时候，店主都会请客户坐下来商谈，在经过一番周旋后，客户累了坐下来喝杯茶，就会发现店主调的茶味道非常好。等终于谈定了生意，就在客户拔脚要走的时候，客户都会在不经意间问店主用的是什么茶叶，这时店主就会送给客户一包茶叶。得到店主的意外馈赠，客户心里别提有多高兴了。其实，店主早已买好了很多茶叶存在店里。如果客户是带了孩子一起来的，还会赠送一些能引起孩子兴趣的东西。但是，店主是很聪明的，他从不会主动送东西给客户，专等客户看中了店里的某一样东西提出要求后再“慷慨”地送给客户。

事实上，大多数客户会在购买了电脑之后因为奇怪店里为什么摆放着那么多东西而问店主，是不是可以送点什么给他。因为他们感觉自己和店主做了一笔生意，应该得到一点馈赠。店主正是利用人们这种想占小便宜的心理，故意不说是赠品，而在客户提出要求后再“慷慨”地送给客户。在这种情况下，客户反而觉得自己占到了便宜。

每个人都有贪小便宜的心理，赠品就是利用人的这种心理的一种推销方法。然而随着市场竞争的越发激烈，赠品促销非常多，客户得到赠品都觉得是理所当然了，没有觉得自己得到了好处。相反，这个电脑店的店主并不是直接搞赠品促销，而是故意摆放很多的小物件，让客户联想到店主可能会因为做了生意而送给他一些东西，当客户提出要求的时候才把东西送给客户。由于要求是客户主动提出来的，所以一旦得到店主的慷慨赠送，客户就会有一种感激的心理。

对于那些一进店里买东西，不是嫌这个贵，就是嫌那个贵，还特别爱杀价的客户，销售人员最佳的做法就是跟他套交情。他一进门你就热情地上去招呼，真情地赞美，并且要不失时机地提醒他占到了便宜。就算是送饮料时，也不妨告诉他“别人只有七分满，你却倒了九分满”。有人说：“聪明的男人是先让女人占尽小便宜，然后赢得了女人的人。”这句话不妨拿来用在销售中，销售人员大可先让客户占点小便宜，然后赢得客户的心。

行动指南

爱占小便宜是人的本性。如果巧妙地抓住了这个特性，就能给你的销售增色不少。你大可不必为客户的这点小心思斤斤计较，满足他们的这点小九九，他们回报给你的将是比你馈赠更宝贵的东西。

理智好辩型

存知足心，去好胜心，方寸中何等安闲自在。

——清初理学大家　孙奇逢

在现实生活中，我们总能遇到一些喜欢抬杠的人，这种人有一个特点就是不管在什么场合或对什么人，都喜欢表现出和别人不一样，好像要专门与人作对似的，你说东他偏说西，你说南他偏说北。比如你说吸烟喝酒不好，他则给你举个例子，说某某不吸烟不喝酒二十多岁就死了；有人酒不离口烟不离手又活了九十多；你说做人要小心谨慎，他就会说撑死胆大的饿死胆小的，无论你说什么他都会找出一些例子来反驳。不把你说得没话说他就心里不舒服。

抬杠现象在销售过程中表现得更为突出，总有一些客户喜欢与你对着干，跟你唱反调，以显示他们的能力。他们与自命清高的人不同，他们喜欢搬出理论，讲大道理，有时候明明知道自己是错误的也要和你争辩，直到实在辩不过去嘴上还是不服输。

遇到这种理智好辩型客户，你千万不要和他抬杠。就像一场战争一样，即使你打赢了，最终也会受到莫大的伤害，这样你还是输了。因为客户会说："好吧，算你厉害，东西我不买可以吧？有什么大不了的！"即使他们嘴上服输了，但是执拗的心理还是会让他们感到不舒服，自然也就不会买你的东西了。

遇到这类客户，销售员要采取迂回战术，先与他交锋几个回合，但必须适可而止，最后故意宣布"投降"，假装战败而退下阵来，心服口服地宣称对方高见，并伴赞对方独具慧眼、体察入微，不愧人间高手，让其抬杠心理发泄之后，再转入销售论题。面对这样的客户，销售员一定要注意满足对方争强好胜的心理，请其批评指教，发表他的意见和看法。

有位男士和他的妻子在一家大百货公司买吊灯。在和销售员沟通的时候，他总是打断妻子或者销售员的谈话，发表自己的意见。他的妻子比较喜欢具有现代气息的吊灯，可是他坚持要看一个体现文艺复兴时期古典艺术的枝形吊灯。

他以不容置疑的口吻对销售员说："一定要给我拿一个小的、能够真正体现文艺复兴时期古典艺术，而且不要太昂贵的枝形吊灯。"

这位销售员马上意识到他遇到了一个难以对付和专制霸道的客户。虽然客户专制的言行让销售员感到很不舒服，但为了签单，他还是选择忍受。他知道自己的任务首先是迎合客户，然后再促使客户成交。

经过耐心地和客户沟通，最终销售员做成了这笔生意。那位男士和他的妻子终于买到了满意的吊灯。

所以，销售员在面对这类客户时，最好是先承认对方的一切说法，不要顶撞，而且态度一定要诚恳，让对方觉得你乐于听他的辩解，以此博取对方的好感。在对方觉得在你面前有优越感的同时，让他对你的产品有一些了解，自然也就会购买。

其实，每个人都有虚荣心，让理智好辩型客户满意的最好方法就是让他们产生优越感。在跟他们交谈时，销售员要本着友好合作的态度，把"争论"当"说服"，努力打消客户的疑虑和不满，从而实现交易。

销售员需要谨记：在任何时候、任何情况下都不要和客户争论，尤其是面对理智好辩型客户。因为你永远都不可能真的获胜，不管你是占了上风还是下风，你和客户的争论可以说是没有任何意义的。从你最初和客户交流，到整个销售过程的结束，你的目的是让客户掏出口袋里的钱，而不是为了显示你的口才有多好！

所以，在谈话的时候，如果你的客户是理智好辩型的，那最好先承认他的一切说法，语气委婉，让他愿意倾听，让他觉得自己是有优越感的善解人意的人。如果你能成功博得理智好辩型客户的好感，加上你对产品的了解，他们自然会乐意购买你的产品。

行动指南

在任何地点，任何时间，无论遇到任何事都不要与客户争辩。不管客户说什么，你只需点头、微笑。客户喜欢与自己有相同价值观的人，不喜欢和爱抬杠的人相处，甚至当自己犯错时，还是不愿意你把他的问题揪出来。当然，绝不与客户争辩并不是说完全曲顺于客户，当客户提出苛刻的要求或者对产品的某一方面吹毛求疵时，你完全可以用委婉的语言化解，你所要把握的度就是不与客户发生正面冲突，而是将心比心，将双方的分歧放在桌面上共同商讨解决的方法。

沉默羔羊型

有多少话人们不得不说，只是为了打破沉默。

——诺贝尔奖获得者　伊莱亚斯·卡内蒂

相信大多数销售人员都有类似的经历，顾客沉默寡言时，自己心里感觉别扭，又难以准确把握客户心理。那么，究竟是什么导致这类客户寡言寡语呢？我们不妨从心理学的角度来解析一下。

首先，沉默型客户恐怕是拙于“交谈”所致。有些人不善言语，这令他们痛苦难耐。越是口拙，这种压抑就越深，使他们的下一次开口更为困难，于是产生恶性循环，直到最后干脆不说了，用沉默来对待对方。

其次，不想张嘴，怕张嘴。这和上面的“嘴拙”还有所不同，上一种客户是先天的，他们为自己表达能力欠佳而惶惶不安。但这种客户却是性情使然，他们从来就没觉得自己不说话是不正常的事，从不会因为自己没说话而自责或不快，很心安理得。

最后，以“说话”以外的形体动作来表达心意。这种客户既不缺乏语言表达的能力，也不是有不爱说话的癖好，他是碰上了他想说却又不能说或者很难表达的事。他只好换一种方式，用“形体语言”来表达他的意思，即通过嘴形、眼神、面部表情以及坐立姿势、手脚动作向你传递他的意图。

沉默型客户用心理学术语翻译过来就是“非社交”型客户，这些人沉默寡言，在社交中往往属于聆听者，他们从不轻易发表自己的观点，同样也不轻易批驳对方的观点。

这种客户不像我们前面介绍的那几种客户，他们反而更易成为你的忠实客户。如果粗分一下，这类客户可分为两种，其一是内向型的，不善言谈，怯于与别人交谈；其二是顽固型的，不愿说话，采取消极沉默的态度。

明白了沉默型客户的内心后，你最好的应对方式是让他说话。这同样也可以采用两种方法，一是诱导；二是沉默对沉默。

诱导法是一种非常不错的方法，特别适合内向型的人。你可以不断地向他提问，迫使他不得不回答你的问题，只要他开口，那接下来的事情就好办多了，你可根据他的回答来准备对策。如果是那种顽固得令人窒息的客户，你千万别停下你的诱导之语，别太在乎他的态度，你可以这样说：“怎么样？价钱很便宜，您打算买？”

第二种方法是“以沉默对沉默”，也是能打破客户内心壁垒的一种有效措施。你可以先说“怎么样？我认为买下来是不会吃亏的”，然后马上停止发问观察他。面对这样的发问，对方不得不开口说话，一旦开口，你就前进了一步，接下来，你就可以施展你的销售本领，直到对方答应你的提议。

行动指南

面对沉默型客户，关键看你是否能捕捉到对方的真实意图。知己知彼，百战不殆，掌握对方心理是制胜的根本保证。

第六章
读懂客户的肢体语言

著名的人类学家、现代非语言沟通首席研究员雷·伯德威斯特尔认为：在两个人的谈话或交流中，通过口头传递的信号实际上仅占全部表达意思的35%，而其余65%的信号都会通过非语言信号的沟通来传递。同时，因为肢体语言通常是一个人下意识的举动，它也很少具有欺骗性，所以在销售过程中，要想了解他人的心理状况，肢体动作就是一个很好的参考信号，读懂了客户的身体语言，也就意味着掌握了65%的成功机会。

神奇的眼神

眼睛是了解一个人的最好途径。

——德国心理学家　梅赛因

眼睛是心灵之窗，心灵是眼睛之源。眼睛是人体中无法掩盖情感的焦点。即使是一瞬即逝的眼神，也能发射出千万个信息，表达丰富的情感和意向，泄露心底深处的秘密。所以，眼球的转动，眼皮的张合，视线的转移速度和方向，眼与头部动作的配合，所产生的奇妙复杂的眉目语，都在传递着信息，进行着交流。

现代生理心理学研究发现：眼睛是大脑在眼眶里的延伸，眼球底部有三级感应元，就像大脑皮质细胞一样，具有分析综合能力，而瞳孔的变化、眼球的活动等，又直接受大脑的支配，所以人的感情自然就能从眼睛中反映出来。瞳孔的变化是人不能自主控制的，瞳孔的放大和收缩，真实地反映着复杂多变的心理活动。若一个人感到愉悦、喜爱、兴奋时，他的瞳孔就会扩大到比平常大四倍；相反，遇到生气、讨厌、消极的心情时，他的瞳孔会收缩得很小；瞳孔不起变化，表示他对所看到的物体漠不关心或者感到无聊。

事实上，通过眼神来传情达意，是一种普遍的心理现象，也是人的一种属性。所以，作为销售员如果你能读懂客户的每一个眼神，那基本上就抓住了客户的内心。比如，某天你去拜访客户，结果发现客户睡眼蒙眬，萎靡不振，此时，你最好赶紧退出来告诉他下次再访，因为这时的客户是没心情去听你的产品介绍的，也不会对你的言语感兴趣。如果你在和客户的沟通过程中发现客户的眼神中流露出烦躁不安，此时你最好停下来，征询一下客户的意见，切忌说个没完没了。

一般情况下，两个人交谈时，第一次眼神的接触，往往先移开视线的那个人处于弱势。很明显，一直保持注视对方的姿态，隐含着挑

战的意味。当你与客户对视时，仔细观察就会发现，当客户对你的观点不认同时，往往会长时间地注视你。所以，千万不要以为客户盯着你看就是喜欢或欣赏你。如果客户先转移目光，则很有可能意味着他已经被你的话打动了，表示屈服了。

如果客户在跟你交流时，目光突然变得游离起来，不再正视你，而是变成了斜视，那又代表什么呢？斜视的内容非常丰富，有可能意味着他对你感兴趣，也有可能表示不确定，还有可能是最不好的情况——对你有敌意。那你要如何区分各种斜视的含义呢？

当客户斜视时眉毛微微上扬或面带微笑，那很可能是他对你的话很感兴趣。如果客户斜视时眉毛压低、眉头紧皱或是嘴角下拉，就有可能代表猜疑或敌意。因为人们往往会有这样的心理：当面对一个自己不想见到的人时，会不经意地看向别的地方，尽可能摆脱这个人。把目光转向其他地方，这通常也是对谈话失去兴趣的表现。这时，销售员要做的事情就是尽快把客户的眼神拉回来，让他更专注地看着你。

一些自高自大的人通常会用延长眨眼的间隔来显示自己高人一等。有时候，他们还会脑袋后仰，长时间凝视你。一般而言，一个人眨眼的频率比较慢，大多含有蔑视的意思。如果你在和客户交谈时，客户眨眼的频率变得很拖沓，那也就意味着你的话没有打动他，这时如果你想得到客户的认可，就必须采取新的策略激发他的兴趣了。

所以，作为一个好的销售员，不仅要有很强的语言表达能力，更要有一定的心理学知识，要能从客户瞬间即逝的眼神中判断出客户的真实想法。只有不断地锻炼自己，销售水平才能有更大的提高。

行动指南

眼睛是心灵的窗户，客户的眼神就是他内心的窗口，你能读懂这些眼神，就会把握住许多成功的机会。一个好的销售员，不仅要有很强的语言表达能力，更要具备一定的心理学知识，要能从客户瞬间的眼神中及时判断出客户的真实想法，只有不断地锻炼自己，销售水平才能有更大的提高。

小动作暗藏大心理

任何人都无法保守内心的秘密。即使他的嘴巴保持沉默，指尖却喋喋不休，甚至每一个毛孔都会背叛他！

——心理学家　弗洛伊德

一个无心的眼神，一个不经意的微笑，一个细微的小动作，就可能“出卖”了你。其实，每个人或多或少的都有些可以看出他内心想法的小动作，比如：咬指甲、弄头发、摸鼻子等小动作。

心理学家通过研究发现：人类的沟通，更多的是通过他们的姿势、仪态、位置以及同他人距离的远近等方式，而非面对面的交谈进行的。确切地说，65%以上的人际交流都是以非语言方式，即通过肢体语言进行的。人类的肢体语言表达多为下意识的，是心理的真实反映，尽管有时它可能未能引起众人的特别关注，但事实上它的确在无声中传递了比有声语言更多的信息。另外，肢体语言还有一个有声语言无法比拟的优势，那就是较高的真实性。“口是心非”的人不少，但是能够做到“身是心非”的人却不多。

一位汽车销售员正在做客户回访，他看到那位客户的同事正在上网看一组汽车图片，他觉得这是一位潜在客户。于是，他对那位潜在客户说：“您可以看看我们公司的汽车，这是图片和相关资料。”但这位潜在客户马上拒绝了，他表示自己马上要出去办事。“只需要五六分钟就看完了，而且我可以把东西留在这里。”销售员急忙说道，同时他迅速拿出几款男士比较喜欢的车型图片。这时他看到潜在客户的目光停留在了其中一款车的图片上，而且刚刚准备拿着皮包要走的他又把皮包放到了桌子上，坐了下来，销售员意识到，潜在客户已经对那款车产生了极大的兴趣，于是开始趁热打铁地展开推销……

由此可见，一个人的真实想法往往并不会通过直接的言谈表达出

来，但是谈话时不经意的小动作却能助你发现其中端倪。

当然，肢体语言在多数时候都是不容易琢磨的，要想准确解读这些肢体信号，就需要敏锐的观察能力和经验了。美国有一个著名的心理学家曾经研究了这些小动作背后的心理原因。如果了解了这些心理原因，你就能读懂客户的心理。

（1）当客户轻揉鼻子时，代表他还不敢信任你，认为你在花言巧语。因此，此时绝不是结束谈话的好时机。

（2）当客户轻拍手掌或捏着手指时，意味着他没有多大耐心了，可能是你说得太多，此时就该尽快过渡到结束阶段了。

（3）当客户紧握着拳头时，意味着客户自认为比你还了解得多，此时最好不要急着进入结束阶段，或与客户直接争论。

（4）当客户抚摸着后脑勺或是闭着眼睛时，意味着客户不同意你的说法，此时你就要考虑用另一种理由说服他了。

（5）当客户张大眼睛或抚弄头发时，表明客户同意你的观点，此时可以进入结束阶段。

（6）当客户咬着指甲时，代表不安和犹豫，此时你不宜停止谈话，但要注意制造友善的气氛。

（7）当客户摸着耳朵或紧拉着耳朵时，表示他做不了决定，你可试着帮他决定，或是再重复说明。

（8）当客户用指头或整只手遮着嘴巴时，这是反对或想讲话的信号，也可能是他在欺骗你。

（9）当客户翻着口袋或是抚弄包包时，可能意味着客户有经济上的困难。

（10）当客户将手放在口袋里时，可能是他对你感到畏惧，这时你可以用轻松的举动消除他的不安，比如喝口茶或赞美……

销售员虽然能根据客户的各种小动作判断客户的心理状态，但是在判读客户的肢体情绪时，千万不能仅仅根据一个动作就轻易做出结论，一般应综合考量。

行动指南

作为一个销售人员，你必须练就这样察言观色的本领，掌握观察他人“心口不一”的体态特征。说什么话都可以“信马由缰”“信口开河”，可以胡编乱造，但说话时的体态绝对骗不了人的。除非对方故意做出一些假动作来躲避你的“进攻”。

无法掩饰的谎言

人们在说谎时会自然地感到不舒服，他们会本能地把自己从他们所说的谎言中剔除出去。

——美国心理学家　韦斯曼

当年美国总统克林顿惹上了“性丑闻”，这在美国朝野上下引起了轰动。为了一窥究竟，美国神经学者深入研究了比尔·克林顿就莱温斯基性丑闻事件向陪审团陈述的词，他们发现克林顿说真话时很少触摸自己的鼻子。但只要克林顿一撒谎，他的眉头就会在谎言出口之前不经意地微微一皱，而且每四分钟触摸一次鼻子，在陈述词期间触摸鼻子的总数达到26次之多。

克林顿为什么会有如此多的“小动作”呢？原来，人们在撒谎时会释放出一种名为儿茶酚胺的化学物质，这种物质会引起鼻腔组织膨胀，会因为血液流量上升而增大，继而产生刺痒的感觉。人们一旦想掩饰自己的这种撒谎行为，往往会通过一些摩擦或是抓挠来消除这种不适感。

所以，你要判断一个客户是否在撒谎，就要看看其有无类似的动作。其实，一个人是否在撒谎，除了从眼睛外，还有不少小动作可以

证明对方在撒谎。

第一，客户用手掩嘴巴。这是最显而易见的说谎小动作。人们在说谎的时候，会下意识地试图抑制自己正在说出的谎话。有时候，人们仅仅用几个手指或者甚至用紧握的拳头遮掩着嘴，也有的时候会假装咳嗽来掩饰自己遮住嘴巴的手势。我们看到，演员扮演歹徒或罪犯，在与其他歹徒谋划犯罪活动时或被警察审问时，他们常常会做这个小动作掩饰自己。这是从心理角度对人物的刻画。

如果销售过程中，客户说话时出现这种小动作，就表明他们有可能在说谎。如果他们在你说话的时候遮住嘴巴，那表明他们可能感觉到你在隐瞒某些东西。

第二，客户用手揉眼睛。当一个小孩不想看见某样东西时，他往往会用单手或双手遮住自己的眼睛。当一个成年人不想看到某件令人倒胃口的事情时，他则有可能会做出揉眼睛的手势。

揉眼睛其实是大脑在试图去挡住眼前带有欺骗性的、让人疑惑的或令人厌恶的事情，或是避免正视自己要撒谎欺骗的人。男人在撒谎时往往会使劲揉搓眼睛，而女人撒谎则较少做出揉眼睛的动作。

销售过程中，客户如果不想再听你说话的时候，有时也会摩擦眼睛，企图用这样的小动作来阻止眼睛看到一些让人不愉快的事情。如果客户作出了这样的手势，就可能是在撒谎。

第三，客户用手挠耳朵。我们不妨试想一下，你对某人说："这个东西只要800元。"对方则抓挠着自己的耳朵，把头转向一侧，说道："这个价钱对我而言太贵了。"

客户做出这样的手势，就意味着客户正处于焦虑状态中。他把手放在耳朵附近或干脆捂住耳朵，又或者拉拉耳垂，用这些动作来阻止自己听到那些不愿听的话。

第四，客户用手挠脖子。挠脖子的手势是：用食指，通常是用写字那只手的食指来抓挠脖子侧面位于耳垂下方的区域。据观察，人们撒谎时做这个动作，通常会用十指抓挠5次。这个手势是疑惑或不确定的表现，相当于在告诉别人："我不太确定是否赞同。"当口头语言和这个手势不一致时，意义也就格外地明显。比如，某个人说"我能理解你的感受"，但同时他却在抓挠脖子，那说明他实际上并不理解你的感受。

第五，客户用手拽衣领。德斯蒙德·莫里斯是最先发现这种现象的科学家之一。他发现，人在撒谎时，敏感的面部与颈部神经组织会产生麻刺的感觉，需要揉抓来消除不快。这也是人们在疑惑时会抓挠脖子，在撒谎并担心谎言被识破时，会频频拉拽衣领的原因。

当你看到有人做这个动作时，不妨对他说："请你再说一遍，好吗?"这样可以刺激那个企图撒谎的人，逼他露出马脚。

第六，客户把手指放在嘴唇之间。除了电视上那些性感的女明星有意把十指放在嘴唇之间表现自己的魅力之外，大部分人做出这个姿势都和撒谎、欺骗有关。这种欺骗主要是源于他们内心的不安全感。所以，当遇到做出这个手势的客户时，销售员不妨立即给客户一个承诺和保证，让他们得到安全感，那他们自然也会给予积极回应!

行动指南

微表情出现的时间非常短暂（几乎为1/25秒），是一种在无意识状态下表现出来的。它们不是由某种文化所决定的，而是人类共有的。不像一些规律性的面部表情，要假装出微表情非常难。而且，没有人能够以假乱真超过某个程度。所以，销售员要细心察看客户面部的微表情。

坐有坐相

身体是灵魂的手套，肢体语言是心灵的话语。如果我们的感觉够敏锐开放，眼睛够锐利，能捕捉身体语言表达的信息，那么，言谈和交往就容易得多了。认识肢体语言，等于为彼此开了一条直接沟通、畅通无阻的大道。

——戏剧大师　萨米·莫尔修

身体和语言一样，随时都可能透露我们内心的秘密。美国的心理学家经过长期的观察和研究发现，坐姿会透露出一个人的心理秘密。

一些销售人员会因为客户只是坐在那里，就感到一筹莫展了。其实，一个人的坐姿不仅反映他的性格特征，而且更反映他此时此刻的心理。人们在交谈当中，不但可以通过对方的声音与表情推测其心理，通过坐姿也能观察出一个人的心理活动。因此，我们在人际交往中有必要重视一下他人的坐姿。

有的人坐下来时习惯将左腿搭在右腿上，双手交叉放在大腿左侧或右侧。习惯这种坐姿的人通常都比较自信，很有自己的见解、主张，很难被人说服。这类人头脑比较聪明，并且有很好的天资，有非凡的领导才能；但当他们位于高位时又不免有妄自尊大、得意忘形的表现，他们缺乏一定的毅力，爱见异思迁，向往更高的职位。跟这种客户打交道的时候一定要不卑不亢、真诚坦率。

有的人坐下来时腿脚很规矩地拢靠在一起，双手交叉放在大腿两侧。这类人通常思想都比较保守，做事、为人都比较古板，不轻易接受别人的意见，甚至有时候明知道别人说的是对的，他们也仍然要固执地坚持自己的观点。他们还是完美主义者，做任何事都要求尽善尽美，但是他们只喜欢对别人挑剔，对自己却不甚自律。他们既爱幻想又不注重实际，做什么事都不能长久，缺乏耐心。销售人员跟他们打交道时可要留个心眼儿。

有的人坐下来时习惯把两膝并在一起，两腿分开呈“八”字形，两手并拢放在膝盖上。习惯这类坐姿的大多是女性，她们比较胆怯、害羞，不自然，不大方，自信心不足，尤其在公共场合，她们会显得更羞怯。这类人感情丰富细腻，但过于狭隘而缺乏温柔。跟这类客户交谈，不妨用幽默化解其紧张的情绪。

有的人喜欢坐下来的时候把手放在后脑勺上，类似于孩子们玩的弹弓。有这种坐姿的客户大多是男性，这种客户通常用这种姿势给销售员施压，或者故意营造出一种轻松自如的假象，以此麻痹销售员，让销售员错误地产生安全感，从而在不知不觉中踏上他预先埋好的“地雷”。针对这种客户，你要想“攻克”他们，你只需要跟他们一起做出“弹弓式”姿势就能有效地应对他的挑衅，因为通过模仿他的动作，你们之间又重新形成了平等的地位。这样，客户对你的态度也会有大的改观。

有的人坐下来时习惯将右腿搭在左腿上，两腿重叠靠拢，双手交叉放在右腿上。他们常给人平易和蔼的感觉，给人很容易让人接近的错觉。但事实是，这类人不是爱摆架子、爱答不理、漠不关心，就是表面说得天花乱坠，背后一点实事也不做。跟这类客户打交道，还是小心为妙！

有的人习惯敞开双脚而坐，两只手没有固定放处，这是一种开放式坐姿。这类人性格比较外向，说话办事都大大咧咧的，豪爽洒脱，不拘小节。他们具有领导风度，组织管理能力较强，有一定的支配欲。他们喜欢追求新奇，最能打破常规成为引导都市潮流的“先驱”；他们还很容易被新领域的事业所吸引，不愿沿着前人的老观念、老方法去做事情，敢于尝试他人未尝试的新事物；他们目标远大，是喜欢标新立异的创新人物。跟这类客户交流最容易让他们接受。

一些人习惯两脚交叉而坐。如果是男人，他们通常还将握起的双拳放在膝盖上，或用双手紧紧抓住椅子的扶手，背挺得很直；如果是女性，她们通常会在双脚交叉的同时将双手自然地放在膝盖上，或将一只手压在另一只手上。这类人一般很冷静，不轻易表露自己的真实情绪，这种坐姿就是为了更好地控制内心情绪的波动，防止真情外露。跟这类客户交流时，你需要用真诚的态度越过他们的心理防线。

有的人习惯侧身而坐。这类人很灵活，积极向上，乐观自信，有不拘小节的一面。他们大多精明能干，很招人喜欢，但是缺乏耐心。跟这类客户交流时，你最好言简意赅，直入主题，别惹人烦。

习惯将身体蜷缩在一起、双手夹在大腿中间而坐的人，往往有很强的自卑感，缺乏自信。跟这类客户交流，如果他认同你的说法，那你不妨大胆地帮他做决定。

如果客户坐在椅子上摇摆不定，或将椅子不断地挪动，那他一定有心事，内心焦躁不安；或者对你的谈话不在意，不再想听你说下去。面对这样的客户，你不妨先退出，再另找时间沟通。

行动指南

客户怎么坐就像他的手怎么放一样，蕴含玄机。比如，客户跷起二郎腿，表明他对你的产品缺乏兴趣；如果采用的是“弹弓式”的坐姿，则说明他想以这种姿势来对你施压。所以，客户怎么坐，腿怎么放，细心观察都能识别其中的含义。

走有走姿

从那只左手不动只有右手在勤勤地前后挥动的走相来看，他知道来的这位是本镇董事的寄子。

——《悼亡集》

心理学家认为，人的心情不同，走起路来也会有各不相同的风采和姿势。每个人都有自己习惯的走路姿势，不同的“走姿”可以显示出一个人的性格特征，客户也是如此。在不同情况下，不同人的走姿往往透露出其内心的真实想法。

（1）如果客户在走路时“脚踏实地”，一步一个脚印，步伐稳健，则说明此人性格沉着冷静，而且处事稳重缜密，凡事都会三思而后行。即使遇到紧急棘手的事情，也会临危不乱，处事不惊，有条不紊，而不会出现手忙脚乱的、手足无措的情况发生。一般来说，走路“脚踏实地”的人也多比较讲诚信，“言必行，行必果”，一般说到做到，不会食言。

（2）以小而快的步伐行走的客户性情急躁。这类客户是典型的行动主义者，大多精力充沛、精明能干，敢于面对现实生活中的各种挑战，适应能力特别强，尤其是凡事讲求效率，从不拖泥带水等。

（3）喜欢快节奏，走起路来风风火火，大步向前，迅速如风，双臂还不由自主地前后摆动。这种人一般性格都属外向型，活泼开朗。喜欢与人交流，做事也较豪放洒脱，敢冒险。但性格中不好的一点是有急躁的一面，容易冲动，有时还会有过激行为。

（4）喜欢迈大步且顺一直线优哉游哉步行的客户，他们总是一副慢腾腾的样子，销售员无论说得如何急他都不在乎似的，这是典型的现实主义派。他们凡事讲求稳重，“三思而后行”，绝不好高骛远。如果他们在事业上得到提拔和重视的话，那大多得益于他们那种务实的精神。

（5）喜欢军事步伐的客户，他们走路如同上军操，步伐齐整，双手有规则地摆动。这种客户意志力较强，对自己的信念非常专注，他们选定的目标一般不会因销售员的解说而受影响。这种客户往往最让销售员欢心也最让销售员“害怕”，因为他们一旦对你的产品感兴趣，就会非缠到手不可。

（6）喜欢走路时低着头，好像若有所思，又不知在想些什么。此类性格的人有时不知把手放到何处合适，就直接揣在自己的衣袋之中。不喜欢与人交流，喜欢安静。虽然如此，对人对事对待感情却很执着，虽胆小怕事，一旦做了决定，却敢于付出，有股韧劲。只是抗打击能力稍差。

（7）用大踏步的方式走路的客户，其身体非常健康，心地善良，性格十分好胜而固执。

（8）走路姿态显得柔弱的客户，精神也十分脆弱，即使他的体格很健壮，一旦遇到精神上的打击也会立刻崩溃。

（9）走路时步伐零乱的客户，其做事或者说话缺乏条理。

（10）一面走路一面回头看的客户，其猜忌心与嫉妒心特别强烈。

（11）走路时把右肩抬起来的客户，一般很有主见，不容易被人说服。

（12）走路时上身摆动很小的客户性格谨慎，同时也较具有蓄财之心。

（13）走路时将身体往前弓的客户心计比较深，经常会和销售员斗心眼。

（14）走路步伐随时变化，没有什么固定的规律，有时双手插在裤袋里，双肩紧缩，有时又双手伸开，挺起胸膛，这种客户的性格达观、大方、不拘小节，慷慨而讲义气，有建立事业的雄心，但有时稍显夸大，爱争执，不肯让人。

行动指南

走姿是站姿的延续动作，是在站姿的基础上展示人的动态的。所以，在和客户的交往中，要细心观察其走路的态势，因为走路往往是最引人注目的身体语言，也最能表现一个人的性格。

第七章

不可不知的心理“显规则”

在做销售时，销售员常常猜不透客户的心思，所以不知道该怎么应对客户，结果屡试屡败。于是，销售员便开始害怕客户的拒绝，不敢再去拜访客户，没有拜访率，业绩可想而知。其实，这是由于我们没有掌握做销售必备的一些心理“显规则”的缘故。

打倒墨菲定律，挽救你的销售

凡事只要有可能出错，那就一定会出错。

——心理学家　墨菲

“墨菲定律”是一种心理学效应，由爱德华·墨菲工程师提出的。据说墨菲定律是这样诞生的：1949 年，一位名叫墨菲的空军上尉工程师认为他的某位同事很倒霉，不经意地说了句玩笑话：“如果一件事情有可能被弄糟，让他去做就一定会弄糟。”这句笑话在美国迅速流传，并扩散到世界各地。

墨菲定律的主要内容是：第一，任何事都没有表面看起来那么简单；第二，所有的事都会比你预计的时间长；第三，会出错的事总会出错；第四，如果你担心某种情况发生，那么它就更有可能发生。

2003 年美国“哥伦比亚”号航天飞机即将返回地面时，在美国得克萨斯州中部地区上空解体，机上 6 名美国宇航员以及首位进入太空的以色列宇航员拉蒙全部遇难。“哥伦比亚”号航天飞机失事非常完美地印证了墨菲定律。如此复杂的系统是一定要出事的，不是今天，就是明天，合情合理。

再比如，你兜里装着一枚金币，但你老怕别人知道，于是你每隔一段时间就会不自觉地去用手摸兜。殊不知，你的这个规律性动作引起了小偷的注意，最终金币被小偷偷走了。或者说，你虽没引起小偷的注意，但那个总被你摸来摸去的兜最后终于被磨破，金币掉了出去丢失了。

墨菲定律说明了越害怕发生的事情就越会发生的原因，也恰恰是在告诉我们，绝不能忽视那些微不足道的、发生事故概率极小的危险隐患。一切事物的变化总是先从量变开始的，当量积累到一定程度时，就会促进事物发生质的变化。绝大部分事故都是源于一个或若干小的

事故隐患的累积，它们由小到大、由量变到质变，累积到一定程度就会突然爆发。人们往往不会对小的事故隐患引起足够的重视，当然它也许并不一定会发展成事故，也正因此总是很容易给人们造成一种错误的认识——这点小小的隐患一直以来都没有出任何事故，今天也一定不会有事。然而事实往往不如我们所愿。

墨菲定律说明了一个科学道理，那就是“祸患常积于忽微”。它提醒我们：我们解决问题的手段越高明，我们将要面临的麻烦就越严重。事故照旧还会发生，永远会发生。墨菲定律忠告我们，在面对人类自身的缺陷时，最好想得更周到、全面一些，采取多种保险措施，防止偶然发生的人为失误导致灾难和损失。

在销售过程中，墨菲定律同样适用。从事销售工作，可以说是与顾客的拒绝打交道，而战胜拒绝的人，便是成功的销售员。销售工作中，从销售员举手敲门、与客户的应答直至成交，每一关都是荆棘丛生，没有平坦的大道可走。销售员应了解销售工作的这些特点，树立工作神圣的观念，面对困难，坦然相迎。

应当记住，逃避不能有第一次，第一次便是第二次、第三次的开始，好似婴儿一次被抱，就会期待着另一次被抱的安慰。一名心理学家曾说：“犹豫不决、踌躇不前的心理是对自己的叛逆。如果害怕尝试，那么此人绝对无法掌握住一生的幸福。”所以与其说是一次次地逃避困难，不如说是一次次地赶走了成功。

很多企业都会把“以客户为导向”作为战略或者是经营理念，但是很多时候，这种导向在执行中却出现了偏差。比如销售员为了卖出更多的产品，常常不考虑客户的需求而喋喋不休，或者对那些迟迟不能拿定主意的客户说三道四，甚至对那些看起来不像目标客户的人冷眼相向，这些行为都是让人们传播负面信息的来源，这一点点的不足对于人们的记忆远远超过十分好的表现。

因此，销售员要赢得好的口碑，一定要重视每一位客户。虽然有些客户不一定会买你的东西，但是你的表现会让他们津津乐道，他们会主动帮你传播你的与众不同和你的热情，很多时候，有些客户还会由于你的真诚打动而改变主意。

行动指南

墨菲定律的实质是统计学上的概率在起作用，俗话说："上的山多，终遇虎"。灾祸发生的概率虽然也很小，但累积到一定程度，也会从最薄弱环节爆发。所以，要想在销售过程中最大可能地少犯错误，就得在平时清扫死角，消除安全隐患，降低事故概率。怕什么来什么，好的状态是只想技术要领，忘掉自己。

重视麦吉尔定理，千人千面应对法

每一位顾客都用他自己的方式看待服务。

——美国罗思莱尔德风险公司前总经理　A. 麦吉尔

《伊索寓言》中有一则故事：

父子二人赶驴到集市去，途中听见有人说："看那两个傻瓜，他们本可以舒舒服服地骑驴，却自己走路。"于是老头让儿子骑驴，自己走路。过了一会儿，又遇到一些人说："这儿子不孝，让老头走路他自己骑驴。"于是老头骑上驴让儿子牵着走。过一个地方又遇到人说："这老头身体也不错呀，却让儿子在下面累着。"老头只好和儿子一起骑上驴。没想到又听到有人说："看看两个懒骨头，把可怜的驴快压趴下了。"老头与儿子只好选择抬着驴走的方法了。即便如此，还招来智者协会会员的不满。

故事中的老头并不服务于路人，但是说的理是相通的。既然每一个客户都以自己的方式看待服务，那么提供统一服务给不同客户，便可能有的客户满意，有的客户不满意，但是却不能因此而不重视服务。这就是著名的麦吉尔定理的内涵所在。

对于不同的客户，应该采用不同的方法。在销售工作中，销售员要仔细分析客户的类型，然后再采取有效的方法来和客户达成交易。

1. 拖延型客户

这类客户的特点是能拖则拖，到万不得已的时候才作决定。应对这类客户最好的办法就是给他制造一个最后期限。比如，你不妨告诉他公司优惠活动、促销活动的最后期限（实际上可能不是最后期限）马上就到了；还可以跟他说，这个产品对员工的内购期限就是这周（月）结束，公司特别回馈客户，有一些少量名额给到外部客户等，这些都可以是人为制造出来的“最后期限”。其次，唤起他的危机意识。用客户惧怕生病和意外事故的危机心理，一旦他们觉得事不宜迟，自然会采取行动。可以借用社会上的热点适当举例，让客户警醒。

2. 果断型客户

这种客户办事果断、干脆，正因为他们做决定比较果断，所以，他们没有多余的时间进行比较。应对这类准客户的要领是，平时就要定期保持联络，让客户在想到产品时就想到你，乔·吉拉德有这样一个习惯，就是他经常把名片送给陌生人。因为对于他来说，一张名片的成本相当低，但是对客户来说，一张名片意味着在产生需求时，有一个可以满足需求的途径，所以他最后能够取得巨大的成功。

3. 人情型客户

这类客户往往因为人情关系而购买产品，即使产品价格并不低。对于这类客户销售员所采用的基本办法就是和他们保持良好的关系，最好的办法就是让客户欠你人情。比如，当客户有某种产品需求时，你告知他怎样做可以满足这种需求，或者即使客户不买你的产品，你仍然送给客户小礼物，表示感谢或者仅为了维持一种关系。这种做法在日本比较普遍。

4. 主观型客户

这类客户的主观意识非常强，对产品往往有一定的了解，知道产品的质量或者价格等相关因素，也对竞争对手的产品了解比较透彻。遇到这种客户，销售员千万不要自作主张，认为自己非常专业，对产品的了解远非客户所能比。对于主观型客户，销售员只有先认同该客户的某些看法，恭维他，然后伺机提出自己的见解，以求和客户达成共识。在这种情况下，千万不要和客户发生争执，这样对销售并没有什么好处。

5. 比较型客户

这类客户的特点就是货比三家后再决定。比如他会对比公司的信誉、营销员的资质、产品和服务无不在他的评比之列。所以，当你为这类客户提供资料时，别忘了注意其他公司的产品，最好也能简单了解几家主要竞争对手的热销产品，以满足他们好比较的心态，让他们能够放心地做出决定。在给他们比较产品时也有一些小技巧，比如对自家产品的优势重点突出，且强调这个优势是更重要的。古有“田忌赛马”的策略，不妨把这一技巧拿来，只是你不要过分夸耀自己的产品或诋毁其他的公司、从业人员，那样非但迎合不了他的好比心态，反而会引起他的反感，他们所追求的是必须在你的引导下让他感觉购买你推荐的产品是他自己做出的决定。

6. 流行型客户

这类客户为了不落人后，喜欢购买流行性商品。面对这类客户，销售员对产品最好的介绍办法就是证明该产品的人气相当旺。可以通过报纸报道和电视广告来佐证销售员的说法。销售员还应该告知客户，现在已经有很多客户都在购买，这样往往会让客户产生“赶流行”的想法。

7. 利益型客户

这类客户在购买产品时，往往考虑其产品的背后利益。他们所看重的是该产品能否满足自己的需求，能否有助于自己完成一个很特别的目标。针对这类客户，销售员所要做的是基础说服工作，要详细介绍产品的性能和质量，而且在介绍的过程中重点强调产品确实能够满足客户的需求。

8. 疑心型客户

这类型的客户总是对外界事物持有一种怀疑的态度。与这类客户沟通时，你不仅要表现出足够的诚意，还需要表示出对他所提出的疑问的重视。例如，你可以说：“呵呵，跟您说实话，您考虑的问题我也考虑过，不过……”这样，他们就会觉得你的话可信，也就更愿意与你交流。

行动指南

客户的性情千差万别，跟不同类型的客户打交道时销售员首先应该注意的是判断对方是什么类型的客户，然后再根据不同的客户做出不同的应对策略，切忌同一方法使用在不同的客户上。正如麦吉尔定理所说的那样："有千个舌头，就有千种口味。"

坚持斯通定理，把拒绝当享受

一切决定于推销员的态度，而不是顾客。

——美国"保险怪才" 斯通

每个销售员都是从接受拒绝开始的，有时候纵使你绞尽脑汁、费尽口舌、不停地向客户介绍自己产品的优点及好处，客户还是摇头说不；更有甚者，你还未表明自己的来意时，客户就连忙说："谢谢，我不需要。"似乎对你说"不"，已经成了客户的习惯。

如何挽回这样的败局？那就是端正态度。俗话说兵来将挡，水来土掩。正如美国"保险怪才"斯通曾经提出这样的观点：一切取决于销售员的态度，而不是客户。在他看来，同一件事，如果用不同的态度去对待，就会产生不同的结果，这就是著名的斯通定理。

所以，既然你选择了销售这一职业，如果不遭受拒绝那就不正常了。尤其是销售新人，由于刚涉入行业，言语多有青涩之处，将会面临更多的拒绝。如果你稍一遇到拒绝就立即退缩，那还有什么成功可言？

下面我们通过两个真实的销售情景来更好地说明斯通定理的意义所在。

情景一：

丽丽做销售员有几个月了，可几乎每次都是无果而归。

丽丽："您好，我是中关村电子城的销售员。"

客户："对不起，我不需要。"

丽丽："最近我们公司推出了新产品，真的很不错……"

客户："我都说了不要了，你快走吧！"

丽丽："哦。"

丽丽每次都是乘兴而来败兴而归。

毫无疑问，像丽丽这样，一见客户拒绝就马上放弃的人，注定在销售行业走不远，只能是个失败的销售员。拒绝是每一个销售员必须克服的困难，无法承受拒绝就无成功可言。

情景二：

小赵："您好！我是星辰文具公司的销售员。"

客户："我不需要。"

小赵："能告诉我为什么不需要吗？据我所知，您有一个上小学三年级的女儿，我想她应该是需要文具的。"

客户："她有文具。"

小赵："我们的文具很好用的，用过的人都这么说。"

客户："王婆卖瓜自卖自夸吧，我凭什么相信你的文具是不是真的好用呢？"

小赵："这个不难，您可以试一下就知道了。"

客户："那好的，我试试。"

在小赵的指导下，客户体验完毕，发现真的很好用，再不买也就觉得不好意思了。

小赵的高明之处，就是他没有像丽丽那样遇到困难就退却，而是随机应变且成功地将自己的产品推销给客户。小赵的特点就是积极找出客户拒绝的原因并加以解决，而不像丽丽那样直接放弃。如果每一个从事销售工作的人都能够像小赵这样，那么销售工作将变得轻松而愉快。

世上没有做不好的事，只有态度不好的人。做任何事情，都要有一个好的态度。有了好的态度，对工作、对生活、对他人都会表现出热情和活力；有了好的态度，你就不怕失败，即使遇到挫折也不会气馁。

世上无难事，只怕有心人。古语早就教导我们，做任何事情都必须下定决心，不怕苦不怕累，只要认真地去做了，人生就会无憾，也相对会得到一个好的结果。努力不一定带来成功，但不努力就一定不会成功。

心有多高才会飞多高。成败往往在一念之间，一个人能否成功，要看他对待事业的态度。成功者与失败者之间的区别就是：成功者始终用最积极的行动、最乐观的精神和最丰富的经验支配和控制自己的人生；而失败者则刚好相反，他们的人生是受过去的种种失败与疑虑所引导和支配的。

销售员要懂得“将心比心，以情换情”，要认识到真诚的态度胜过一切。要想获得客户的认同与信任，就要与他们真诚交流，耐心听取他们的意见、需求和顾虑。只有在理解了客户的需求之后，销售员才能当好客户的顾问，才能把产品成功销售给客户。

行动指南

使用斯通定律成交的要点是，销售员要时刻调整好心态，把拒绝当做一种享受，相信客户的拒绝是销售的真正开端，只要你乐观面对、坚持不懈，就一定可以说服客户回心转意。

活用阿尔巴德定理，取得竞争优势

要相信你的客户都是懒人，一定要了解客户真正的需求。

——阿里巴巴董事局主席　马云

匈牙利全面质量管理国际有限公司顾问波尔加·韦雷什·阿尔巴德曾提出一个著名的定理——阿尔巴德定理。该定理是指：一个企业经营成功与否，全靠对顾客的要求了解到什么程度。看到了别人的需要，你就成功了一半；满足了别人的需求，你就完全成功了。

了解、需求、相信和满意是客户购买的四个要素。当这四个要素具备的时候，就意味着客户将会购买。全方位了解、掌控客户的需求，其实就是倡导以客户为导向的销售模式。所谓以客户为导向的销售模式，就是销售活动必须紧紧围绕着客户购买的四个要素，而不是只按某一个要素进行，这样就能全方位地满足客户的要求，从而在竞争中取得优势。

戴尔电脑现在是家喻户晓的品牌了，但是你知道戴尔电脑是怎么发家的吗？早在 1983 年，戴尔就读于美国奥斯汀的德州大学，当时戴尔所学的专业是医学，但是最令戴尔感兴趣的并非医学而是电脑。上学期间，戴尔买来一些旧电脑，他的目的是要“改造”它们，也就是给这些破玩意升级。戴尔把这种升级过后的电脑卖了出去，第一年他就狂赚了 5 万美元。有了第一桶金后，戴尔隐约感觉自己的事业要开始了，于是，他果断地休学了，他要在电脑领域一展拳脚，后来的事实证明戴尔真的成功了。

其实，戴尔的成功其秘诀就在于以客户为导向，实行全方位覆盖客户购买要素的生产和营销策略。在开工前，戴尔首先详细了解客户的需求，然后让生产和销售员提供客户需要的产品，这种销售策略，其实就是现在提倡回归的“以销定产”。

戴尔的聪明就在于他知道每个消费者的需求是不同的，比如在校学生，他们基本上没什么多余的钱，所以给他们配置的电脑内存可相对小点；大学教授就比学生富裕多了，所以，戴尔给教授配的电脑的内存相对大些。这就是说，戴尔是根据客户的需求来组装电脑的。戴尔的这种做法颠覆了传统的生产方式，就是通过大批量生产来降低价格的观念，戴尔的观念是要根据客户的需求来定制产品。

销售员要赚钱，就必须把产品卖出去。但确定怎样的产品才好卖却并不容易。随着市场同质化时代的到来，这种难度就更大了。在此情况下要想赚钱，你就必须开拓新的市场。市场是由需求决定的，要开拓新的市场，必须首先了解客户的新需求。对客户需求的了解程度，决定了销售员成功的程度。

有一次，海尔洗衣机营销部门的负责人去逛商场，在洗衣机展柜前这位负责人听到一位妇女的抱怨。理由是：海尔的洗衣机每次漂洗出来的衣物上面总是残留着洗衣粉渣，她不得不用水龙喷头来喷淋洗衣机桶内的衣服，这让她非常苦恼。在一旁聆听的海尔负责人把这个不经意的抱怨“细节”记录了下来。为什么海尔就不能生产出一种特殊的程序和装置来达到彻底漂洗干净的效果呢？果然，经过几个月的努力，一款杀菌型健康洗衣机很快就上市了，而且在市场上备受消费者信赖和满意，销量飞速增加。

行动指南

在营销界有一句名言：“优秀的公司满足需求，伟大的公司创造市场。”销售员要想在竞争中取胜，就应该善于了解市场，发现消费者的需求，给消费者提供信得过且满意度较高的产品。从隐蔽的现象中发现潜在的机会，在更高层次上拓展生存和发展空间。

刺猬定律，距离产生美

保持一定的距离。

——法国总统　戴高乐

生物学家曾经做过这样一个实验：把几十只刺猬放到门外的空地上，由于是寒冬，这些刺猬被冻得浑身发抖。为了取暖，它们彼此靠拢在一起，但奇怪的是，它们之间会始终保持着一定的距离。原来，如果相互距离太近，刺猬身上的刺就会刺伤对方，但如果距离太远的话，又达不到相互取暖的效果。于是刺猬们找到了一个适中的距离，既可以相互取暖，又不会被彼此刺伤。

这其实就是心理学上的“刺猬法则”，也被叫作“距离效应”，说的是在社交过程中，人和人之间需要保持恰当的距离，既能保留彼此之间的美好印象，又能避免因为走得太近而带来伤害。

为了更好地验证刺猬定律的普适性，心理学家又做了这样一个实验。

在一个空旷的阅览室中，只坐着一位读者，他正在聚精会神地看着手上的书。心理学家走了进去，悄无声息地坐在他的旁边，看看这个读者是什么反应。这个实验重复了数十次。结果，在偌大的阅览室中，没有一个被试者能够忍受一个陌生人在自己身边不声不响地坐下。大多数被试者都会很警觉地走开到别处坐下，有些人甚至直接质问：“你想干什么？”

这个实验很好地说明了在社交活动中，务必与他人保持一定的空间距离。我们每个人都生活在一个孤立的心理空间中，在这个私密的空间里不容许任何人“入侵”，包括伴侣、父母、朋友和客户。当这个自我空间被他人触犯时，会让人感到惶恐不安，甚至恼怒，而这个自我空间的范围随着人际关系的亲密程度也会有所不同。

法国总统戴高乐就是一个很会运用刺猬法则的人。在戴高乐的总统岁月里，他周边的工作人员，像秘书、私人参谋以及智囊机构等没有谁的工作时间超过两年以上的。戴高乐对工作人员说：“我使用你两年，正如人们不能以参谋部的工作作为自己的职业，你也不能以办公厅主任作为自己的职业。”这就是戴高乐和同事们的关系，这一规定一方面是出于工作需要的正常调动，更关键的是戴高乐不想让“这些人”变成他“离不开的人”。这其实就是一个领袖的品质，他要靠自己的思维和决断来生存，他不容许身边的人成为他的“拐杖”。只有让他们频繁的调动，他才能和大家保持一定的距离，也只有保持一定的距离，才能保证顾问与参谋的思维和决断具有新鲜感和充满朝气，同时杜绝了那些顾问与参谋们利用他们和总统的关系营私舞弊。

戴高乐的做法是令人深思和敬佩的。距离不仅产生了美，还让一些隐性的问题扼杀在萌芽状态里。其实，刺猬定律在销售中同样适用。每个销售员都应该是神枪手，每一句话都要打动客户的心，销售员要做的事情就是尽量拉近与客户之间的心理距离。但是，在与客户交谈时，也不能贸然地与客户亲近，以免引起反感，而应该在不断的沟通过程中循序渐进地增加亲密感，让客户渐渐感觉你是他的朋友。

行动指南

刺猬定律告诫我们，要想与客户保持和谐相处，就需要与客户保持一定的空间距离，只有让客户既感觉亲近又不觉得受到侵犯的距离才最恰当。当然，此处的距离并非唯一的空间上的距离，还应包括时间距离。每个人都有属于自己的时间，如果你无端占用客户的时间，影响客户的正常生活，其实就是对客户的一种不尊重。

250 定律，不得罪一个客户

你只要赶走一个客户，就等于赶走了潜在的 250 个客户。

——乔·吉拉德

乔·吉拉德是世界上最伟大的销售员，他连续 12 年荣登世界吉斯尼记录大全世界销售第一的宝座，经过多年的销售打拼，乔·吉拉德总结出了一个神奇的定律：在每位客户的背后，都大约站着 250 个人，这是与他关系比较亲近的人：同事、邻居、亲戚、朋友。如果一个推销员在年初的一个星期里见到 50 个人，其中只要有两个客户对他的态度感到不愉快，到了年底，由于连锁影响就可能有 5000 个人不愿意和这个推销员打交道，他们知道一件事：不要跟这位推销员做生意。

这就是乔·吉拉德的“250 定律”。由此，乔·吉拉德得出结论：在任何情况下都不要得罪哪怕是一个客户，你要时刻控制着自己的情绪，不因客户的刁难，或是不喜欢对方，或是自己心绪不佳等原因而怠慢客户。

丽思·卡尔顿酒店（Ritz - Carlton）是美国一个高级豪华酒店，分布在 24 个国家的主要城市，它拥有 28 个连锁分店的豪华饭店，平均房租高达 150 美元，即便是在经济危机的情况下，这 28 家饭店的入住率仍高达 70%，老顾客回住率超过 90%。卡尔顿酒店为什么拥有如此高的入住率，其原因是它以杰出的服务而让世人称颂。在“卡尔顿”的文化中有一条是这么写的：“创造温暖、轻松、优美的环境，提供最好的设施，给予客人关怀，使客人感到快乐和幸福”，即便是客人没有表达出来的愿望和需要，卡尔顿也一并给客人解决了。

卡尔顿饭店为了做到更好的服务，网络更多的客人，卡尔顿酒店在服务人员的选拔方面极为严格。其中有一条选择标准就是：“我们只要那些关心别人的人”。为了保证不失去任何一个客人，卡尔顿会给入职的员工培训如何悉心照料客人的艺术和要做所有自己能做的事情。在卡尔顿很少有投诉点，即便有个别的投诉，卡尔顿都规定无论谁接到顾客的投诉，都必须负责到底，并授权给他们当场为客人解决问题，而不需要请示上级。只要客人满意，每个酒店的职员都可以花2000美元来安抚客人的不满。

在卡尔顿饭店看来，每位职员其实都是“最敏感的哨兵、较早的报警系统”。而职员们也都清楚地知道自己在酒店的成功运作中所起的作用。用卡尔顿酒店职员的话来说就是：我们或许住不起这样的饭店，但是，我们却能让住得起的人还想到这儿来住。卡尔顿饭店享誉全球，这让卡尔顿的每一个职员都感到自豪，其他饭店的职员流动率高达45%，但在卡尔顿饭店却远远低于这个比率。

“250定律”证明，不论你做的是大生意，或者只是向客户进行一次性的销售，“250定律”都是可行的。“250定律”由于是你的客户在给你推荐其他客户，这就大大缩短了你的销售周期。每位客户都有一定的影响圈，其中许多人都可能成为你的客户。将这些客户变成介绍人，意味着当新的潜在客户到来时，他们就已经具备了成为你的准客户的资格，甚至已经准备好要买你的东西了。

当然，你也许在应用吉拉德的“250定律”的第一个月中没有明显的成效，但是随着时间的推移，正如吉拉德自己的事业上升轨迹所显示的那样，这种培养潜在客户的方法一定会给你带来巨大的收益。

行动指南

“250”其实只是一个概念，它代表的是“很多”的概念，践行的是“客户就是上帝”的信条。因此销售员必须认真对待身边的每一个人，因为每一个人的身后都有一个相对稳定的、数量不小的群体。其实，每一位客户都不仅仅是自己一个人，你赢得了一位客户的喝彩，等于赢得了一片喝彩声，就像拨亮一盏灯，就能照亮一大片。

欲扬先抑定律，人心就是这么微妙

将欲歙之，必固张之；将欲弱之，必固强之；将欲废之，必固兴之；将欲夺之，必固与之。

——《老子》

有这么一个故事：

有一家欲为老太太过寿，于是就把江南四大才子之一的唐伯虎请来了，恭请唐伯虎为老太太的寿诞写一幅寿词，唐伯虎也不推辞，挥毫泼墨道：这个女人不是人。众人一看，无不为之吃惊，随即怒色顿起。唐伯虎也不理会，接着写道：“九天仙女下凡尘”。看了第二句，众人转怒为喜，终于松了一口气。谁知唐伯虎接着又写道：“生个儿子都是贼”。这下又炸开了锅。唐伯虎微微一笑落笔道：“偷来蟠桃献至亲”。四句齐全，众人这才明白唐伯虎的高才。一波三折的过程，无不令在座的客人叹为观止。

其实，这就是著名的“欲扬先抑定律”。当然这个定律不是唐伯虎提出的，而是美国著名心理学家阿伦森·兰迪提出的。

为了验证“欲扬先抑定律”的有效性，美国社会心理学家阿伦森·兰迪做了一个实验：被试者分为四组，对第一组被试者始终否定，被试者感到不满；对第二组被试者始终肯定，被试者感到很满意；对第三组被试者先否定后肯定，被试者感到非常满意；对第四组被试者先肯定后否定，被试者表现为最不满意。从结果看出，在对别人进行肯定或否定、奖励或惩罚时，先否定后肯定，能让人感到最为满意。心理学上把这种先否定后肯定，给人最好的心理感觉的规律称为“欲扬先抑定律”。前面有关唐伯虎写寿词的故事正是这一定律的最好佐证。

“欲扬先抑定律”同样适用于销售过程中。

有些销售员在销售时总是先说产品的质量和售后服务是非常好的，接着来一句："但就是这个价格呀，高了一点。"把价格高这个缺点放在后面，给客户一种产品价格很高、不值这么多钱的感觉，客户就会在心里嘀咕："哦，怎么会这么贵，值得买吗？"他要购买你的产品就会在心里再三掂量。所以，最好的办法就是先告诉他产品的缺点，再告诉他产品的优点，这样他在心理上放大的就是产品的优点。与其夸夸其谈自己产品的优点，对产品的缺点却只字不提，不如事先就向客户说明产品的缺点，向客户渲染产品的"最坏情况"。

当客户已经了解产品的缺点后再看到产品时，往往会觉得"这也无所谓，并不是什么大不了的事"，并且不再介意这种缺点。因为产品本身无法隐藏那些缺点，迟早会被人知道的，所以，事先告知就会使之淡化，从而使销售产生预期效果。

对一般消费者来说，买房子是一生中的大事。选择房屋有许多要点，比如房子离车站远近、环境是否优美、购物是否便利等。其实，现实中很难有包含所有优点的房产，这就意味着必须在某些方面作出妥协。对销售员来说，如何巧妙地将有些难卖的房产卖给客户又不会令客户不满呢？这时，如果事先告知客户最坏的情况，则可能更容易说服客户。

汽车销售员肯尼拉每个月都能卖出二十几辆车，深得经理赏识。可是这个月的销量却非常不乐观，由于种种原因，肯尼拉预计当月顶多能卖出 10 辆车。但是肯尼拉很懂得人的心理。他先跟经理说："由于银行紧缩，市场萧条，我估计我这个月顶多能卖出 5 辆车。"经理点了点头表示理解。可是出乎意料的是，一个月过去了，肯尼拉竟然卖出了 12 辆车，他被经理大大地表扬了一番。

如果肯尼拉一开始就说本月可以卖出 15 辆车，或者事先不说自己的预计，那么他最后卖出 12 辆车显然不能达到预期，经理的感觉也就可能完全不同，他可能觉得肯尼拉做得太失败了，不但不会夸奖，反而可能会受到批评。

行动指南

人的心理其实是非常微妙的，有时你想得越多，失望也就越大。为了避免这种情况的发生，不妨事先想到最坏的结局，到时得到的或许是意外的惊喜。销售就是这样，如果你只知道夸夸其谈地讲述自己产品的优点，当客户知道产品没有他期待的那么好时，必然会对你极度失望，而你也将失去一个客户。相反，如果你肯事先向他说明"最坏情况"，当他看到产品超乎他的想象时，就会觉得物有所值，进而会放心地购买你的产品。

二八定律，没有绝对的公平

世界上没有绝对的公平，公平只在一个点上。

——新东方总裁　俞敏洪

1897 年，意大利经济学家维弗利度·帕累托在从事经济学研究时，偶然注意到 19 世纪英国人财富和收益模式的调查取样中，大部分所得和财富流向了少数人手里。他发现了这个非常重要的事实：某一族群占总人口数的百分比，和该族群所享有的总收入或财富之间，有一项一致的数学关系。

令帕累托感到兴奋的就是这种不平衡的模式并非偶尔出现，而是循环重复地出现。这绝非偶然。帕累托于是对不同时期或不同国度的经济统计数据都进行了考察，无一例外，不管是早期的英国，还是与他同时代的其他国家，或是更早的资料，他发现相同的模式一再出现，而且有数学上的准确度。

帕累托由此提出了所谓"重要的少数与琐碎的多数原理"，大意是：社会上的人似乎很自然地分为两大类，一类是被他称为"举足轻重的少数人"；另外一类则是"无足轻重的多数人"。前者在金钱和地位方面声名显赫，约占总人数的 20%；后者生活在社会底层，约占 80%。

这就是著名的帕累托定律。

令人惊奇的是，几乎所有的经济活动都受二八定律的支配。根据这一定律，20% 的努力产生 80% 的结果，20% 的客户带来了 80% 的销售额，20% 的产品或者服务创造了 80% 的利润，20% 的工作能够体现 80% 的价值，等等。这意味着，如果你有 10 件工作要做，其中 2 件的价值比另外 8 件加起来还要大。

帕累托定律在销售领域同样发挥功效。

在你销售的市场上，真正能够成为你的顾客、接受你的销售的人只有 20%，但这些人却会影响其他 80% 的顾客。所以，你要花 80% 的精力来找到这 20% 的顾客。

如果能够做到，就意味着成功，因为 80% 的业绩来自 20% 的老顾客。这 20% 的老顾客才是最好的顾客。

上帝给了我们两只耳朵、一个嘴巴，就是叫我们少说多听。销售的一个秘诀，就是使用 80% 的耳朵去倾听顾客的话，使用 20% 的嘴巴去说服顾客。在顾客面前，如果 80% 的时间你都在唠叨个不停，销售成功的希望将随着你滔滔不绝的讲解从 80% 慢慢滑向 20%，而顾客的拒绝心理将从 20% 慢慢爬升到 80%，八成你将从那里灰溜溜地退出去。

销售员没有第二次机会在顾客面前改变自己的第一印象。第一印象 80% 来自仪表。所以，花 20% 的时间修饰一番再出门是必要的。在顾客面前，你一定要有 80% 的时间是微笑的。微笑，是友好的信号，它胜过你用 80% 的言辞所建立起的形象。如果在顾客面前你只有 20% 的时间是微笑的，那么会有 80% 的顾客认为你是严肃的、不易接近的。

销售的成功，80% 来自交流、建立感情的成功，20% 来自演示、介绍产品的成功。如果你用 80% 的精力使自己接近顾客，设法与他们友好，这样，你只需花 20% 的时间去介绍产品的利益，就有八成的成功希望了。但假如你只用 20% 的努力去与顾客谈交情，那么，你用 80% 的努力去介绍产品，八成是白费劲。

销售，是从被顾客拒绝开始的。在你的销售实践中，80% 的时间

将面对失败，20%的时间才会收获成功。除非是卖方市场，否则不可能倒置。在刚刚加入销售这一行列的人当中，将有80%的人会因四处碰壁畏难而退，留下来的20%的人将成为销售界的精英。这20%的人将为他们的企业带来80%的利益。

作为销售员，在你的一生中，可能只有20%的时间是在销售产品，但是，这为你80%的人生创造财富，取得成功。

行动指南

“二八定律”说明一个问题，在销售过程中，不要平均地分析、处理和看待问题，客户要抓住那些核心的人，找出那些能给你带来80%利润、总量却仅占20%的关键客户，然后加强服务，达到事半功倍的效果；销售员要对工作认真分类分析，要把主要精力花在解决主要问题、抓主要项目上。

伯内特定律，占领他的头脑

要想占领市场销售，就要先占领头脑，占领了人们的头脑，获得了人们足够的注意力，你才能掌握市场的指挥棒。

——美国广告专家　利奥·伯内特

朗林杜拉是一位演艺大师。一日，朗林杜拉的马戏团在一个小镇演出，演出前朗林杜拉独自行走在大街上，在马路边上，他碰到一个年轻的乞丐，朗林杜拉灵机一动，想出一个妙计。于是，他对乞丐说：“我不会给你一分钱的施舍，但我想让你得到更多的金钱，如果可以，我就雇用你。”乞丐一看馅饼砸到自己的头上了，马上就答应了。

朗林杜拉把乞丐带回马戏团，递给他两块石头，要求他沿着小镇的几条街道慢悠悠地转圈。去的时候，先把其中的一块石头放在街道上，手上拿着一块；返回的时候，则用另一块石头换下刚才放下的那块。就这个简单动作，唯一的要求是乞丐在整个过程中不能和任何人说话。年轻的乞丐不知朗林杜拉葫芦里卖的是啥药，回到马戏团后，绕一圈，然后又从后门离开，继续重复先前相同的动作。

乞丐的怪异行为很快引起了人们的注意，一时间，一大群观众都簇拥在乞丐的身边，问他到底在做什么。为了一窥究竟，乞丐每一次进入马戏团后，就有一些人买票进场，继续盯着乞丐看他究竟在干什么，但不少人去后就被里面的节目牢牢地吸引住了。

演出首日，年轻的乞丐就吸引了两千多人进入马戏团。

数日后，由于围观的人太多，竟阻碍了交通，放石头的节目被迫停止了，但是，这并不是朗林杜拉的目的，他的目的是吸引更多人到马戏团观看节目。就这样，经过一段时间的表演，不少观众都成了朗林杜拉忠实的支持者了。

这个现象被美国广告专家利奥·伯内特称之为“伯内特定律”。伯内特指出，只有占领头脑，才会占有市场。即只有先占领消费者的头脑，你的产品才会激起消费者的购买欲望。

所以，作为销售人员，你所做的关键点就是你要绞尽脑汁让你的产品牢牢地抓住客户的眼球，以获取他们的注意力。要想做到这点，以下方法不妨参考。

第一，在色彩上下工夫。我们知道，产品的包装是商家已经固定好了的，我们无法做大的改动，但你可以通过自己的装扮与你的产品形成某种程度的互补。比如，如果你是一位男销售员，可系一条色彩鲜艳的领带、拎一款考究的包，只要能引起他人注意即可，切不可哗众取宠。

第二，精神抖擞。一个人呈现给他人的精神面貌很容易让他对你产生结论性的判断。精神抖擞的人更容易让人记住，精神抖擞的人会让人感到快乐，反观那些萎靡不振的人，人们总是避而远之。所以，销售员时刻要保持着挺拔的身材，干脆有力的说话风格。

第三，创造略微神秘的气氛。凡事要给对方留个回味的余地，切忌和盘托出，适当地保留或者凭借自己的个性去激发客户的兴趣，然后话锋一转，从而勾起客户的好奇心，让客户有和你进一步交流的欲望，从而加强别人对你的注意。

记住，一旦你或你的产品成为客户的聚焦所在，那么你的市场销

售就已经成功一半了。

行动指南

在销售过程中，销售员只有先让产品的概念占领了消费者的头脑，才能激起消费者的购买欲望。顾客对你的产品不感兴趣，质量再好的东西也没人要！一个好的策略和方法能够很好地抓住消费者的心理特点和规律，让顾客和你的产品产生一种共鸣。这样才能对顾客产生强烈的冲击力，打动他们，激起他们的购买欲望。商机无处不在，关键是要有一颗富于创意的心，要有灵敏的嗅觉，才能及时把握商机、开拓商机。

哈默定律，没有卖不出去的东西

天下没什么坏买卖，只有蹩脚的买卖人。

——美国企业家　哈默

哈默是美国历史上最富传奇性的商人之一，他在1898年出生于美国纽约，1917年在医学院学习期间继承了父亲的一家制药工厂，从制药业起家，在经营制药厂期间，他成为了百万富翁。

1987年，哈默出版了他的自传，在这本书里，哈默提出了一个定律：天下没有做不成的生意，只有不会做生意的人！同样的行业，总是有人赚钱也有人赔钱，而能赚钱的就是那些会做生意的人，而赔钱的必定就是那些不会做生意的人。

有一个经营梳子的老板要给自己找一个副手，于是他给手下四个销售员派了出去，让他们去寺庙里卖梳子，谁卖出的多，谁就是公司的二把手。

第一个销售员回来了，他满腔怒火，说和尚怎么能用梳子呢？所以一把都没有销掉。

第二个销售员回来了，他销了十多把，他的方法是，他告诉和尚，头发要经常梳梳，还能止痒，头不痒也要梳，用以活络血脉，有益健康。还有，念经念累了，不妨也梳梳头，有助于头脑清醒。

第三个销售员回来了，他比第二个卖得还多，他销了一百多把。他的方法是，他到庙里去，跟老和尚交谈，说香客虔诚而来，在那里烧香磕头，磕完头后，头发就乱了。他建议老和尚在前堂放一些梳子，香客们磕完头可以梳梳头，会感到这个大师们对自己的关心，下次还会再来。

第四个销售员最让人不可思议，他一下卖掉好几千把，而且还带来了订单。他的方法是，他到了寺里后，直接跟方丈讲，你想不想增加香火钱？方丈说想。于是，他就告诉方丈，在寺里最热闹的地方贴上告示，捐钱有礼物拿。这个礼物就是梳子，他还给梳子起了个名字叫功德梳。他这样给老和尚交代，让他告诉香客们，使用梳子的时候一定要在人多的地方梳头，这样就能梳去晦气梳来运气。于是很多人捐钱后就梳头，这样又使得更多的人去捐钱。3000 把梳子一下就卖光了……

可见，天下没什么做不成的生意，只有不会做生意的人。就像第一个销售员，他就属于不会做生意的人，而第四个销售员显然是最会做生意的人。我们做销售，就要做像第四个销售员那样的人。

在一个小国的市区里有一家书店，这家书店紧邻总统办公大楼，总统有时候会偶尔路过一次书店。这几天，书店的销售员正在发愁如何把新上的书卖掉，恰逢总统无意间走了进来，或许是工作太忙，总统没怎么看书就要离开书店，这位销售员随即把新书给总统推荐了一下，总统大致翻了两页，随意说了句挺好的，然后就匆匆离开了。这件事要让别人来看根本没什么可言的，但书店的销售员却动上了脑筋，第二天他就出了一个海报，上面用醒目的大字写着：一本总统都赞不绝口的书。结果这本新上市的书一下子就卖火了。时隔数日，总统又来到这家书店，拿起那本他“推荐”过的书仔细看了几页，越看越不舒服，就大肆批判，说写得太糟糕了。书店的销售员非但没有生气，反而在次日又出了一块海报，内容更邪乎，说是总统都说糟糕的书，结果是书非但没有滞销，反而又成红火之势。经过几番历练，书店销售员学到了不少营销知识，一天，他干脆拿出一本连总统看都没看的书就走了，第二天人们又在书店门口见到一张海报，上面写着：“连总

统都不屑一顾的书”，结果这本书又被一抢而空。

没有卖不出去的东西，只有蹩脚的销售员。有什么样的食物，就会养成什么样的食客，当年可乐刚进中国市场的时候，大家都说难喝，但看现在，可乐在中国的影响是何等巨大。

行动指南

哈默定律告诉我们没有销售不出去的东西，只有蹩脚的销售员。只要你敢于创新，开发大脑，任何东西都能卖出去，你可以利用名人效应，你也可以借力打力，通过各种方法措施把你手中的产品销售出去，凡事皆有两面性，缺点有时候也可能成为优点。

奥新顿法则，抓住客户的心

生意成交的秘密就在于了解客户的困难，然后帮助他们找到解决的办法，使他们受惠并对这笔交易满意。

——IBM 公司前任行销部副总裁　勃克·罗杰斯

奥新顿法则是由美国奥新顿工业公司提出的，说的是照顾好你的顾客，照顾好你的职工，那么市场就对你倍加照顾。

奥新顿法则的特点是：商战获胜的关键就是抓住“客户的心”；用爱吸引公众，用真诚招徕客户。

不论你是做哪一行的销售，只要你找到客户的关注点，那么你也就找到了征服他的钥匙。不要以为客户的经营业绩与你无关，其实，帮助客户取得进步就是在帮助你自己。客户的进步从某种程度上来说就是销售员的进步。所以，对于销售员来说，服务客户就等于帮助自己成功。关心客户的经营状况，了解并满足客户的需求是销售成功的关键。“奥新顿法则”告诉销售员要多站在客户的立场考虑问题，关照好客户的心，客户就会关照好你的生意。

1. 关心客户最关心的

为什么优秀的销售人员将产品卖出去了，客户掏了钱，还会不断地感谢他。因为他帮助客户得到他们想要的精神享受和物质享受。所以客户很感激他。然而，不懂得换位思考的销售员，他们不但产品卖不出去，客户反而会把他们当骗子一样看待。因为他们每天只想着自己的利益，从来不关心客户的感受。哪怕你的产品再好，如果客户感受不到，那么他们也不会购买。所以销售产品的关键在于换位思考，关心客户所关心的事。

所以，聪明的销售员在进行销售活动时，首先要考虑的不是赚钱，而是如何俘获人心。而客户最关心的是他们自己。因此，你要想成为一名销售高手，就要学会把自己放在客户的位置上来考虑问题，真正做到关心客户，以此来赢取客户的心。

2. 服务胜于销售

所有销售高手的经历都告诉我们这样一个销售技巧，那就是：服务胜于销售！乔·吉拉德之所以成为世界上最伟大的销售员，原因就在于他的服务。曾有人问他："你平均一天卖 6 辆车，怎么会有时间为客户服务？"乔·吉拉德回答说："告诉你，每个月的第三个星期四，我就会邀请客户服务部负责修车的 36 位同事到一家很有情调的意大利餐厅共进晚餐。对这些同事，我给予关爱；同样，他们也表现出对我的关爱。当我的客户来的时候，我会到客户服务部请 4 位修理工，他们二话不说打开工具箱，马上开始检修客户的车。"面对这样的关爱，这样的服务，你还会去找谁买车？当然去找乔·吉拉德了。

行动指南

销售之外的服务满足了客户内心的需求，照顾好客户的心，也就为自己赢得了成交的机会。所以，要想提升你的业绩，那就从关照客户的心开始吧。关心客户最关心的，为他们提供真诚的服务，这样，何愁客户不买单！

第八章

大开眼界的9大心理效应

各种心理效应是对人的心理现象的提炼、升华、浓缩和总结。通过对这些心理效应的学习和研究，销售员可以学会洞察客户的心理，轻松获得客户的喜欢和信赖，并最终促成客户与你的交易。

晕轮效应，好的就是这口

最个人的，也是最普遍的。

——心理学讲师　沙哈尔博士

美国著名心理学家爱德华·桑戴克认为，人们对人的认知和判断往往只从局部出发，扩散而得出整体印象，也即常常以偏概全。一个人如果被标明是好的，他就会被一种积极肯定的光环笼罩，并被赋予一切好的品质；如果一个人被标明是坏的，他就被一种消极否定的光环所笼罩，并被认为具有各种坏品质。这就好比刮风天气那样，刮风前夜月亮周围就会出现圆环（月晕），其实，圆环不过是月亮光的扩大化而已。据此，桑戴克为这一心理现象起了一个恰如其分的名称“晕轮效应”，也称作“光环作用”。

为了验证晕轮效应的有效性，心理学家戴恩做过一个这样的实验。他让被试者看一些照片，照片上的人有的很有魅力，有的无魅力，有的中等。然后让被试者在与魅力无关的特点方面评定这些人。结果表明，被试者对有魅力的人比对无魅力的人赋予更多理想的人格特征，如和蔼、沉着、好交际等。

晕轮效应不但表现在以貌取人上，在销售过程中，晕轮效应也是随处可见的。比如说，人们总是喜欢那些通过名人炒作出来的大品牌，认为名人用过的东西就肯定是好东西，这种名人效应给消费者带来了很大的启示，客户越来越热衷于那些大品牌，认为所有与大品牌有关的产品都是好产品。

客户的这种心理其实就是“求名心理”，在购买产品时，他们总喜欢选择自己所熟悉的产品，而在熟悉的商品中，又特别喜欢购买名牌产品。在他们眼中，名牌就是标准，就是高质量，就是高价格，所有这些都代表着他们的身份和社会地位。

正是这种心理，所以客户往往会为了追求产品的质量保证，或者为了弥补自己产品知识的不足而选购名牌产品。当然也有些客户购买名牌是为了炫耀阔绰或者显示自己与众不同的身份和地位，以求得到心理上的满足。

具有求名心理的人不是少数，它普遍存在于社会的各阶层，尤其是在现代社会中，一些喜欢求名者还呈现出如下变化趋势：

1. 年轻化

英雄出少年，这种说法在网络经济时代表现得尤为突出。很多成功人士都年纪较轻，即使是年长的成功人士也出于对子女的溺爱，将大笔财富用于子女消费。因此，青年一代的消费热情催生了诸多消费热点和时尚潮流，成功人士的年轻化更是带动了消费主体的年轻化。

2. 富裕化

我国居民生活水平迅速提高，在家庭收入中，食品支出的比重越来越小。产品消费中过去低价位的产品也开始转变为高价位产品。富裕的国人开始求名。

3. 个性化

富裕的人们开始了个性化消费，他们对新鲜事物孜孜不倦地追求，讲究消费品位。

基于以上三点，不难看出消费者的求名心理日益彰显，因此销售员在销售的过程中，针对具有上述特征的人士就要采用求名策略，重点宣传其产品的知名度和美誉度，还可以强调该产品生产企业的规模和实力，这些都能促进客户购买。在销售过程中，需要辅之以必要的广告宣传，比如销售员介绍产品时可以引用一些名人的推荐或该产品在电视上的宣传。不过一般来说，如果该产品在电视展示比较多的话，就不会采用人员推销的方式来进行产品推广；相反，正是一些展示很少的产品才会依赖人员推销来打开市场。

行动指南

晕轮效应导致了客户的求名心理，所以在服务客户时要注意不能给客户造成价格相当便宜或者相当昂贵的印象。因为价格相当便宜，产品质量就值得怀疑；而价格相当昂贵，客户一般不会在销售员手中购买产品。所以，适中的价格才是最好的价格。

沸腾效应，找到质变的关键

忍耐和坚持虽是痛苦的事情，但却能渐渐地为你带来好处。

——古罗马诗人　奥维德

我们知道，在标准大气压下，水的沸点是100℃，烧开水要持续加温，哪怕是差1℃水也不会开，所以最后的这1℃是决定水能否变成沸水的关键。99℃与100℃数量上差不多，但水的品质却大相径庭。同样，在销售领域，伟大与平庸的差别可能就在关键的那一刻即销售员能否咬紧牙关挺住。太多的销售人员混混沌沌，是因为这些人没有缺乏持之以恒的精神，古语云“行百里者半九十”，就如爬山，越到最后越难，也越容易放弃，“无限风光在险峰”，只有努完最后一把力才能站在绝顶。

在心理学中，人们把关键因素所引起的本质变化现象称为“沸腾效应”。犹如烧水烧到99℃，还不能算开水；若再添一把火，使它再升高1℃，就会使水沸腾，并产生大量水蒸气可用来开动机器，从而获得经济效益。这1℃就是关键因素。只差一点点，往往是导致最大差别的关键。

相信很多销售员都遇到过这样的情况，当你在向客户推销产品的时候，你已经做了很多努力，对方已经对产品有兴趣了，只是还有些犹豫，此时，你就要果断出击，促使客户做决定。你可以说："别犹豫了！这批货是试销，下批厂家可能就会提价了。"这样，你就帮对方做出了购买决定。相反，如果在这个关键时刻，你因为害怕失去客户而畏首畏尾，没有催促客户，那么等到时候你再与客户联系要他购买，对方很有可能就已经没有购买欲望了。因此，在关键时刻敢于加一把火，把客户的购买热情进一步激发出来，促使客户达成交易。

非洲曾经流行过一种可怕的昏睡病。为了应对这种疾病，德国细菌学家欧立希偶然发现了一种叫"阿托什尔"的化学药品，能够杀死引起人昏睡的锥虫。但遗憾的是，这种药物的副作用很大，很可能会使人双目失明。于是，欧立希投入了大量的时间和精力去研究，经过606次实验，终于研制出了既能治好昏睡病又不伤眼睛的药。因为进行了606次试验，所以把这种药命名为"606"。可见，606的研制成功不仅是605次失败经验量的累积结果，也是欧立希的毅力所致，这里的605次就是非关键因素的量变，这里的毅力就是在非关键因素中体现出来的关键因素，没有这两者，606药品就不能研制成功，昏睡病就不能治好。俗话中的瓜熟蒂落、水滴石穿等，都揭示了这一道理。

销售也是如此，没有长久的经验积累和销售员长期不懈的努力，是不可能成长为销售精英的！

销售过程中，销售员就好比是这1℃，我们就应该是这个1℃，我们能做的就是把顾客的购买欲望变成100℃！有时候，那一点点，往往是导致巨大差别的关键！

行动指南

沸腾效应能否产生效果与销售员是否具备良好的心理特质是密切相关的。这些心理特质包括自信、毅力、定力、成功力等，这些都是影响沸腾效应的心理特质。如果销售人员不具备这些特质，那么销售工作就有可能功亏一篑。

登门槛效应，最是那温柔的一刀

攻人之恶勿太严，要思其堪受；教人之善勿过高，当使其可从。

——《菜根谭》

1966年，美国心理学家做过这样一个实验：他们选了两位大学生，让他们去访问郊区的一些家庭主妇。其中一位首先请求家庭主妇将一个小标签贴在窗户上或在一个关于美化加州或安全驾驶的请愿书上签名，这其实就是一个极小的、对他人毫无伤害的要求。两周后，另一位大学生再次访问家庭主妇们，要求她们在今后的两周时间里在院内竖立一个呼吁安全驾驶的大招牌。该招牌看上去一点也不美观，相比上一个要求来说，这就是一个很大的要求了。测试结果出来了，其中第一次被访问的人中有55%的人接受了这项要求，而那些第一次没被访问的家庭主妇中只有17%的人接受了该要求。

心理学家的这个实验说明了一个事实，那就是人们总是喜欢保持自己形象的一致性，一旦表现乐于合作的行为，即便别人后来的要求再过分一点，人们也愿意接受。

这种效应被心理学家称为“登门槛效应”，也叫“得寸进尺效应”。登门槛效应在随处可见，比如在商场里，顾客在选购衣服时，聪明的售货员为打消顾客的顾虑，经常说的一句“慷慨”之词就是“不买没关系，试试再说”。当顾客将衣服穿在身上时，他们便立即展开攻势，连连称赞该衣服是如何如何的合适，如何如何的漂亮，然后就是细致入微地为你服务。在这种情况下，你还好意思再脱下来吗？很多顾客在销售员这把温柔的刀下乖乖地买上衣服走人了。

西方推销人员有一个经验，那就是如果在门槛边上就开始推销你的产品，那么你的推销百分之九十会失败。而一旦进入主人家里，这

时你再推销产品，推销成功的几率就大大提升了。但是，你总不能强行进入别人家门给他推销东西吧。于是，聪明的销售员就各展神通。比如，推销灭蟑药的销售人员，一般都这么说，我是某某协会的，奉单位委派进行义务灭蟑活动，你们家有蟑螂吗？我可以免费帮你灭蟑。于是，那些喜欢占便宜的人就把推销员请进了家门，让他们灭蟑。灭完蟑，看看人家一身的灰土，赶快给人家倒杯水，然后稍作休息。接下来的主动权就到推销员这里了，他们就开始给你讲解各种防蟑之术，最后的结果是，你买了灭蟑药，推销员帮你灭了一次蟑。等于是推销员把你买后要帮你做的事情（买一次灭蟑药，免费灭蟑一次）提前到买前做了，但二者的本质却完全相同。

所以，作为销售员，你一定要了解客户的心思，抓住客户的心理，不要让客户把你给带偏了。

有一个年轻人好不容易摇到号，然后就筹划买车事宜，他现在需要的就是一个时机。终于有一天下起了暴雨，他顿觉时机来了，因为在他看来下这么大的雨谁会去买车呢？这不是给他砍价助一臂之力了吗？果不其然，车行门可罗雀，店内冷冷清清，只有老板一人在大厅来回踱步。真是天赐良机，他正待开口，老板满脸堆笑迎了上来，说：“年轻人，你一定想车想疯啦！这么大的雨还来买车！”

这其实是一则幽默故事，但又非纯粹的幽默故事，我们每天都在揣测别人的心理来调整自己的对策。心理策略并不神秘，它其实就是人与人之间的一种心理游戏，游戏的结果既可能是双赢，也可能是零和。一个老和尚想向施主要两根木头修缮寺庙，但又恐怕施主不答应。于是，他想了一个让施主接受的办法。他对施主说：“请给我一栋房子。”这么大的施舍，谁会给他？施主当然是一口回绝了。老和尚于是再对施主说：“那就给我两根木头吧。”施主一听这还差不多，自然很爽快地答应了那位老和尚。这位老和尚真可谓高人，他洞悉人们的心理，采取的其实就是心理学上著名的登门槛效应，他平衡了你心理上的不协调，让你接受了一个他本来的要求，当这个本来的要求紧跟在一个大要求之后提出时，人们更容易接受这个小要求。

行动指南

如果一开始就提出较高的要求，很容易遭到拒绝；而如果你先提出较低的要求，别人同意后再增加要求的分量，则更容易达到目标。得寸进尺，不是贬义词，却是大智慧。

首因效应，对你的外貌负责点

一个人过了40岁，就应该为自己的外貌负责。

——美国总统　林肯

心理学上有一个词叫“首因效应”，其定义是这样的：在人际交往过程中，我们给对方在心理上留下的第一印象至关重要，亦即“先入为主”。虽然第一印象并非总是正确的，但却是最鲜明、最牢固的，并决定着以后双方交往的进程。

首因效应是由美国心理学家洛钦斯于1957年首次提出的，为了说明“第一印象”这个现象，洛钦斯做了一个实验。洛钦斯的实验是这样的：编制了四篇不同的短文，内容都是描写一位名叫杰姆的人，但描写的顺序有别。第一篇文章整篇都是把杰姆描述成一个开朗而友好的人；第二篇采取分段描写的方式，前半段把杰姆描述得开朗友好，后半段则把他描述成一个孤僻而不友好的人；第三篇正好相反，前半段说杰姆孤僻不友好，后半段却说他开朗友好；第四篇是第一篇的反面，即全篇都把杰姆描述得孤僻而不友好。文章准备好了，洛钦斯接下来的步骤是请四个组的被试者分别读这四篇文章，然后在量表上做出对杰姆为人的评价。

结果表明，文章的前后是非常重要的，如果开朗友好在先，那评

估后给出友好结论的占78%，在后则降至18%，这就是第一印象，也叫“首因效应”。

首因效应在销售中尤其重要。仔细想一想，作为销售员的你和客户初次见面时会有多长时间？相信肯定不会太长。那么，在这短短的时间内，如何让客户凭着对你的第一印象产生信任感呢？让客户喜欢我们，起码不讨厌我们，是我们进行下一步销售乃至与其长期合作的前提。如果客户看见我们就觉得厌烦，那么我们是没有机会和对方一起交谈的，不管我们的产品和服务多么好。

一天上午，王东赶到一家公司参加最后一轮应聘，主考官正是公司总经理。临到考试时间快要结束，王东才满头大汗地赶到了考场。总经理瞟了一眼坐在自己面前的王东，只见他大滴的汗珠子从额头上冒出来，满脸通红，上身穿一件蓝色格子衬衣，加上满头乱蓬蓬的头发，给人一种疲疲沓沓的感觉。总经理仔细地打量了他一阵，疑惑地问道：“你是研究生毕业？”似乎对他的学历表示怀疑。王东很尴尬地点点头回答：“是的。”接着，心存疑虑的总经理向他提出了几个专业性很强的问题，王东渐渐静下心来，回答得头头是道。最终，总经理经过再三考虑，总算决定了录用王东。

第二天，当王东第一次来上班时，总经理把王东叫到自己的办公室，对他说：“本来，在我第一眼看到你的时候，我就不打算录用你，你知道为什么吗？”王东摇摇头。总经理接着说：“当时你的那副尊容实在让人不敢恭维，满头冒汗，头发散乱，衣着不整，特别是你那件蓝色格子衬衫，更是显得不伦不类的，不像个研究生，倒像个自由散漫的社会小青年。你给我的第一印象太坏。要不是你后来在回答问题时很出色，你一定会被淘汰。”

王东听罢，这才红着脸说明原因：“昨天我前来赶考时，在大街上看见有人遇上车祸，我就主动协助司机把伤员抬上的士，并且和另外一个路人把伤员送去医院。从医院里出来，我发现自己的衣服沾了血迹，于是我就回家去换衣服。不巧我的衣服洗了还没干，我就把我二弟的一件衬衫穿来了。又因为耽误了时间，我就拼命地赶路，所以，时间虽然赶上了，却是一副狼狈相……”

总经理这才点点头说：“难得你有助人为乐的好品德。不过，以后与陌生人第一次见面，千万要注意自己给别人的第一印象啊！”

从以上这个求职的小故事中我们可以看到，“第一印象”相当重要。实验证明，首因效应是难以改变的。虽然我们都知道凭第一印象判断是不客观的，可是却很少有人完全不受影响。比如当电梯门打开我们进去时，发现里面只有一个人，我们会马上决定离这个人是远一点还是靠近一些，这些动作是我们还没有意识去做时就已经做了。因此，第一印象往往非常重要，尤其是对销售员。

销售员第一次与客户见面，正处于“你不认识我，我也不认识你”的尴尬状态中，因而此时若能给客户留下一个好的第一印象就非常棒了。一般而言，别人看你的第一眼是看你的外貌，包括脸、头发、身材，另外还有你的服饰。客户看你的脸，并不会聚精会神地仔细看，只要看上去舒服，不是一张“苦瓜脸”就可以了。当然，如果满脸胡须和灰尘，一定是会让人看着不舒服的。而头发最好有型，即使没有，也至少要保持干净清洁，一定要拒绝头皮屑的存在。销售员的身材也很重要，因此每天抽出一些时间锻炼身体是很有必要的。

事实也证实了这一点：一项调查显示，80%的客户会对销售员的不良外表产生反感。有一天，小米和他的朋友在一起吃晚餐，有一个朋友介绍过来的销售员来拜访他，小米很快就让这个人走了。朋友问他为什么，以为他是对这种产品没有兴趣。小米的答案却是：“这个人我怎么看都不舒服，不像一个销售员，倒像一个民工。”并且他马上打电话给那个朋友，让他以后要介绍看得顺眼的销售员给他。

在现实生活中，有许多客户都像小米一样，即使有需求，他们也不会和不喜欢的销售员成交，因为任何一种购买行为，感性先于理性，而且往往是感性的因素左右着理性。

每一个人的内心深处都渴望被尊重，如果在初次见面的时候就能给对方留下好的第一印象，让客户有被尊重的感觉，那么客户就会对你印象深刻，并期待下一次的见面。如此一来，无形中拉近了双方的距离，交谈起来会显得更亲近，以后的销售活动进行起来自然也就顺畅多了。

行动指南

要想有效利用首因效应，首先，就是你要注重自己的仪表，至少让人看起来干净整洁。俗话说的“先敬罗衣后敬人”就是这个道理。其次，要注意言谈举止，让自己显得落落大方，如果你再辅之以幽默的言辞，优雅的举止，那一定是锦上添花，一定会在客户的心中得个高分。重要的是客户对你的这一印象会长时间地左右他未来对你的判断。首因效应在销售过程中起着非常微妙的作用，只要能准确地把握它，定能给你的业绩带来提升。

共生效应，谁都离不开谁

成功就是实现共赢。

——阿里巴巴董事局主席　马云

在中美洲国家墨西哥干旱的草原上，生活着大量的食草动物，这让生长在这里的植物难以维系，很多植物因此而濒临灭绝，但适者生存，总有一些植物能在夹缝中生存下来，其中有种叫刺槐的树就是一个顽强的生命，刺槐常年翠绿繁茂，在这光秃秃的大草原上成了难得一见的景观，每隔一段距离，就有这样一棵刺槐树出来给大草原做装饰，每棵刺槐树都有自己的一小块地盘，树身上长着大量的刺，如果细究这些刺，你会发现，这些刺不只用来阻挡不受欢迎的入侵者，而且还是蚂蚁的家园。

人们以为刺槐的生长和这些蚂蚁有关，或者说是蚂蚁帮了刺槐的忙，让刺槐在恶劣的环境下茁壮成长。

为了搞清楚这个问题，植物学家们经过仔细观察发现：这种寄居在刺槐身上的蚂蚁确实很不一般。一旦刺槐的敌人——食叶昆虫及其幼虫、草食动物靠近时，那些蚂蚁就会倾巢而出，与入侵者做殊死搏斗，直到把它们赶走为止。蚂蚁在这里充当了刺槐的保镖，给刺槐树打气撑腰，让敌人不敢前进半步。除此之外，蚂蚁还可以清除对刺槐造成威胁的寄生植物。当这些植物靠近刺槐企图侵蚀刺槐时，蚂蚁就会毫不客气地上前利用尖锐的上颚啃掉它们的藤条和嫩芽。

蚂蚁的精神实在太伟大了，为了感谢蚂蚁，刺槐树不仅让蚂蚁在自己身上安家，还为这些蚂蚁提供了足够的食物。如果你用放大镜仔细看刺槐树枝上的刺眼，你会发现在刺与刺之间有绿色的小孔，这些小孔会不断地分泌出没有花朵的花蜜，为饥饿的蚁群提供糖分，就连蚂蚁们需要的蛋白质、脂肪和维生素刺槐也一并满足了。刺槐和蚂蚁的这种“合作共生”模式给我们以很大的启示，那就是合作共赢，谁都离不开谁。

事实上，我们人类群体中也存在“共生效应”。社会心理学家研究发现，“合作”是学习的好方法。共同学习，相互切磋，不但能取人之长、补己之短，还能在帮助别人的同时，使自己已有的知识得到进一步的完善和提高。教育心理学家的研究则发现：参加合作组的学生，其学习平均成绩高于不参加合作组的；在需要长期努力的事业中，集体奋斗者的成功率在80%以上，而孤军作战者的成功率只有5%。可见，相互影响、相互作用的效应是巨大的。

销售员在销售过程中，同样可以利用这种效应——专找人多的地方去。因为越是远离人群、远离大市场的地方，越是没有赚钱的机会。

有一家公司，近来效益很差，业务很少，公司几近破产。因为有半条街的门脸房正好对着居民小区，于是他打算把这些空房对外招租。广告贴出去没几天，一个卖小吃的商人就把它租了下来。没想到，这家小店的生意异常火爆，慢慢地吸引了很多小吃店的加盟，最后这里竟然变成了小吃一条街。

这家对外招租的公司看到这样的情景，再也忍不住了，于是他们收回门脸房，自己做起了餐饮生意，想要大赚一笔。没想到，不到半个月的时间，这里就再次变得冷清起来，许多回头客一来这里，看到自己平时常去的小吃店都没有了，扭头就走了。这家公司投入了很多钱，最后却落得血本无归。

公司的老板百思不得其解，于是找到一位营销专家请教。专家听

完他的话，微笑着说："如果你去外面吃饭，你是到只有一家餐馆的街上吃呢，还是到有很多家餐馆的街上去吃？"老板说："当然是去人多的地方啦！"

专家听了一笑："这不就是了嘛！你都这么想了，顾客不也是这样想的吗？人们都不愿意去没有选择余地的地方吃饭，这就是问题的症结啊！"

老板这才恍然大悟，自己把整条街的生意垄断了，人们当然不愿意去了。老板回去之后，缩减了自己餐饮店的地盘，又把剩下的门面房租了出去。慢慢地，这条街又火了起来……

没有竞争的地方就没有发展，要想赚钱必须依赖市场，远离市场就是远离了赚钱的机会！

行动指南

别总想着自己一个人把钱赚完。你越是想要独占市场，客户越是反感。人性就是如此，"共生效应"正是一个很好的证明。所以，作为销售员的你要学会和同事分享，和客户分享，只有分享才能获得更多的销售机会。当你付出了，你也必然会得到，而想要大包大揽，最终必将成为孤家寡人。

权威效应，用好名人这张牌

人微言轻，人贵言重。

——民间俗语

美国心理学家们曾经做过这样一个实验：

在给某大学心理学系的学生们讲课时，教授说这节课由一个重量级的人来给大家上课，此人是德国的一个著名化学家。开始上课了，这位"化学家"郑重其事地拿出了一个装有蒸馏水的瓶子，并对下面的学生说，这是他新发现的一种化学物质，有些气味，如果有谁闻到了气味就举手，结果大多数学生都举起了手。

这个实验的结果很怪诞，人们宁愿相信权威的假象也不愿相信自己的鼻子，多么荒唐呀！这个实验充分验证了权威对于我们的影响力超乎我们的想象。

麦哲伦是举世闻名的航海家。正是由于他获得了西班牙国王卡洛尔罗斯的支持，才完成了环绕地球一周的壮举，证明了地球是圆的，改变了世人天圆地方的观念。然而当初麦哲伦为了说服国王支持自己的航海事业可是费了一番心思。他请了著名的地理学家路易·帕雷伊洛一起去劝说国王。

当时，由于哥伦布航海成功的影响，许多骗子认为有机可乘，都想打着航海的招牌骗取皇室的信任从而骗取金钱，所以国王对一般所谓的航海家都抱着怀疑态度。可是与麦哲伦同行的帕雷伊洛久负盛名，是公认的地理学权威，国王不仅尊重他，而且信任他。帕雷伊洛向国王历数麦哲伦环球航海的必要性及种种好处，最后使国王心服口服地支持麦哲伦航海。正是由于国王相信权威的地理学家才相信了麦哲伦，也正是权威的作用，促成了这一举世震惊的成就。

“权威效应”说明了一个事实，就是如果说话的人是一个地位极高，在大众面前有威信且受人敬重的人，那么他说的话或行为就容易被他人所重视，这其实就是我们平时所说的“人微言轻，人贵言重”的道理了。

“权威效应”有其存在的心理基础。第一，人们总是喜欢“安全”的感觉，认为权威之人所言所行往往是正确的，遵从他们会给自己带来安全感，这就好比开车系了安全带，提高了“保险系数”；第二，人们还喜欢“赞许”的期待，即如果和权威人物的言行保持一致的话，会得到各方面的赞许和奖励。

在现实生活中，“权威效应”的应用可谓比比皆是。电视媒体就是有力的说明，有一位明星不经意在微博上说自己喜欢看某部动画片，结果一夜之间让这个动画片的网站访问量暴增数十万。但也有不少产品是因为某个名人曝光，一夜之间声誉扫地。再比如产品，现在哪一款产品不是靠名人包装出来的？商家其实就是在利用人们追求“权威效应”的心理来突出自己的产品，以达到增加销量的目的。还有，在辩论

时，人们也经常引用权威人物的话作为论据，以增强自己的说服力。

在销售过程中，如果利用好“权威效应”，就能很好地达到引导或改变对方的态度和行为的目的。

小李开了一家品牌的玩具批发商店，第一天开张，只有一位顾客光临。

小李向客户详细地介绍了商品，在客户询问时，他也回答得非常有条理。可是这个客户看他这里才刚刚开张，因此，对他批发的商品还有很多顾虑，不能完全相信小李说的话。

为了让客户相信，小李拿出了产品的品牌认证书、质量认证书，并且告诉他，这种品牌的玩具在某知名电台做了大量广告，得到过很多权威专家的推荐……

渐渐地，客户的疑虑消失了。他想，有那么多权威人士都推荐了，说明有很多人都认同这个玩具，不会有错的，于是放心地从商店进了一批产品。

客户对自己没有把握的产品往往有些犹豫，如果此时行家断言是正确的，那么客户就会对这个产品的质量和信誉深信不疑。因此，商家在面对客户投诉时，与其让一般店员处理，不如老板亲自接待，效果更好。

现实生活中，人们往往喜欢购买各种名牌产品，因为它有明星代言，有权威机构的认证，有广泛的社会认同度，这样能给人带来很大的安全感。因此，如果销售员能巧妙地运用权威的影响力，就能对销售起到很大的促进作用。

行动指南

利用权威效应的要领是：第一，适当借用名人名言来推行自己的观念；第二，利用权威暗示效应，暗示你的行动是有依据的，引导或改变客户的态度和行为；第三，设法取得权威人士的认同，或者与权威人士合作，都能够让你逐渐变成“权威”；第四，当推广某种产品或观念时，不妨首先向权威人士推荐，只要他们接受了，普通消费者就更容易接受。

禁果效应，好奇害死猫

禁果格外甜。

——俄罗斯谚语

“禁果”一词来源于《圣经》，讲述的是夏娃被神秘的智慧树上的禁果所吸引，去偷吃禁果，而被贬到人间。这种禁果所引起的逆反心理现象称之为“禁果效应”。

“禁果效应”也被称为“罗密欧与朱丽叶效应”，意思是越是禁止的东西，人们越想得到。无法知晓的“神秘”的事物比能接触到的事物对人们有更大的诱惑力，也更能促进和强化人们渴望接近和了解的诉求。我们常说的“吊胃口”“卖关子”，就是因为受传者对信息的完整传达有着一种期待心理，一旦关键信息的阙如在受传者心里形成了接受空白，这种空白就会对被遮蔽的信息产生强烈的召唤。这种“期待—召唤”结构就是“禁果效应”存在的心理基础。

“禁果效应”的实质是人们的好奇心与逆反心理在作怪。好奇心和逆反心理都是人类的天性，所谓好奇害死猫，是说人们往往对自己不了解的事物产生好奇，而逆反则基于人们挣脱束缚、追求自由的天性。

当年，法德两国大战时，法国农学家巴蒙蒂埃成了德国的俘虏。德国监狱里老是煮马铃薯给犯人吃。一开始，巴蒙蒂埃也心存顾虑，但久而久之，他觉得马铃薯味道还不错，而且还能填饱肚子，于是被释放那天，他特地背了一袋马铃薯带回法国。

巴蒙蒂埃回到故乡后马上就开辟了一块园地，他要种植马铃薯。在巴蒙蒂埃的打理下，马铃薯的种子很快就破土而出，其果实也随着时间的推移越结越大。这么好的食物为什么不推广开来呢？但当时的法国没有一个人相信他，以至于在后来很长的一段时间里，巴蒙蒂埃都无法说服人们栽种马铃薯，导致马铃薯在法国无法推广。为什么会

这样呢？原来，在法国马铃薯被称之为“魔鬼的苹果”，在医生的眼里马铃薯是对身体有害的，而农学家则认为马铃薯会使土壤变得越来越贫瘠。

这是多么荒诞的认识！巴蒙蒂埃不信这个邪，于是他采取了一个计策。巴蒙蒂埃把自己的想法告诉了法国国王，让国王批准他在一块以贫瘠著称的土地上种植马铃薯。国王同意了巴蒙蒂埃的决定，从此以后，法国士兵便虎视眈眈地守卫着巴蒙蒂埃的马铃薯地，士兵们白天站岗，晚上就悄悄撤走。这事像长了翅膀一样传开了。别说普通民众，即使法国的牧师们也悄悄议论着：“难不成这马铃薯是国王专用的食材？如果真是这样那它肯定没毒。”

人们终于按捺不住自己越来越重的好奇心，就在暮色降临之际，人们悄悄地溜进了马铃薯地，偷偷地挖出马铃薯带走，然后再若无其事地移植到自己的菜园里。这一切都让巴蒙蒂埃看在了眼里，他暗暗地笑了。就这样，多年来被误认为是“魔鬼的苹果”的马铃薯，如今却名正言顺地登上了法国人的餐桌。

巴蒙蒂埃种马铃薯的故事给我们有很大的启发，那就是运用“禁果效应”可以达到良好的传播推广效果。在营销领域，商家们为了打开产品销路，无不大费周折地在各大媒体上做广告、搞宣传，为的就是提高产品知名度，而有些企业经营者却反其道而行之，有意隐藏自己的信息，给人留下故意躲避的印象，从而吸引人们特别是媒体的关注。待人们努力了解后，才发现原来没有什么特别的，这样人们就对该企业、该产品印象深刻了。

有一家酒店，门前摆了一只大酒桶，上面写着几个引人注目的大字：“不许偷看！”而酒桶周围却没有遮拦。

人们路过这里时，看到这样的字后顿生好奇，禁不住停下来上前探个究竟，看了之后又都会哈哈大笑。

原来，桶里面写着：“本店有与众不同、清醇芳香的生啤酒，一杯五元请享用！”一些大呼“上当”的人，顿时酒瘾发作，纷纷购买。尝过之后发现口感确实不错，于是一传十、十传百、百传千，许多人都特意来这里一饱口福。

这正说明，只要引导得当，“禁果效应”就能发挥积极作用。

行动指南

在销售过程中，不妨给你的产品多一点遮掩，多一点神秘感，给客户留下遐想的空间，充分调动他们的胃口，让客户欲罢不能。

凡勃伦效应，炫富没商量

在任何高度组织起来的工业社会，荣誉最后依据的基础总是金钱力量；而表现金钱力量，从而获得或保持荣誉的手段是有闲和对财物的明显浪费。

——《有闲阶级论》

一天，一位禅师为了启发他的徒弟，给他一块石头，让他去蔬菜市场叫卖，但不要真的卖掉。这块石头很大、很漂亮。师父对他说："你要注意观察，多问一些人，然后只要告诉我在蔬菜市场它能卖多少价钱就行了。"于是徒弟去了。

在菜市场，许多人来看石头。有人说，它可以制作很好的小摆件；有人说，可以拿回去给孩子玩；也有人说，可以把它当做秤砣。于是，人们开始出价，但都只是几个小硬币。

徒弟回来跟师父说："它最多只能卖几个硬币。"师父说："现在你去黄金市场，问问那儿的人。你还是不要卖掉它，只要问问价。"从黄金市场回来，这个徒弟看上去很高兴，远远地看到师父就说："这些人太棒了，他们乐意出到1000元。"

师父说："那你现在去珠宝市场那儿，低于50万元不要卖掉。"于是徒弟去了珠宝商那儿。他简直不敢相信，他们竟然乐意出5万元，他不愿意卖，他们只好不断地加价：10万元、20万元、30万元……最后，他真的以50万元的价格把这块石头卖掉了。

徒弟拿着厚厚的钞票回来了。师父说：“你看明白了？如果你不要更高的价钱，你就永远不会得到更高的价钱！”

上述故事中的现象在生活中也是司空见惯了。我们常看到款式、材质差不多的衣服，标价偏低的会挂置很久无人问津，如果在其现有价格上加几个零，转眼就可能被顾客盯上；差不多的一块腕表，标价72000元比标价720元要卖得火……这种价格越贵人们反而越追捧，价格便宜反倒遭遇“尘封”的厄运。这种现象最早是由美国经济学家凡勃伦注意到的，因此被命名为“凡勃伦效应”，通俗一点说就叫“炫耀性消费”。

随着经济社会的发展，人们的生活水平日渐提高，消费水平也随之水涨船高，人们的购买要求不再由以前的追求数量和质量为标准，而是跨度到了品位和格调的追求上了。这种炫富性消费的心理愿望给销售增添了一抹神秘的色彩。

在北京潘家园古玩城的某玉器商店，店老板让售货员把两副相同的翡翠手镯标上不同的价格出售，其中一副标价2000元，一副标价12000元。这令初来乍到的售货员大为不解：“同样的东西，谁会多花10000元钱去买？12000元的那副能卖出去吗？”老板笑而不语。

下午时分，一群外地游客拥了进来，四五个山西妇女开始挑选各自喜欢的东西。其中一位中年妇女拿起那两副手镯，煞有见地地比较起来。售货员见状也不知如何说才好，于是他干脆保持沉默任由她们自己挑选和评价。看了一会儿后，那位中年妇女说道：“这副12000元的手镯我买了，现在就给我包起来。”

一见同伴付款，中年妇女的一个同伴说：“这副看起来和那副2000元的没啥区别啊？”

但见中年妇女白了同伴一眼，颇有专家风范地说：“你不懂的，有区别，材质不一样。”

一群人在热闹声中离开了玉器店，老板微笑着对售货员说：“怎么样，没骗你吧？”

售货员还是不解地问老板：“她为啥要买12000元一副的？这不是明摆着当冤大头吗？”

老板神秘地笑道：“我也不知道为啥，反正我知道总有人喜欢当冤大头!”

这还不算什么，在杭州西湖附近的一场拍卖会那才叫真邪门。拍卖公司的拍卖品是二两龙井。当时参会者有各界名人大腕，就连茶界老字号吴裕泰茶庄也前来角逐。你知道最后结果是什么?这二两龙井最终以14.56万元的天价被人买走，买主是杭州一家食品公司的老板，吴裕泰茶庄则因价格超出心理承受能力眼睁睁地看着花落他家。

这么邪门的事情肯定有其邪乎的地方，经商家介绍说，在西湖龙井山上生长着18棵茶树，就连树是何人所栽也是有名有姓的，拍卖公司说是宋朝茶王胡刚亲手所植，历代都以这18棵茶树上摘下来的茶为贡品。到大清年间，乾隆皇帝干脆把这18棵茶树所产的茶钦定为“御茶”。拍卖会上的这二两茶就是从这18棵茶树上摘的。

营销领域就是这么让人捉摸不透，正如LV前掌门人Vincent Bastien所说，普通市场营销不适合奢侈品，奢侈品遵循的是反传统营销法则，即“凡勃伦效应”:价格越高销售越多。忘记定位，不要去迎合消费者，奢侈品决定价格，而不是价格决定奢侈品。

行动指南

值得一提的是，“凡勃伦效应”并非对所有的商品都适用。只有那些经常暴露于公众场所或他人面前的，且与顾客个性、身份和品位密切相关的“可见型”商品，“凡勃伦效应”才能发挥。还有，并不是所有的顾客都喜好“高价”商品。在使用这一效应时，销售员要把目光盯在那些正在努力寻求更高社会地位的人身上，他们为了达到自己的目的更愿意与他人进行社会比较或攀比，他们需要的不是物质的东西而是想得到他人的羡慕或尊重，只有这个群体的人才会毫不犹豫地购买那些定价昂贵的商品。

第九章

“堵住”客户的嘴，让他无法说“不”

做销售最笨的做法就是对客户百依百顺，被客户牵着鼻子走。所以聪明的销售人员就要学会让客户无法说“不”，只有这样你才能抢占“上风”，才能牵着客户的鼻子走，那才是销售的最高境界。

惯性法则，引导对方说“是”

习惯不是最好的仆人，便是最坏的主人。

——美国思想家　爱默生

小车往前行驶，当突然刹车时，小车还会向前滑行，这个实验在物理学中叫惯性实验。人的心理活动也有惯性现象，当一个人说“不”时，他会一直“不”下去；当一个人说的“是”越多，就越会答应某一件事。可以说，一个善于借助心理惯性来灵活销售的人，必定是个优秀的销售员。

我们经常见到一些刚刚从事销售行业的新人不知道怎样开口说话，好不容易瞄准了目标顾客，却硬邦邦地说出：“请问您对某某（商品）有兴趣吗?”“想不想购买某某商品?”得到的回答显然是一句很简单的“不”或“没有”，然后又搭不上腔了。

一天中午，有一位客户经过一个服装大卖场，被模特身上的一套西装吸引了。销售员很热情地把他请进来，销售员心想，他很喜欢这套西装，那他一定要买了！于是销售员很自信地给他做产品介绍。

那位客户看了一下，问：“这件西装的价格是多少?”

销售员说：“先生，这西装3180元一套。”

客户听了价位有些惊讶，便问道：“这是什么料子的，怎么这么贵?”

“先生，这是毛加桑蚕丝的，穿起来特别高贵亮丽。”

可是，客户还是觉得很贵。销售员建议客户试穿一下。在销售员的说服下，客户终于决定试穿这套西服。穿上之后，客户很喜欢这种款式，可是还是觉得价格太高。

当时，销售员有些着急了，不想把机会错过。可是不管他怎样认真地说，客户还是下不了决心，虽然他看上了这套西装，最后还是没有买。

像上面这样失败的销售案例比比皆是，这让销售员感到十分困惑。

心理学研究表明：人在拒绝某人或某事时，全身的肌肉、神经、内分泌腺全都被动员起来，采取僵硬的态度；但是，一旦回答“是”，心里便会积极地去接受外界的事物，不再精神紧绷。

那么有没有让对方不说“不”的办法呢？

美国心理学界有一种科学催眠术，就是心理学家在开始催眠时，首先让来访者回答一些“是”的问题。这样重复多次的问答就可以在真正催眠时使来访者形成想答“是”的心理状态。

销售员的话术也一样。在与客户接洽时不妨先提出一些接近事实的问题，让客户不得不回答“是”，这是和客户结缘的最佳办法，对后期的成交非常有利。

下面是一位成功的销售员和客户的对话。

销售员：“好可爱的小狗，是金巴吧？”

客户：“是的。”（事实如此，客户没有选择）

销售员：“看它的毛色，洁白无比，是您每天都给它洗澡吧？很累吧？”

客户：“嗯，是的。不过一旦成为喜好，就不觉得累了。”（客户非常高兴地回答）

这个销售员每当遇到爱犬客户，总是这么非常顺利地与顾客搭上腔，一方面是因为他本身也喜欢狗，另外以这种方式也确实能引起对方的共鸣，从而引导对方做肯定回答，再逐渐转移话题，“言归正传”切入正题。

从心理学角度讲，一个人如果一开始就说“是”，或者连续几次都说“是”，那么对下一个问题的答案也会有说“是”的心理倾向。反之，如果一开始就说“不”或连续说几个“不”，那么对下一个问题就会有说“不”的倾向。这在心理学上被称为“惯性法则”。

所以，在销售的时候，应该尽量选择意见一致的话题，让对方一直说“是”，让他产生一种可以接受的“惯性心理”。这样一来，就能顺利促成交易了。

比如，有一位年轻的客户前来你的珠宝行想购买一条项链，对于同样价值的白金与黄金，她犹豫不决，拿不定主意选哪种色泽，而你作为一名销售员，怕时间久了会影响她的购物欲而离开，这时你不妨使用恰当的对话一步步引导客户说“是”，以确定其购买决心。

销售员：“小姐，你的皮肤很白，一白压三色呀！”（当然，如果不白，你得另外找话题）

客户：“是的，谢谢你的夸奖，别人都这么说！”

销售员：“美容师都说皮肤白的人最好装扮了，配什么颜色的饰品都好看！”

客户：“是的，他们确实这样说过。”

销售员：“那么，这两种颜色的项链配上你的白皮肤都好看，金黄让你白皙的脖子更加妩媚，白金会使你更加典雅纯洁。”

就这样，销售员借助“是”的惯性法则，让客户不可避免地走进她自己的肯定中，从而爽快购买。

行动指南

无论销售任何产品，其结果只有两个：要么是你把“是”销售给了客户，要么就是客户把“不”销售给了你。在双方的较量过程中，引导与被引导一直在交错发生着，跟客户搭上话最好的办法就是先提出一些客观性的话题，也就是容易让客户回答“是”的问题，一旦客户形成了回答“定式”，就对你后面的话题习惯性地接受了。记住，让别人接受他能接受的问题，是与陌生人搭腔的好办法，是说服别人的最基本的方法之一。

欲擒故纵，将销售进行到底

将欲夺之，必固与之。

——《老子》

做销售的都有这样的体验，如果一味地急于求成游说客户购买产品，客户的抵触情绪就越大，结果离成交也就越远。你说这个产品好，客户偏偏认为不好，这情形就如同我们平时去超市购买商品是一样的道理，如果导购太过于热切，你心里一定会咕嘟道：“是不是卖不出去的牌子呀？”于是，你的对策就是自己挑选，唯独不买导购所推荐的产品，按导购的观点对照，他就是欲速则不达。

在销售心理学上有一种策略叫“欲擒故纵”，就是你若想销售出去产品，那就不能操之过急，等吊足了客户的胃口，你再出招，这样客户不买都感觉是对不起你了。

某服装公司生产了一种独具特色的儿童健身裤，在投入市场之前，该公司在媒体上大做广告，其口号就是“只送不卖，送完为止”。

消息传出，立刻引起了成千上万消费者的关注，首批投放市场的数百件样品裤被一抢而空。特别是一些准妈妈们闻讯赶来时却被商场的人告知已经断货了，其神情非常沮丧，但为了不使孩子失望，于是纷纷拨通了该公司的电话，言辞恳切地表示愿意掏钱购置，务必请公司帮忙设法解决一件，以了心愿。同类的电话一连几天响彻不停。公司一看，火候已到，于是，立即将大批早已准备的货物发往各大商场，同时又在媒体上加了一把“火”，声称：“为满足妈妈们的需求，本公司特组织员工赶制了一批儿童健身裤，这几日就可上市，数量有限，谨希周知以免错过良机，每件只收取成本费”，等等。结果投放市场后一直盛销不衰，公司的品牌也因此而被消费者认知，在公众中树立了一个良好的形象。

先让客户尝到甜头，等客户割舍不掉时再转入正常销售，这就是所谓的“欲擒故纵”销售之术，这在销售过程中可以说比比皆是。

某超市正在开展一款新型饮水机的销售活动。虽然这款饮水机的款式新颖，方便实用，但价格却非常低廉，比其他饮水机的价格便宜近一半，一时间吸引了众多正在店内购物的消费者，销售人员现场讲解、现场示范后，当场就有许多消费者掏钱购买。

正当这些消费者准备离开时，超市经理说道：“这种饮水机虽然可以把自来水烧开，但如果有一个净水器的话，所饮用的水会更安全、更卫生，非常有利于人体健康。”

他的一席话让购买饮水机的消费者立即停止了脚步，有人开始问经理有没有净水器，这位经理告诉消费者，这种饮水机的净水器是配套生产，目前只有该超市一家经营。健康可是头等大事。一些消费者开始询问净水器的价格，该经理告诉他们说，净水器的价格与饮水机的价格相差无几。一个小小的净水器居然同饮水机的价格相当，这多少让这些消费者有些接受不了。但出于对家人健康的考虑，这些消费者还是掏钱购买了净水器。

总而言之，“欲擒故纵”策略其实就是一种心理战术，只要你抓住了消费者的心理，那么你也就抓住了商品销售的机会。因为该经理抓住了客户的心理，一开始就抛出了诱人的条件。他知道，如果一开始能以诱人的条件让客户心动，过后再提出附带条件，客户即便感觉有些损失，也往往会接受。

“欲擒故纵”策略是一种有效促进销售的策略。在使用这个策略时，销售人员不妨从以下几个方面入手：

第一，试用产品。我们都去商场买过衣服，那里的销售员总是在怂恿你试穿衣服，一旦你穿上，基本上就是你想要买的那种了。其实销售员用的就是“欲擒故纵”法。还有一些劝说你试用产品，买不买都没关系。这时很多准客户都踊跃参加，结果在他们试用这些产品的过程中，却发现自己喜欢上了产品的功能和特性，再不买就说不过去了。试用产品这一方法，很容易提高产品的知名度和市场占有率，一个忠诚的客户所带来的商机也是不可估量的。

第二，限量销售。将欲取之必先予之，这是销售员经常用的一种

方法，即先给客户一些小恩小惠，以使他们快速接受你的产品，这种方法很好，但有的销售员的方法比这还高明，他可以迫使顾客自己找到商家，要求购买产品。这就是限量销售，限量销售指主要通过控制日销售的产品量或产品总量来诱惑消费者，从而提高产品知名度和受欢迎程度的一种方法。

第三，赠品和打折。产品打折扣其实就是一种“欲擒故纵”的方法。因为大多数人都会贪小便宜，喜欢看到自己实际可以减少的花费，为了迎合消费者的这种心理，很多商品都采用赠品和打折的方式，而事实上，赠品大多只是一些便宜的微不足道的物品，但正因为这些物品的吸引，刺激了消费者的欲望，促成了交易。

行动指南

在销售中，采用哪种计策，要视情、视人而定。适时后退具有后发制人的作用，但要求销售员具有控制局面的能力。销售过程中，如果急于求成一味游说客户购买产品，无疑会让客户产生抵触情绪，结果可想而知，客户偏偏自己挑选，就是不买销售员所推荐的产品。而这时，如果销售员适时地退步，就会产生更好的效果。

转换法，让客户跟着你走

一开始不要急着把产品卖给别人。

——乔·吉拉德

有位法律系的教授，在课堂上讲了这样一个故事，他说：“有个猎人追一只狐狸，狐狸绕着弯跑，猎人开了好几枪都没打中，狐狸冲向一棵大树，钻进了树下的一个洞里，树洞有另一个出口，居然跳出来

一只兔子，猎人喜欢吃兔肉，就去追兔子，兔子一蹿，跳进一树丛，猎人对着树丛开一枪，‘轰’的一声跳出一头黑熊，猎人对准黑熊开枪，发现枪里没子弹了，只好转身就跑。一边跑、一边装子弹，幸亏黑熊跑得不快，猎人回头补一枪，终于把黑熊打死了。”

说到这儿，教授看看下面眼睛瞪得大大的学生问：“怎样？精彩吧！”

“太棒了，从打一只兔子，变成打到一头大熊。”有学生说。

“太有意思了，猎人原来只想打狐狸，结果跳出兔子和黑熊。”另一个学生讲。

“黑熊值不少钱呢！”许多学生交头接耳，“猎人发了。”

“说不定猎人打兔子的那一枪，已经打中了黑熊，”又有个学生说，“所以黑熊跑不快，不然猎人早死了。”

看看学生，教授笑笑：“你们想得都不错，但是为什么没有一个人问‘那原来的狐狸呢？兔子呢？’前面的那个主角到哪里去了？”

然后，教授表情转为严肃，说：“你们要当法官、当律师、做检察官，就得防着不要被人转移了焦点！”

的确，法官、律师、检察官在工作的时候，因为工作的需要，是得防止被人转移了焦点，换一个角度，作为销售人员，你是不是可以通过巧妙地转移谈话焦点而达到自己的目的呢？

当然可以。如果你想在与客户交谈中占据主动，夺取发言权，你不妨抛出你想要谈论的新话题，转移客户的注意，在客户不知不觉中甩掉旧话题。

不过，这通常会遇到一些困难。如果客户正在滔滔不绝地谈他感兴趣的事情，或故意回避你的话题。你突然打断客户的谈话，结果可能会很糟糕，可能你非但没有获得发言权，还会引起客户的反感。

有没有办法让你既获得发言权，又不惹客户不高兴呢？

当然有，就像上面的那个故事，如果你突然把狐狸藏起来了，猎人找不到狐狸，可能会生气，反之，如果你藏起了狐狸，但悄悄抛出了兔子或黑熊，他的注意力就转移了，就很自然地追逐新的目标去了。

谈话也一样，如果对方正聊得痛快，你直接告诉对方“我想说”“咱别谈那事，谈点别的”之类的话，对方肯定会心生不快。这时，你不妨从对方正在谈论的话题中引申出新的话题。

你可以以下面几种方式开头：

“您的话使我想到……”

“记得您以前也说过……”

“听您这么一说，我相信……”

接着便引出完全不同的话题。即使话题向着另一个方向行进，客户也毫无办法。

熟练运用这种“转换法”的高手，首推那些政治家们。看一下某些国家电视转播的国会辩论节目，我们就会发现，面对在野党议员紧追不舍的提问，执政党的大臣们的表现可谓是不慌不忙，他们回答问题时是那样的从容不迫。

“关于那件事情，正如您所说的那样，确实是正确的，但是，关于另外一件事……”

“正如您所说的那样，这确实是一件非常重要的事情，所以，我们会在慎重的调查之后给您以回答，在此之前……”

心理学研究表明，越是紧张的场面，这种心理战术越有效。这是因为，人类的思考模式有一种倾向，当一个人处于极度紧迫的心理状态时，如果突然给以其他方向的提示，他就会在不知不觉中将所关心的事情转向这个方向。

在销售过程中，如果希望自己的主张能得到对方的认同，就要想办法引导对方，让他的思维跟着自己走。通常有以下两种方法：

1. 满足客户喜欢被恭维的心理需求

每个人都喜欢被恭维和赞美，即使有时口头上否定，但在潜意识中也是认同的。人们之所以喜欢被恭维，是因为恭维能满足自我实现的心理需求，能成就自我价值。

刚刚步入销售行业的销售员一定会碰到过这样的情况：自己已经使出浑身解数向客户介绍产品，却还是达不到预期的效果；而那些和客户说说笑笑，对产品只是一语而过的销售员却能最终征服客户。这是为什么呢？关键就在于他们把握了客户喜欢被恭维的心理，先满足客户的这种心理需求，再把话题引向自己期待的方向，所以收到了良好的效果。

2. 用攀比心理来引导客户

每个人或多或少都会有一些攀比心理。如果销售人员能够利用这种攀比心理来引导客户，那么事情就会向着自己期待的方向发展，从而使销售成功。

从消费心理学的角度来说，顾客的虚荣心是商家的最爱，攀比是消费升级的主导力量。道德学者总是告诫说："欲望可以使人进步，但欲望也能将一个人的灵魂吞噬。"适当的欲望可以让我们更加积极地前进，但是过度的欲望就会演变为贪婪，表现为总是不满足，拥有了还要拥有更多。对于销售人员来说，顾客的攀比心理是财富之源。

销售人员在销售的过程中，准确把握客户心理，能说上几句和客户合拍的话，就能收获顾客的感动，让顾客产生亲近感。鼓励他们战胜自己的攀比对象，是有效的销售策略。

行动指南

让客户跟着你的思维走，具体来说就是让客户跟着你的感觉走，让你去引导客户。在客户面前表现出强大的自信和气场，让客户信任你，让他们信任你的专业，让他们对你放心，让他们放心地购买你的产品。

软性套牢，让你的客户欲罢不能

吃人家的嘴软，拿人家的手短。

——民间谚语

所谓"软性套牢法"，就是在销售中先付出物质或非物质的成本，让客户内心产生负债感，从而左右客户去回报你。这是一种"有心插花盼花开"的"人质策略"。这种隐蔽的商业操控策略，会让客户在

不知不觉中被商家所“套牢”。

不少女性朋友都有过这样的经历，一旦你驻步某化妆品专柜时，销售小姐就会甜言蜜语地让你免费试用，大庭广众之下，你放不下身段，于是就在半推半就下享受了她们的服务。化好妆后的你如同美艳明星，越看越美，此时销售小姐会不失时机地来游说你，而你自然会产生“无功不受禄”的心理，怎好意思说出拒绝的话，于是掏出腰包买下化妆品。

记住，这才刚刚开始，后面的手段还多着呢。销售小姐随即向你推荐各种化妆品，告诉你：上妆之前，别忘了粉底，为了加强立体感，眼影、眼线笔、腮红、口红都是不可缺少的，最后也是最重要的，卸妆水及卸妆用品更不可少。

这就是典型的“软性套牢法”。软性套牢法的基本原则是销售中先付出物质或非物质的成本，让客户内心产生负债感，从而左右客户去回报对方。这种施甜诱导法和“略施小惠法”差不多，但两者之间有一个明显的差异：后者是“无心插柳柳成荫”，前者则是“有心插花盼花开”；一个消极、无特定的目标；一个积极、并希望立即呈现正面的效果。

有个年轻人一心想学跳舞，于是他从舞蹈学校请来了一名舞蹈教师，相约一起练习两小时。在去舞蹈室的路上，年轻人特地买了两瓶运动功能饮料，一瓶给自己，另一瓶是给老师准备的。

见到老师，两个人相互打招呼之后，年轻人对老师说：“今天天气很热，老师您辛苦了，一会儿一定会很口渴。我顺便给您带了瓶功能饮料，解渴提神。”说完就把一瓶饮料递给了老师。老师虽然有些不好意思，不过也没说什么就拿上了。

练舞的时候，在年轻人的要求下，老师带他练了一套舞蹈动作，但这些培训内容其实并不在当天的教学计划之中。因为年轻人缴纳的是50元1小时的培训费，其培训内容只包括一些基本动作。而要学习完整的舞蹈动作，需要缴纳的培训费是100元1小时。然而，面对年轻人的要求，老师并没有拒绝，还把原来的2小时训练时间增加到了3小时。最后，老师也没有额外向年轻人多收一分钱。

这是为什么呢？原因就在于那瓶功能饮料。年轻人的一瓶功能饮料让老师感觉自己得到了实惠，于是从内心产生了受之有愧、需要回报的想法。在这种“人质策略”下，他被“软性套牢”了，后来就给了年轻人较大的回报。

年轻人只用一瓶功能饮料就获得了需要花300元的培训内容，算算只花了3元钱的付出，就得到了300－50×2＝200元的收益，付出是回报的66.6倍！不难看出，“人质策略”的威力是多么巨大！

俗话说：“吃人家的嘴软，拿人家的手短。”对方给你一点好处，你下次就会找机会回报给对方，否则心里就总觉得不安，正所谓“无功不受禄”。

李女士带着女儿走进一家保健品专卖店。

销售员丽丽：“您好，您需要什么样的保健品？”

李女士：“抱歉，只是随便看看。”这时，李女士的女儿哭喊着要出去玩，李女士不得不哄女儿。

销售员丽丽：“这样吧，大姐，我来帮您看着小妹妹，等您看完了再把她带走。”

李女士：“这怎么好意思呢？”

销售员丽丽：“没关系的大姐，小妹妹这么可爱，我很喜欢她的。”

李女士：“真不好意思，那就麻烦你一下了。”说完，李女士开心地去看保健品。买完她想要的保健品后，回来接女儿。

李女士：“谢谢你，辛苦你了。”

销售员丽丽：“没什么，我可喜欢小孩了。”

李女士：“你们这有调血脂的保健品吗？”

销售员丽丽：“有的，大姐，这个就是最近新出的降血脂的产品，效果很好的，仅昨天就卖出50盒。您看看这种产品适合您吗？”

李女士（仔细看了看说明书）：“嗯，看起来蛮不错的，那我先买两盒吧。如果吃了感觉不错的话，我会尽量让我的同事们也来你们这买。”

销售员丽丽：“谢谢大姐的支持。您女儿真可爱！”

案例中的“软性套牢”策略就是利用了人们的这种回报心理。所以，想要获得什么样的回报，并不在于对方想给你什么，而在于你曾

经给了别人什么。当你实实在在地为别人做了些事情之后，别人就会想方设法回报你。

行动指南

“软性套牢”法的操作要领是：第一，主动让客户“欠”上你的“债”。你可以通过多种途径，全面了解你所要面对的客户，也可以从客户的言谈举止等来判断客户的经济实力和性格特征。对客户有个大概了解后，便可以寻找机会“帮忙”。第二，与客户同乐。我们给客户一些小恩惠，自然是想得到客户的回报。但不可否认的是，在帮助别人的同时，其实我们在无形之中也得到了快乐。毕竟，如欲取之，必先与之，助人为快乐之本！

诱推法，步步为营，诱“敌”深入

可激劝士卒，拔寨前进，步步为营，诱渊来战而擒之。

——《三国演义》

一般人常有一种心理：在逛街时，随口对商家杀价，如果杀得下来就买，杀不下来就算了。但当你这么开口问商家“老板，开个最实在的价吧”时，请注意，阁下已经快掉入销售人员的陷阱了！

这时候，高明的商家很可能会回一句：“如果真的有意要买，我们再来谈价钱。”

这时，客人多半会被“激怒”：“干吗？以为我是问着好玩的？今儿我就跟你耗定了！”

无形中，让自己在一个不属于自己的谈判架构里谈判，一开始就居于劣势。

销售中，销售人员常会为了推销产品而不择手段，其手法有高有低，高明的人会事先布局，让消费者在不知不觉中“陷入”自己设好的局里，这就是销售中所说的“诱推法”。诱推法一般需要经过销售人员的精心策划，在诱导中让客人接受，从而达到销售成功的目的。

炎炎夏日，酷热难当。某饮料品牌的几个销售人员开始推销起这个品牌的饮料来。由于产品刚上市，销路并不理想。

起初的几天真是难熬极了，整天在烈日下满街跑，许多店家都把他们请了出去，连日征战依然没有任何结果。最后，其中一个成员想出了一条妙计。

第二天一早，他们多数人都打扮成衣着随便的市民，只有少部分人还保留之前的衣着。经他们分析，穿得笔挺，一看就知道是销售，店主就会产生防范心理，所以大多数店主都采取了不合作的态度。而这样一打扮，就成了消费者，对方不会一下子就看出他们是销售人员而拒绝他们了。

到了目标客户的店里时，他们并不像之前那样一下子冲进去说个没完，而是采取了诱推法。

最初，他们先派一个同事扮作顾客向店主打听有没有某品牌的饮料。如果他说有，他们就立马撤出来；如果说没有，他们就要深入“作战”。他们会派另一位同事过来，同样问一下是否有他们那个品牌的饮料。如此反复，慢慢的店主就有些留意了。店主一看，这么多人都问他这个品牌的饮料，想必这种牌子的饮料很受消费者喜爱。最后，他们再派一个衣着笔挺的销售员进去，顺势说自己新上市的饮料市场反响非常好，然后再提产品性能怎么样，效果如何等。此时，店主再也不会厌烦地将他送出门。时机成熟时，同事再趁热打铁，店主就高高兴兴地订了货。

就这样，连着去了好几个地方，效果都很不错，他们的销售额远远超出了计划。

诱推法可以在各种类型的销售中应用，如果运用得好，就能收获大笔的买卖。

比如，有栋房屋开价 310 万元，但各方面条件都不如附近其他房子。由于屋主缺钱，只要有人出价不太离谱，他都会卖。这是一栋 8

年以上的二手房，当初取得时的成本低，现在怎么卖都还是赢家。

经过中介一阵促销广告后，来了一个准买家。

这位客户一身珠光宝气，脖子上戴了一条很粗的金项链，手上戴了一颗3克拉以上的钻戒，手表是价值25万元以上的劳力士……

看过房子后，他开始和销售员大谈其发财之道，自己多有钱……他还宣称自己是房地产专家，而且买房地产就像买菜一样。他对这栋房子的评鉴结果是“还不错”。

销售员听这位老兄一直夸夸其谈，心想已经是时机了，于是带点挑战的口吻顺口说道：“既然不错，价钱对您又是小意思，那就付钱买呀！”

“买是可以，钱当然更不是问题，但我认为你的价钱高了一点。现在楼市这么不景气，我有钱还怕买不到房子？”

销售员马上抓住机会，说道：“钱不是问题，房子也不太差，那您总有个出价吧！”

客户一听，立刻毫不犹豫地出价：“280万元！280万元我就买。”

销售员立刻跟道：“您出价那么低，一定有诚意，这么大笔买卖，我们可不收支票！您若真有诚意要的话，我可是要收13万元现金做订金的啊！”

客户一听，立刻不甘示弱地说：“钱嘛，我多得是，只怕这个价钱你不敢收钱，这可是一笔280万元的大买卖哟！”

销售员眼见对方已掉到“请君入瓮”的策略里，怕时间一拖对方后悔了不买，当场收下订金，拍板成交。

收了订金后，销售员立刻跟屋主联系：“10分钟前有个买方出价280万元，对方为了表示诚意，还付了13万元订金，但他要我们在30分钟内决定。如果这个价钱您不卖的话，待会儿我就将这13万元订金还给人家。现在只剩20分钟了，我得马上给对方回话，您看怎么办？”

屋主一听，二话不说，立刻同意。就这样，简单的一来一回之间，不到一小时，就完成了一笔280万元的买卖。

一个月后，附近的屋主纷纷找上门来，愿意以280万元以下的价格委托这位销售员来销售。

指引好方向，让客户顺着往里钻，就是让客户进入你的逻辑、你的布局里谈判。所谓“强龙不压地头蛇”，对方又怎么能不败下阵来呢？

行动指南

“诱推法”的要领在于精心策划，逐步诱导准客户接受产品，最终达到促成目的。“诱推法”的原则是步步深入又自然，不露痕迹。否则，客户一旦识破你的计谋，会引起更强烈的防御心理，甚至愤而拒绝，最终错失成交。

暗盘优惠，你好我也好

施予人，但不要使对方有受施的感觉，帮助人，但给予对方最高的尊重。这是助人的艺术，也是仁爱的情操。

——《冲破人生的冰河》

有一个男子，家里平时都是妻子买菜，休假期间，他有时间了就陪妻子去菜市场买菜，结果发现妻子每次为了买一块肉，宁可绕过二三十个肉摊，来到一个并不特别起眼的摊子前：“老板，给我切3斤五花肉。”

“哦，李姐啊，你好！你好！”

然后，他压低了声音说：“今天的五花肉不够好，太肥了，怕腻人。你不如改买梅花肉，今天的梅花肉特别瘦、特别嫩，我照老价钱给你好了。”

“好，那就来3斤吧！”

丈夫很纳闷地问：“你买肉从来都不挑，也不问价钱吗?”

“不用问，这家老板跟我很熟了，我是他的老主顾。他说肉不好，应该就是肉不好，不会骗我的，而且他的价钱一向都很公道。”

老板很快就切好了3斤肉，一看确实比3斤多了一点点，然后又顺手切了块瘦肉当添头，一起包了起来。这时，丈夫才恍然大悟，为

什么这个摊子的生意会比别的好很多。

市场经济的最关键因素是市场营销，卖出去才是硬道理。对于消费性商品而言，如何才能让客户主动又长期购买呢？最好的策略就是给予适当的“暗盘优惠”。否则产品都是明码标价，客户和销售员又不是朋友，凭什么一定要到你这家买，让你赚这个钱呢？反之，如果客户与销售员是朋友，那买东西却没有点“暗盘优惠”，又怎么算得上是朋友呢？更何况是不是朋友都没有什么关系，有了“暗盘优惠”，会更容易变成朋友。

安娜是一家奶粉公司的销售人员，最近她要“攻克”一家有名的妇产科诊所，因为如果有了他们的推荐，奶粉就能大卖。但经过调研后，安娜发现这家妇产科诊所现在主推的是另一家的奶粉，但是她仍然不放弃，不定期地到诊所走一走、发发新资料。

有一天，安娜又来到这家诊所发新资料，隐约间听到有个医生说想要去烫头发，但不知道去哪一家烫比较好。

“我知道，王医生，某某街就有一家发艺工作室，他们的美发师的手艺很好的。”安娜说。

“是吗，你知道详细地点吗？”医生又问。

“就在……”安娜欲言又止，她的脑海中突然闪出一个念头：何不现在就带她去烫头发呢？

于是，她话锋一转，接着问医生现在有没有空。

“有啊，要做什么？”医生好奇地问。

“走，我现在就带你去做头发。”

安娜打电话给美发师，确认他有空之后，立刻坐车带着医生到了发廊。当医生在烫头发的时候，安娜就在一旁与她聊天。

“安娜，真没想到你这么有魄力，马上带我来。”医生说，“其实，我想烫头发已经想了好几天了，别的奶粉销售人员听到我想烫发，都只是口头告诉我××家的几号设计师而已，我真的想不到你竟然亲自带我来烫发！”

结果，经过这次烫发之后，但凡有人来咨询宝宝要吃什么品牌的奶粉时，诊所就会推荐安娜销售的奶粉。有了诊所的帮助，安娜的业绩扶摇直上，成为公司最优秀的销售人员。

在生意场上，这种暗盘优惠的手法，由于效果明显，经常为高明的商家采用。的确，“朋友归朋友，生意归生意”，商家跟你一不是亲戚，二非朋友，如果能给你额外的实惠和好处，作为消费者，岂能不动心？

行动指南

从心理学的角度来讲，每个人都喜欢被他人重视，希望自己能够在同样的情况下得到特殊待遇。销售中的暗盘优惠策略就是利用了人们的这种心理，在客户看来商家的这种优惠他们可能无法得到，一旦自己得到了就觉得有种被优待的感觉。这是赢得客户内心的一个妙招。比如，对于回头客，你一定要不断地给客户一些优惠。今天送盘水果，明天送盘点心，后天送瓶好酒。给客户撑足面子的同时也让他看到实惠所在。如此一来，只要有所需，客户第一个想到的就是你而不是别人。

|第十章|
你的计划，客户的腿

美国营销学家卡塞尔说：“生意场上，无论买卖大小，出卖的都是智慧。”销售人员要将产品出售给顾客，就要掌握专业的推销技巧。销售人员如何才能让客户一步一步地按自己计划的去做，是完成订单的关键。

“意向引导”是一种积极的力量

人在社会交往中都会把自己的真正心思严密地保护起来。

——瑞士心理学家　荣格

所谓“意向引导”，就是使客户的头脑中产生一种想象，并使这种想象对交易成功有所帮助。意向引导在销售过程中起的作用很大。通过意向引导，客户就能在买东西的过程中变得特别积极，心中产生一种希望尽早成交的愿望。

下面的这个销售场景就是一个很好的说明。

毛毛是一位大二的女生，现在她要去眼镜店配一付隐形眼镜，戴上隐性眼镜毛毛甭提有多美了（在毛毛看来戴框架眼镜太难看）。

看着毛毛满意的神情，营业员开始了她的攻势：

营业员：“毛毛，你戴上隐形眼镜真好看，但是从保护眼睛的角度来说，你最好在戴五六天之后卸下来，让眼睛休息一两天。”

毛毛在思索，不戴眼镜怎么看清东西呢？

营业员：“你一定碰到过这样的情况，就是晚上睡觉时如果半夜里起来上洗手间，假如地上有水你会不会看得清？”

毛毛似乎想到了这点，是，夜里起来如果没看清地上的水，地很滑，可能要摔跤了，怎么办？

营业员：“所以，我建议你最好再配一副框架眼镜，这样做个准备，你就可以避免这种情况带来的危险了。”

营业员继续进攻，说：“其实，每个戴隐形眼镜的人基本上都有框架眼镜作为备用，一来可以替换隐形眼镜让眼睛得以休息，二来在不方便之时也可应急。还有，如果你能选上一款合适的镜架，这样戴起来非但不难看，还给你增添了几分文雅之气，从某种程度上来说是可

以改变一张脸的含义！”

在上述事例中，营业员通过几次运用“意向引导”的手法，再配合张弛有度的销售用语，这样的成交率是较高的。

再来看一个实例：

“我们公司日前出台了一项新的投资计划，现在正招募投资者，如果您现在能小投一笔，不出几年，您的那笔资金就大幅增值，足以供您的孩子上大学。待到孩子上学时，您就高枕无忧了。您知道，现在上大学没有一大笔积蓄是很难的。您说对吗？”

有一点需要特别指出的是，当你对客户进行了以上暗示之后，务必给他们一个思考缓冲的空间，切忌急于求成。要让你的种种暗示融入到他们心中，使他们在潜意识中就能接受你的暗示。

该进攻时就进攻，如果你认为已经到了探询客户是否购买的最佳时间，你可以立刻对他发起攻势，不妨对他们说：“每个父母都希望自己的孩子接受高等教育，儿女成才这是人之常情。不过您是否考虑到，怎样才能避免将来这种沉重的经济负担？而现在对我们公司进行投资，则完全可以解决你们的忧虑。对这种方式，您认为如何？”

当销售深入到实质性阶段时，客户有可能对你的暗示加以考虑，但不会十分仔细，一旦你再对他们的购买意愿作试探时，他们会再度考虑你的暗示，坚信自己的购买意图。

客户进行讨价还价，会使他们洽谈的时间加长。这时销售员必须耐心地、热情地和他们商谈，不断强化那是他自己的意图，直到买卖成交。

行动指南

销售之前要做好准备，从此刻开始就向客户做有意识的、肯定的暗示，使他们走进你已设定好的局面。意向引导的运用中，虽然所有行动都是你安排的，但一定要让客户形成这样一种认识，就是一切都是他自己设计的，一直到交易成功之后，他都觉得自己占了便宜。

真诚地给客户戴顶高帽

爱戴高帽，自受全套。

——《天谷老人小儿语补》

古时候有一位官员，最讨厌别人拍他的“马屁”。还没有上任，他就事先发布了一条公告，不许任何人对自己拍马屁、戴高帽。上任那天，迎接他的一位官员和他一阵寒暄之后说：“下官为官二十多年，拜见过几十位来此地上任的高官，还是第一次遇到像大人您这样作风清正、严于律己，公开不许下官拍马屁的人。这真是此地百姓之福啊！”

这位官员听自己的下属这么说，心里美滋滋的。

这个官员第一天上任，他下面的人就给他戴了一顶舒舒服服的高帽子。尽管他下过命令不许人们吹牛拍马，遇到别人拍他马屁不还是优哉游哉的吗？

喜欢听好话是人的天性。从心理学角度来讲，每个人都喜欢被别人抬高，显得自己很有学识、很有才华、很有地位和权势。

乔·吉拉德就是一个乐于给客户戴高帽的销售高手。

一天，一位父亲带着他的女儿走进汽车经销店，这个父亲的目的是想买一辆小轿车作为礼物送给女儿罗斯，因为罗斯马上就要大学毕业了。乔·吉拉德了解了这位准客户的目的后，开始了他的推销之术。他先是通过一通赞美，使那位父亲处于一种骑虎难下的状态——如果不买车的话，这会令他非常尴尬。“你知道吗？罗斯，”乔·吉拉德对那位父亲的女儿说，“你太幸运了。”“这话怎样讲？乔·吉拉德先生。”罗斯满脸疑惑。“因为你有一位让所有人都羡慕的父亲！”乔·吉拉德用一种柔和而夸张的语气说，“在我还很年轻的时候，我非常希望能有和你一样的一个伟大的父亲。我想你应该感谢你父亲为你买了这么一辆漂亮的车。”

“是的，乔·吉拉德先生，我的确很感激我的爸爸。”假如这样热忱的话都无法让那位父亲动心的话，乔·吉拉德真不知道该怎么办了。事实上，还真有那么一些铁石心肠的父亲令乔·吉拉德不知如何处理才好。但是他这样说的时候，心里确实是真诚的，乔·吉拉德也确实希望这位父亲能够以慷慨的方式表达自己的爱，而且，他也确实钦佩那些如此善待子女的父亲们。

先给客户戴高帽子，再把产品推销给他，这是一种巧妙的开场白，可以让成功的概率更大。

有位非常高傲的老板，每天趾高气扬，一副唯我独尊的样子，许多人都不敢接近他。一位销售员很早就听说了这位老板的脾气，一天，销售员去拜访这位老板，一见面就微笑着说：“张总，您好！我很早就听说您是个非常爽快的人，年纪轻轻就事业有成，我还听说您特别富有同情心。我就喜欢和您这样爽快的老板合作，办起事情来痛快，一副大将的风范。”

这位平时总是板着面孔的老板听销售员这么一说，不由自主地露出满脸的笑容。他不好意思推辞这样恭维、尊敬自己的销售员，于是就爽快地签了单。这位销售员的成功正是借助于那些恭维客户的话，所以客户不由自主地由冷若冰霜变得春风满面起来。

心理学研究表明，绝大多数人是不自信的，他们的不自信不是由于天性的羞怯，也不是由于自身能力的不足，而是由于每个人都有理想，而他们的理想基本上是那种不可能完全实现的远大抱负。同时，人又具有社会性，渴望社会的认可。一个人的理想与现实之间的差距越大，就越需要社会的认可来消除不安。

正因为这个原因，恭维所能发挥的功效通常比想象的还要大。如果你知道你的恭维对象对自己的办事能力没有足够的信心，你更不应吝啬你的“高帽子”。只要你的高帽子戴得合适，即便他心里还在想着“不”，面对你的问题，哪怕再棘手，他嘴里也会不由自主地说“是”，并且想尽办法去帮你解决。

行动指南

给客户戴高帽子是一种艺术，如果让客户感觉出你说出的话假惺惺，是一种低劣的吹捧，他立马就会产生反感。所以，给客户戴高帽子务必让他感觉到你的话是真诚的，是由衷的赞叹。只有发自内心，客户才会被你的溢美之辞打动，才能对你的话感兴趣。戴完高帽后，客户正沉醉其中，此时，你要不失时机地切入正题，以最快的速度成交，切忌把话扯得太远，别忘了你的初衷是交易。

“偶然”就是机不可失时不再来

偶然是世界上最伟大的小说家。

——法国作家　巴尔扎克

从统计学上来说，偶然发生的事是一个小概率事件。从这个角度来说，“偶然”的机会很难得，一旦错过了，就很难再碰见，正如一句俗话说的，“机不可失，时不再来”。也正因此，人们对偶然事件总是充满了好奇和期待。销售中不妨人为地制造些“偶然”，激发客户的好奇心，刺激客户做出购买决定。

心理学家曾做过这样一个实验：

他们给大学生一些硬币，让他们来做掷骰子的赌博。结果发现，大多数学生都是在掷骰子之前下的赌注大。这是为什么呢？因为学生们都觉得靠自己的努力能使骰子按自己的意愿转动。不过，这根本没有任何逻辑上的依据，只是人们的错觉而已。

上述实验结果就是心理学上的控制错觉定律，即对于一些非常偶然的事件，人们总以为凭自己的能力可以支配。但客观上来讲，偶然性的事件是受到概率支配的。就比如实验中的掷骰子，你扔硬币 1000

次，正面和反面的概率一定都非常接近50%。但是哪一次是正面，哪一次是背面，是偶然的、不可预测的。

“偶然”的难以支配性反而增加了人们的好奇心，同时也增强了我们想要控制偶然事件的欲望。那些满街跑的销售员正是运用了这一点，才获得了丰厚的效益回报。

日本著名心理学家、作家多湖辉用自己亲身经历的一件事情证明了人们对偶然事件的好奇和不可抗拒的探究欲望。

一天，多湖辉在书店签名售书，当时他坐在堆放着书的桌子后面。来书店的读者只是远远看一下，没有一点想过来购买的意思。再加上仪式搞得过分正规，读者根本无法随意靠近。

多湖辉突然想到一个奇妙的办法，他让店员将桌子搬到店内的通道上，将他所写的书和其他人的书自然地排放在一起，然后在书店的广播里连续播音：“今天，偶尔有幸请到多湖辉先生光临敝店，为购书者签名，请各位不要客气。”结果，读者纷纷前来索要有他签名的书，很快就销售了一大部分。

一些销售员就巧妙地抓住了客户的这种心理，从“偶然”层面来说服客户。

萧萧是某保险公司的一位销售员，她每年的销售业绩都是公司第一位。她看上去只是一个很普通的女性，长相平凡，也没有什么特殊的气质，怎么也看不出她是能创造业绩的销售高手。一开始，公司许多员工都百思不得其解。但是，有一次，听到了她的销售经验之后，他们终于恍然大悟。她第一次与客户见面的时候，常常会说：“其实，我这个人也不相信所谓命运之类的东西，但是无论如何都还是非常希望你能购买我所推销的这份保险，我感到这是一种命运的安排。”

接下来，她常说的话就是：“前不久有一位客户接受了我的劝告，购买了生命保险，就在她购买保险两个月后，她的丈夫突然不幸身亡了……我的那位客户是我在路上而且是在同一个地方三次偶然遇见的一个家庭主妇。她认为这种不可思议的相遇是一种缘分，于是就购买了我的保险……”

萧萧的高明之处就在于，她会不断地向客户强调“偶然”和“命运”的必然联系。试想，我们谁不想一辈子平平安安？谁又愿意去招惹不好的“偶然”呢？因此，人们为了抗拒这种不好的“偶然”，最终选择买她的保险。

在销售中，我们的销售人员不妨将“偶然”条件运用其中，相信一定能使客户产生奇妙的反应，最终，客户会为了防止不好的“偶然”或为了掌握好的“偶然”而转变态度，进而安心地购买你的产品。

行动指南

俗话说，“机不可失，时不再来”，做销售就要给客户造成这样一种感觉，让他觉得你的产品生逢其时，错过了这个村就没那个店的感觉。看似偶然，传输给客户的却是一个颠扑不破的真理，那就是“偶然”是给有准备的人准备的，偶然是必然的一种补充，它是必然结果的另一种体现。

让客户的好奇心助你一臂之力

人们对被刻意隐瞒的事物总是表现出强大的好奇心。

——心理学中的辛普森效应

时下有不少父母让孩子学钢琴，但孩子却不吃这一套，这让家长们束手无策。为了让孩子们“恋”上钢琴，不少家庭上演了无数次“钢琴大战”。其中有一个家庭还真取得了极佳的效果。这个家长的策略是，她买回来了一架高级钢琴，放在自己卧室，不许孩子碰它。果然，没过几天，孩子实在按捺不住自己的好奇心，问：“妈妈，钢琴不是给我的吗？为什么不让我碰？”妈妈严肃地说：“这架钢琴是最高档的，价格非常贵，反正你现在也不想学了，别给我弄坏了！”孩子心想：有什么了不起的。于是，每当妈妈外出时，她就悄悄地溜进妈妈的卧室偷偷弹琴。

在心理学家看来，要想让一个人产生行为，自愿去做某件事，就必须在他的潜意识上下工夫，只有他的潜意识接受了他才会自动自发的喜欢，进而迸发出巨大的能量。那么，人的潜意识中对什么最敏感呢？那就是让他感到好奇的东西。就像上述案例中的那个小孩的妈妈一样，不让孩子碰钢琴，这就激发了孩子的好奇心，有一种不让弹非要弹的欲望。而纵观其他家长打骂式的策略都是无效的。

好奇心是个体对新异和未知事物想知的倾向，是个体重要的内部动机之一。作为个体重要的人格特征，好奇心是一种非常有推动力的人类天性。这是因为人们对自己不了解的事情总会充满好奇，尤其对那些有一点点了解却又不完全了解的事情，更是充满了好奇。

英国的十大推销高手之一约翰·凡顿的名片就是一个很有说服力的例子。为了引起顾客的好奇心，在他的名片上，每一张上面都印着一个大大的25%，下面写的是“约翰·凡顿，英国公司”。当他把名片递给客户的时候，几乎所有人的第一反应都是相同的：“25%，是什么意思?”约翰·凡顿就告诉他们：“如果使用我们的机器设备，您的成本就将会降低25%。”这一下子就引起了客户的兴趣。约翰·凡顿还在名片的背面写了这么一句话：“如果您有兴趣，请拨打电话。”他将这些名片装在信封里，寄给全国各地的客户。结果，许多人的好奇心都被激发出来了，客户纷纷打电话过来咨询。

那么如何激发客户的好奇心呢？以下方法可以采用：

1. 提出刺激性问题

对未知的事物感兴趣是人与生俱来的特点，这就为引发好奇心提供了一个良好的基础。销售员如果能提出一个比较好的问题，就能激发出客户的求知欲，顺藤摸瓜继续问下去就达到了最终的目的。比如，遇到一个年龄稍长点的人，你不妨这么问：“您好！我能请教您一个问题吗?”这不仅激发了人们对问题的兴趣，还引出了好为人师的天性。一般来说，客户会欣然接受你的问题，他们也会很认真地回答。除了销售刚开始的时候设法引起客户的兴趣之外，在销售程序发展的其他阶段，也还有许多机会可以利用刺激性的问题和陈述来引导潜在客户做出令人满意的决定。

2. 只提供部分信息

有些销售员花费了大量的时间来满足客户的好奇心，却很少想过努力激起客户的好奇心。试想，如果你的客户对你的产品已经了然于胸，他们还有什么理由非见你不可呢？同样，如果在第一次见面，你没有给客户留下什么好奇的话，他又有什么理由要听你的销售陈述呢？很明显，客户已经掌握了自己需要的所有信息，或者他们已经从你的表达中捕捉到了核心信息，他们自然就没有必要再进行下一步了。所以，如果你希望客户像胶水一样黏上你，就不要在一开始就把你所有的家底都抖搂出来，一定要有所保留，这就给客户造成了一种悬念，那就是你后续还会提供更多的信息给他，这样他的好奇心就会自然而生。

3. 显露价值的冰山一角

最好让你产品的价值显露冰山一角，而非全貌。产品价值就如诱饵一样在客户面前晃来晃去，只有不被他们完全捕到，他们就一直有想要获得更多信息的好奇心。因此，客户一旦开口询问，你就达到了这一步的目的：成功引起客户好奇，使客户主动邀请你进一步讨论他们的需求和你所能提供的解决方案。这种技巧实际上就是利用刺激性的问题来提供部分信息，让客户看到价值的冰山一角。以下是一些对客户的提问：

销售员："如果我们的产品能帮助你提高产量40%，你有兴趣看一次具体的演示吗？"

"稍微改进一下，你就可以极大提高投资回报率。你希望我详细说明一下吗？"

"有顾客通过调整维护系统节省了大量开支，你想知道有多大吗？"

谁不想知道如何省钱、提高产量或投资回报率？随便问上述哪个问题，客户都很自然地想要了解更多情况，你不就有了一个愿意给予你时间和注意力的好奇客户了吗？

你还可以用这个技巧来确定客户还有其他什么问题，并暗示他你可以提供解决方案。

行动指南

在激发客户的好奇心时，销售员要注意两个要领：第一，不论你以何种方式引起客户的好奇心理，目的都是想出奇制胜。但由于每个人的文化水平、心理差异都有不同，有些看似新奇的事物，在另一人看来却索然无味。所以在激发客户的好奇心时最忌讳的就是弄巧成拙，从而为接近客户增加了无法逾越的障碍。第二，在引起客户的好奇心理时，其内容必须与销售活动有关。如果客户发现你所玩的游戏与销售活动毫无关系，可能会立即转移注意力，并失去兴趣，你也就无法打开销售局面了。

你的善意让他无法拒绝

谁给我一滴水，我便回报他整个大海。

——中国著名地质学家　李华梅

我们知道，很多时候回报与付出之间是不对等的，甚至是不公平的。当人家给了我们某种好处时，我们就应该给予一定的回报，而不是不闻不问，无动于衷。而到底应该给予什么样的回报，其操作的灵活性是很大的。很多时候，因为别人的恩惠给我们造成的负债感，使得我们情愿用更大的好处来偿还。“滴水之恩，当涌泉相报”。在这种心理作用下，交往或者交易中就会导致不对等、不公平状况的出现。

在第一次世界大战中，德国有一种特种兵，他们的任务是深入敌后去抓俘虏回来审讯。有一个德国特种兵曾多次穿过两军对垒前沿的无人区，带回敌军士兵。这次他又出发了，他很熟练地穿过两军之间的地域，出乎意料地出现在敌军战壕中。

这时，只见一个落单的士兵正在毫无戒备地吃东西，一下子就被他缴了械。那个士兵手中还举着刚才正在吃的面包，这时，那个士兵本能地把一些面包递给对面突然而降的敌人。这也许是那个士兵一生中做得最正确的一件事了。

面前的德国兵被这个举动深深地打动了，他良心大发，没有俘虏这个敌军士兵，虽然他知道回去后上司不会饶恕他的。

这个现象很奇怪，一个战无不胜的德国特种兵为什么这么容易就被一块面包泯灭了斗志呢？心理学家给出的解释是，人们都有这样的心理，就是得到别人的好处或好意后，就想要回报对方。就如那个德国特种兵，他虽然从对手那里得到了一块面包，或者他根本无意要那个面包，但是对方的善意让他放下了屠刀，即使这善意中包含一种恳求，但这毕竟是一种善意，当他毫无掩饰地很自然地表达出来时，一下子就融化了他的杀气，在德国兵看来，无论怎样都不能把一个对自己好过的人当俘虏抓回去，甚至要了他的命，否则他就丧失了人性。

如果销售员能够巧妙地应用这一心理效应，则可以帮助自己在销售中征服客户，顺利签单。因为，没有人愿意总是被一种负债感压迫而感觉不快，人们往往宁愿遭受一些物质上的损失，也不愿意背负心理上的重担。

魏冉是一名优秀的保险推销员，即使再难对付的客户，他都能够轻松应对，因为他不管遇到什么样的突发状况，都能够冷静思考，理性对待，并善于从客户的角度看问题，替客户考虑，从不意气用事。

一次，他去拜访一位姓王的客户。按响门铃以后，便等着客户的接待。可是等了好大一会儿，王先生才打开门，便问他是做什么的。魏冉刚刚表明身份，王先生便骂了一句："又来骗人，离我远点吧，我讨厌你们这些卖保险的！"说完之后，"砰"的一声就把门关上了。

这样的情况虽然让人猝不及防，换作是别人可能早就愤愤地离去，但是魏冉很快就冷静下来，想必客户是被假冒的保险推销员欺骗过．因此对销售员失去了好感。于是他又一次按响了门铃。王先生开门发现还是他，便又发作，冲着他大发脾气，说了一些难听的话。魏冉面对客户的责骂没有做任何反驳，而是等到王先生数落完之后，认真地说："王先生，先向您表示深深的歉意，我为我假冒的'同行'对您造成的伤害表示歉意，希望您刚才的抱怨和责骂能够消除心中的怨气，从此拥有愉悦的心情。"

王先生从没有见过主动上门找骂的人，看魏冉诚恳的样子，不像

是坏人，反而对自己刚才的失态感到后悔和内疚。王先生顿时觉得心里很是不安，于是把魏冉请进屋里谈话。

魏冉坐下以后，对王先生说："我想您一定对我们保险推销员有很多误解和抱怨，愿意听取您的教训和指责。"一句话勾起了王先生的无限感慨，于是他开始打开话匣子，对魏冉诉说自己被骗的经历。在聆听的过程中，魏冉对王先生的遭遇表示同情，表情也变得严肃起来，对那些假冒的保险推销员显示出愤恨和不满，使王先生感觉到他是和自己站在同一立场上的。

这些微小的细节让王先生受到莫大的安慰和支持，心中十分感动。当他确定魏冉的真实身份之后，减少了戒备之心，最终为自己的全家每人购买了一份保险，还将自己的一些好友介绍给魏冉，以此作为回报。

在销售中，如果能够巧妙地运用互惠原则，使客户产生负债感，便能够在回报意图的作用下，有效地促使客户接受你所推销的产品，并从交易中获得更大的利益。

行动指南

俗话说伸手不打笑脸人，只要你释放出了真诚的善意，总能打动对方的。有时候我们总是遭遇到客户的拒绝，不是我们的产品有问题，而是你所流露出的"善意"过于虚假。让客户感觉到你是真正对他们好，他们自然会给你回报，投桃报李说的就是这个意思。

"黑脸—白脸"，配合的力量

一手独拍，虽疾无声。

——《韩非子》

我们经常在一些警匪片中看到这样的剧情：警察把犯罪嫌疑人带到警察局审问。首先进来的审讯官显得凶神恶煞，他用一切手段威胁嫌犯。然后这个侦探就被一个神秘电话叫了出去，随后进来一个审讯官则是温和友善的人。他慢慢坐下来，同罪犯促膝交谈。他们的动作通常是这样的，首先递给罪犯一支烟，说："我告诉你，其实情况真的没有你想的那么严重。从我个人来说，我知道你犯了法，为什么不让我来帮帮你呢？"一番热心肠的话一下子就把罪犯的防御大堤给瓦解了。接下来的事情就顺利多了，罪犯往往会坦白自己犯下的所有罪行。

上述案例中的审讯官使用的其实就是一种叫"黑脸—白脸"的策略。黑脸—白脸策略是销售谈判中常用的一种技巧。

小王是广州某服装公司的销售主管，他正在和一家 IT 公司谈一项 1000 件西服的项目。双方经过多次电话沟通后，基本确定了 650 元/件的价格，并约好在下周二当面谈妥。

周二这天，小王来到了这家 IT 公司，接待他的是采购部的张经理。突然，IT 公司的李总经理推开会议室的门，说是要了解一下相关情况，采购部的张经理说："李总，我正在广州服装公司的王经理讨论西服的事情，如果您有空，不妨坐下来听听？"很自然地，李总坐在了会议室里。

旁听了几分钟后，李总突然站了起来，一脸严肃地对张经理说："小张，我觉得广州公司的西服价格有些高，你就看着办吧，我先走了。"

于是，张经理面色尴尬地说："很抱歉王总，我们李总一向都是这个脾气，你别往心里去。其实我个人还是觉得你们的产品挺不错的，我们继续往下谈。"

稍稍停顿后，张经理又说："如果贵公司能在价格上有所变动，我想我还是可以向李总争取争取。"

上述案例中，"黑脸—白脸"策略发挥到了极致，销售员不可不知。

一次，美国著名商业大亨休斯想购买大批飞机。他计划购买 34 架，而其中的 11 架更是非到手不可。一开始，休斯亲自出马与飞机制造厂商洽谈，但却怎么都谈不妥，还弄得双方不欢而散。不过，休斯仍旧不死心，于是找了一位代理人帮他出面洽谈。休斯告诉代理人，只要能买到他最中意的那 11 架，他就很满意。而谈判的结果令人振奋，这位代理人居然把 34 架飞机全部谈妥！休斯十分佩服，便问代理人是怎么做到的。代理人回答："很简单，每次谈判一陷入僵局，我便问他们——你们到底是希望和我谈呢，还是希望再请休斯本人出面来

谈？经我这么一问，对方只好乖乖地说：算了算了，一切就照你的意思办吧！”

俗话说，独木不成林，要使用“黑脸—白脸”发挥效力，至少需要有两名谈判者配合方可，并且不能同一时间出现在谈判现场。否则，如果其中一个人给对方留下不良印象的话，另一个也会受到影响，这对接下来的谈判非常不利。

第一位出现的谈判者往往需要唱“黑脸”，他的责任就是激起对方“这个人不好惹”的反应。而第二位谈判者则需要扮演“白脸”，也就是“好好先生”的角色，使对方有松了一口气的感觉。就这样，二者交替出现，轮番上阵，直到达到目的为止。

销售过程中，销售人员在使用“黑脸—白脸”策略时，成功的关键就在于制造了一定的对比效果。利用人的心理特点，将焦点从“价格”转为“相对比较便宜”上来。只要两个销售人员中有一个能坚持下去，随即再转由另一个较为好商量的销售人员来谈，一旦客户的情绪得到了释放，就有机会促成交易。

行动指南

在使用“黑脸—白脸”策略时一定要谨记：你的目的是在谈判中尽量减少对抗情绪，同时成功地给对方施加压力，或者提出对你方有利的条件。所以，当你识别出对方正在使用这一策略时，最好不要直接指出，因为这样会让对方恼羞成怒，谈判也就没法进行了。

给客户赢的感觉

在相同的情况下，人们愿意同他们的朋友做生意。在不同的情况下，人们仍然愿意同他们的朋友做生意。

——销售俗语

我们每个人都有这样的体验，就是在做决定的时候有一种恐惧感，

原因就是我们害怕做出错误的决定。反应在销售活动中，就是客户在做购买决定时往往心生恐惧，即便他做出购买决定后这种恐惧感也会存在，总担心自己花错了钱或是多花了。

这种心理体验其实就是营销界的泰斗卢泰宏先生所说的“购后冲突”。所谓购后冲突，是指消费者购买之后出现的怀疑、不安、后悔等不和谐的负面心理情绪及其引发的不满行为。从心理学角度看，购后冲突是由于认知失调所引起。所谓认知失调，就是两个认知之间出现逻辑上的不一致，如明知过度沉溺网络会影响学业，但仍痴迷而不能自拔。

“购后冲突”对成交的负作用是很大的。在客户看来，选择某一产品或品牌是以放弃别的选择为代价的。当他们体验到这种“不和谐”和“冲突”时，他们会试图去降低这种冲突。办法包括：增加对所选产品的欲求感，减少对未选产品的欲求感，降低购买决策的重要性，退货等。所以，即便客户选择了你的产品，也跟你签约了，但这并不能说明你的销售是成功的，因为你不知道什么时候“购后冲突”会半路杀出。因此，只有避免或减少“购后冲突”的发生，你的销售才是成功的。要想减少这种情况的发生，就要在成交后让客户觉得是他赢了，让客户感到100%安全。而且，这样还可以加大客户与自己再合作的概率。

那么，如何做才能减少客户的购后冲突，让他觉得是他赢了呢？销售员不妨从以下两方面来入手：

1.努力给客户足够的信任感

有一句古老的销售俗语是这样说的：“在相同的情况下，人们愿意同他们的朋友做生意。在不同的情况下，人们仍然愿意同他们的朋友做生意”。这句俗语的意思就是人们往往愿意和熟悉的朋友做生意，即使与陌生人做生意，他们往往对你是试探性的反应，主要表现为：拒绝或拿同类产品打压比较等，这些心理壁垒其实都源于信任度和情感还不够。

所以，要想消除客户的这种心理障碍，你只有不断地向客户提供各种证明，让客户对你产生信任感，只有这样，客户购买你推销的产品时才会安心。对于产品存在的某些不足之处，你也要向客户说明，表达出你对客户的真诚，让客户从你这里获得足够的信任感后再购买

产品，这时客户的购后冲突就会自然而然地减少。

比如，某鞋店最近上市了一批新款鞋，但这批鞋上都存有小小的瑕疵，那就是右脚鞋和左脚鞋上的装饰品不是一般大小，虽然不怎么明显，但毕竟是它的不足之处。对此，鞋店里的两名导购员在向客户介绍产品时，态度却截然不同。一名导购员很直白地告诉每一位打算购买这款鞋的顾客，并对他们说明这么小的瑕疵不会影响舒适感，也不会影响整体的美观。她的顾客大部分都接受了这款新鞋的不足，满意地将鞋买走了。而另一位导购员却向顾客隐瞒了这款鞋的不足，结果因为这个原因要求退货的全是她的顾客。

2.掩饰成交时的喜悦

每个获得成功的人都会表现出喜悦或兴奋，这是很常见的事情。但是作为一名销售员，在客户与自己成交后一定要掩饰自己的喜悦，因为你的过度激动或是不经意间的一个小动作，都可能会让客户觉得你的喜悦来自于他的冲动成交，这时客户的购买冲突就出现了，接下来他很有可能违约。看下面一个案例：

销售员："这份保险可以合理地利用您的闲置资金……"

客户："不错，我也这么认为。可是，我有一个同学就在保险公司，她正在帮我设计一份最适合我的保险呢。"

销售员："您的同学一定会替您全面考虑，给您设计出一份完美的保险。想必，您的同学一定知道您目前的收入状况吧？"

客户："这个嘛，他怎么好意思问呢。"

销售员："是这样啊，可是这是非常重要的。保险的设计一定要以保险人或他的整个家庭收入与支出为依据，这样才会让保险额度充足，而客户的负担也不会加重。"

客户："我同学推荐给我的保险很不错的，听他说是6倍型的呢。"

销售员："这个保险我知道，额度很高，只是它不具备终身性。"

客户："难道终身保险就好吗？"

销售员："那可不。现在人们活到七八十岁绝对没有问题，一般人60岁之前就退休没有工作了，如果退休金和储蓄不足以养老，那么保险就是另外一份退休金。这样不光可以满足自己的生活需要，还能减轻孩子的负担。您说是不是终身保险好一点？"

客户想了想，觉得这个销售员说得很有道理。

客户："看来，你对业务非常熟悉，并且能从客户的角度出发考虑问题。那你帮我设计一份吧，我就从你这里购买了。"

销售员："那太好了！"接着还兴奋地小声说了一句"我终于成功了！"

客户听到销售员这句小声的嘀咕后觉得不可思议，心想我会不会上当了呢？于是连忙说："请等一下，我想我还是先问一下我的同学再做决定吧。"

如果这个销售员能掩饰一下自己的喜悦心情，这笔生意就做成了。有时正是这样一个小小的动作影响了大局面。所以，销售员一定要谨记：掩饰自己成交时的喜悦，不要功亏一篑。

行动指南

要想避免客户"购后冲突"的发生，首先要让客户对你有好感，让他对你产生信任感，你要敢于暴露你产品的不足，真诚地给他们提出建议；还有就是"得意不可忘形"。成交后，要对客户表示恭喜，要让他觉得在这次交易中是他赢了，这样他才会感到踏实。当然，除了恭喜，你还应该适时地提出一些问题，来表明自己对这次交易的谨慎，这样可以有效地减少客户的购后冲突。

第十一章
在谈判中“俘虏”客户

在谈判中，运用恰当的策略，对方的思路就会跟着你的思路跑。从对方的表现中我们可以看出他会做出怎样的反应，它能告诉应采取什么样的措施在谈判桌上“俘虏”客户。在谈判桌上游刃有余，能达到自己目的的，才是谈判高手。

放得长线，钓得大鱼

放长线才能钓大鱼。

——比利时大亨　阿尔贝·弗莱尔

大唐时期，京城中有位窦公，聪明过人，是一个极善理财的人，但因自己财力有限，很难施展赚钱的本领。

窦公在京城中四处逛荡，以求赚钱门路。一日，他信步来到郊外，却见一处青山绿水，风景优雅，一座大宅院就藏在其中。窦公打听到此宅原来是一官宦的外宅。他绕着宅院仔细考察了一番，他发现有一水塘，塘水清澈，直通小河，有水进，有水出，如此好的地方，却闲置无人管理。窦公喜上眉梢，顿感生财之路向他招手。于是他用非常低廉的价格就买得了这块“不中用”的困地。

窦公购得水塘后，又筹借了些钱，请工匠把水塘砌成石岸，疏通了进出水道，种上莲藕，然后再在池塘中放养金鱼，四周再围上篱笆，种植了各种花草。

次年春，那位宦官在家休假，偶然来到后花园，发现花园被打理得如此雅致，让他艳羡不已。窦公看在眼里，明在心里，他知道鱼儿上钩了，立即将此地奉送。

如此一来，两人成了要好的朋友。一日，窦公装作无意地说起他想去江南走走，那名宦官忙说：“这有何难，我给您写上几封信，让当地官吏多加照应就是。”

窦公带着这几封信，如同拥有了尚方宝剑，他在江南的几个州县开启了他的生意之旅，不到几年便赚了大钱，而后又回到了京城。

一日，他又看中了皇宫东南处一大片低洼地。那里地势低洼，无人问津。于是，窦公又以低廉的价格购得了这块洼地。然后，他雇人从邻近高地取土填平，在上面建造馆驿，专门接待外国商人，并极力模仿不同国度的房舍形式和招待方式。馆驿一经建成，便顾客盈门，

连那些遣唐使们也乐意来往。同时又辟出一条街来，建起各种娱乐场所，把这条街建成“不夜城”，整日游人爆满。没出几年，窦公赚了个钵满盆满，成了海内首富。

窦公为了钓到贵人不惜血本作钓饵，关键是他耐性极好，鱼儿上了钩竟然浑然不觉。他的这种技巧就是“放长线，钓大鱼”。

放得长线，钓得大鱼，技巧就在于不要急于收线扬竿，不妨先有节奏地收几下线，慢慢地把鱼拉近岸边；一旦大鱼挣扎，便又放松钓线，让鱼游窜几下，再又慢慢收钓。如此一收一弛，待到大鱼精疲力尽，无力挣扎，才将它拉近岸边，用提网兜拽上岸。

销售也是一样，如果你把客户追得太紧，别人反而觉得你有企图，所以，你要耐心等待，等待喜讯的来临。

乔·吉拉德是世界上最有名的营销专家之一，被吉尼斯世界纪录誉为“世界上最伟大的推销员”。他独创了一种巧妙的促销法——有节奏、有频率地“放长线钓大鱼”，被世人广为传诵。乔·吉拉德认为所认识的人都是自己潜在的客户。对这些潜在客户，他每年要寄上 12 封广告信函，每次均以不同的色彩和形式投递，并且在信封上尽量避免使用与他的行业相关的名称，这样，乔·吉拉德的名字每年就有 12 次机会在愉悦的气氛中来到这个家庭。

乔·吉拉德没说一句“请你们买我的汽车吧”，但这种“不说之语”，不讲推销的推销，反而给人们留下了最深刻、最美好的印象。等到他们打算买汽车的时候，往往第一个想到的就是乔·吉拉德。

有一个人买了一台摄像机，却无生意可做，于是找他的朋友商量对策。他的朋友给他出了个点子，让他到幼儿园把孩子们的活动录下来。他真的按朋友的建议去了十几家幼儿园，拍摄了 3000 多个孩子的生活录像，编号存档，并送给每个孩子一张照片，背面留下了通信地址。

十几年后，他的录像成了抢手货，价格卖到平均 20 美元一盘。有一位美国家长看到自己孩子的那些珍贵镜头后，一高兴给了他 1000 美元。

销售的成功，往往需要时间的积累。客户签单需要有一个过程，有的客户从认识到签单，要经历 2 ~ 3 年甚至更长的时间。因为思想和观念的改变、经济状况的好转等因素的影响使销售往往不是一蹴而就的，所以做销售不应急于求成，而是要学会长期经营。

放长线钓大鱼，在心理学上叫做“延迟满足”，是指一种甘愿为更有价值的长远结果放弃即时满足的抉择取向以及在等待中展示出来的自制能力。

延迟满足是一种心理成熟的表现，用我们平常的话说就是“忍耐”，即为了追求更大的目标，克制自己的欲望，放弃眼前的诱惑。

行动指南

放长线要放在有大鱼的地方，才有钓大鱼的可能。如果你把长线放在游泳池里，那必然是徒劳无功。所以，为了实现你的目的，你需要长久地付出和忍耐。谁能耐心地等待很久以后的结果，谁就能取得巨大的成就。因此，那种在客户面前稍微付出一点投资就急于要求回报或者购买产品的举动是不恰当的。我们要顺其自然，尊重客户的实际需要，给予客户空间与时间去好好选择与思考，要舍得付出和投入，学会放长线钓大鱼。

说“不”的艺术

拒绝是一种权利，就像生存是一种权利。

——著名作家　毕淑敏

价格谈判永远是销售谈判的重心，为了各自的利益，谈判双方展开了激烈的争论。怎样在价格谈判中获胜还真得好好琢磨一番。当客户提出的价格过于苛刻时，你自然就会无法接受，进而拒绝他。但是，你的目的是成交，而不是抛弃这个客户。那么怎样做才能既明确地拒绝了客户的条件，同时又不会失去这个客户呢？

谈判专家告诉我们，当你在拒绝客户时，最好不要直截了当地拒绝。因为，采用这样的拒绝方式，会显得太武断、不够灵活，甚至还会给人一种没有素质的感觉。还有，你要保存客户的颜面，如果让客户下不了台，伤了客户的尊严，很快就会使谈判陷入僵局。那么，如何做才能两全其美，做到友好地拒绝呢？下面这几个非常“艺术性”的拒绝技巧是很值得销售人员借鉴的。

1.选择有利时机说“不”

何时说“不”的要领就是宜巧不宜早，你要拿捏好火候，否则你过早的让步只能给对方增加期望，因为他们知道你还有让步空间，如此将会把自己陷入两难境地。

来看一个案例：

销售员：“您觉得还有哪些问题?”

客户：“我主要是觉得产品的价格太高，如果你能将价格调低一些，我会认真考虑的。”

销售员：“这样吧，每件产品我再降 50 元，这是最低价，不能再降了。”

客户：“这个价格也不低，能再降一些吗?”

销售员：“我计算一下……最多只能再降 5 元，再多就真的不能了。”

客户：“你们通常在付款方式上有什么要求?”

销售员：“先预付一半，另一半货到即付。”

客户：“我恐怕做不到这一点，因为我现在没有那么多现金，货到 3 个月后一起支付可以吗?”

销售员：“对不起，公司一直没有这样的先例，而且我也没有这样的权力。”

2.先倾听，再说“不”

客户的要求有可能超越你的底线。此时你很生气，也很担忧。生气的是你觉得对方是胡搅蛮缠，担忧的是如果谈不妥，则会失去这个客户。此时怎么办？谈判专家的忠告是要倾听对方。倾听能让对方先有被尊重的感觉，在你婉转表明自己拒绝的立场时，能避免伤害到他或让他觉得你只是在应付。倾听的另一个好处是，你虽然拒绝了他，却可以针对他的情况建议如何取得适当的支持。若是能提出有效的建议或替代方案，对方一样会感激你。

当你开始说“不”的时候，态度必须是温和而坚定的。好比同样是药丸，外面裹上糖衣的药就比较容易入口。同样的，委婉表达拒绝，也比直接说“不”更让人容易接受。

3.让自己说“不”时显得很艰难

为了在关键问题上获得客户认同，销售人员可以先在细枝末节的小问题上表示出适度的让步，这样可以使客户感受到你的诚意，同时也可以使客户在关注小恩小惠的时候淡化其他问题。在让步的同时明确告诉客户，你作出这样的决定非常艰难和无奈。除了明确告诉客户之外，销售人员还可以通过请示领导、拖延时间、示弱等方式让客户感觉到这样的让步已经很难得了。比如当客户提出某项要求时，即使这些要求可以实现，销售人员也不要爽快答应，而要通过一点一点地微小让步来显示让步的艰难，这样可以降低客户过高的期望。掌握这一技巧十分重要，如果销售人员在让步时表现得非常轻松，那客户会认为你还有更大的让步空间。

4.始终留有沟通空间

有时候，销售人员和客户可能会针对某一问题相持不下，比如价格问题或付款方式的问题等。这时销售人员需要注意，你应该为自己留有充分的余地，而不要在没有丝毫退步余地的时候与客户僵持，因为这样很容易导致前功尽弃。

如果在客户的步步紧逼之下，销售人员已经没有丝毫让步余地了，这时也要为之后的有效沟通留有一定空间，不要使局面绷得太紧。

来看一个案例：

客户：“只要再降一点点，我立刻付款提货。”

销售员：“这的确是最低价了，再降一丝一毫我都要赔本，否则我就不会让您耽误这么长时间了。”

客户：“是啊，你也耽误了不少时间，如果就因为这么一点点钱做不成生意，那岂不是太可惜了吗？”

销售员：“的确有些可惜，如果您不再坚持的话，那咱们就都不用耽误时间了。”

客户：“那我还是到别家看看吧……”

销售员：“您可以上别家打听打听价格，不过我可以保证这绝对是最低价了，如果您看完以后还是觉得我这里合适的话，那就再来找我们，我还以这个价卖给您……”

其实，拒绝并非一把冷冰冰的刀子，更不是那急风暴雨式的子弹，只要你方法得当，在和风细雨、潜移默化中将对方的拒绝化为乌有。记住，拒绝对方不合理的条件是必需的，拒绝的艺术是销售员在和客户谈判时必备的一种谈话技巧。

行动指南

销售人员每一次与客户沟通的过程其实就是在进行一场商务谈判，要想实现双赢的谈判目标，就必须学会说“不”：不要过早让步，不要首先在关键问题上让步，不要一次做大幅度让步，不要没有任何回报地让步。让步的目的是为了你和客户之间实现双赢，这时销售人员必须考虑利益的充分实现，如果无法确保自身利益，那就不要让步。

善意“威胁”，以刚制刚

天与未来都会有特别多的新机遇涌现，更关键的还是靠人的善意。

——腾讯董事会主席兼首席执行官　马化腾

逢年过节，我们总能发现一些商家在开展“限期促销活动”，这个所谓的“限期”意思很明显，就是“过期不候”。虽然消费者心知肚明，但面对这些诱惑，还是会疯狂地加入购物大军。

所以，在和客户进行谈判时，不妨也学学这种策略，适当地给客

户一点“威胁”。很少有顾客主动购买你的产品的，此时，就需要销售人员去说服。但你的口才再好，有些客户还是不吃你这一套，这个时候，就需要你改变销售策略，给顾客一个“善意的威胁”，告诉他，假如他不买的话，将受损失等暗示语，以此勾起顾客主动购买的欲望。

其实，人们都很讨厌他人威胁自己，哪怕是善意的“威胁”也不例外，所以，“威胁”不是随意使用的。在“威胁”客户前，你要弄清楚客户最关注的是什么，用词上不能用谎言欺骗客户，必须在尊重和关心客户的基础上有技巧地进行说服，否则，你将弄巧成拙，引起客户强烈的不满情绪。

适当的时候，适当的地点，给客户一点善意的“威胁”，更能坚定客户购买你的产品或服务的决心，而且还能促使客户主动缩短沟通的时间。所以说，销售人员掌握这种说服技巧还是很有必要的。

小璐是一家电器产品的销售员，她正在面见客户张小姐。

和张小姐寒暄过后，小璐向张小姐介绍了自己推销的电器。张小姐说：“不好意思，目前我并没有这方面的需要啊，如果有需要的话，我一定会给你打电话的。你把你的电话留给我就好了！”小璐知道这是张小姐在下逐客令了。于是小璐赶紧报上了自己的电话，然后接着说：“听说你的男朋友就要过生日了，就你跟他感情的要好程度，一定能永远在一起幸福地生活的。”

张小姐感叹道：“虽然说我跟他关系不错，但这么长时间了，两个人之间的感情都有些淡了，未来还真有点没把握了。”

小璐说：“两个人之间时间久了是会变淡，这就需要动点脑子，来点惊喜了。”

张小姐无奈地说：“虽然我也试图给他一些惊喜，可是效果却并不好，最后还大吵了一架！”

小璐接着说：“这个我倒是可以给你一些建议。我们公司目前有一个新产品，叫语音娃娃。你可以把你任何想说的话都录下来，然后送给他，让他听到你的心声……”

接下来，小璐就把“语音娃娃”的好处说了个遍。当看到张小姐满脸高兴的样子时，她说：“你想想，要是你不能在他过生日的时候给他一件有意义的礼物，他一定会感到很失望。我们的‘语音娃娃’一

定会让他感受到您的心意，每次看到它，他就会想起自己这个值得纪念的生日。其实呢，这种‘语音娃娃’的销量非常好，现在我手上只剩下3个了，再要的话还得到总部拿货呢！到时候要是错过了你男朋友的生日，可是会很遗憾的！”

“好吧！那你现在就回公司，把那个‘语音娃娃’给我送一个过来，我还想给我男朋友一个惊喜呢！”张小姐迫不及待地打断了小璐的话。

这个世界上没有任何一个人喜欢听到威胁的话，客户更是如此。因此，我们所要说的“威胁”和你想象中的恶意恐吓没有任何关系，这是销售人员通过对客户的认真分析之后，对客户做出的一种善意提醒。

再看下面一个案例：

山本先生完全有能力购买家庭保险，他很关心自己的家人。可是当原一平劝他投保时，他总是提出异议。

原一平凝视着山本先生说：“山本先生，您比任何人都关爱家人的安全和健康，应该签订一种‘29天保险合同’。”山本先生问道：“‘29天保险合同’？这是一种什么保险方式？”

原一平解释说：“简单地说，‘29天保险合同’与过去我向您介绍的合同保险金额是相同的，满期退还金也是完全同额的。而且‘29天保险合同’还具有和同类保险同样的重要功能：第一，设想您万一失去支付能力而无力交纳保险费用，或者因为意外事故而造成死亡时，则约定‘免交保险费’；第二，假如出现上述问题时，保险公司必须要对您履行‘发生灾害时增额保障’的义务。希望您不要介意，这完全是为了说明这个问题进行的设想。”

刚才还出现在山本先生脸上的喜悦表情这时已经荡然无存了。原一平说：“山本先生，如果您现在马上让我从您家出去的话，我会认为那是情理之中的事情。因为我说了不应该说的话，我提议的这种保险方式是对您和家人的不负责任，而您对家人的责任感却相当强。我在说明这种‘29天保险’时说，您每月有一天或者两天没有保障，我担心您会想：‘如果我正是在这个时间里发生意外伤害怎么办？’”

此时山本先生还有什么可说的呢？他高高兴兴地购买了费用最高

的那种保险，因为他要保证自己和家人时刻都处于一种足够安全的保险体系当中。

当销售人员告诉客户，他此时不购买产品可能会失去某些利益时，对客户的触动可能要比告诉他这种产品多么好更大。

“威胁”策略应该与产品益处说明等正面说服方法相互结合，否则就会引起客户的不安，从而造成沟通中出现不愉快的局面。

行动指南

这个世界上没有人愿意被威胁，客户更是如此。“善意的威胁”其实是想让对方懂得利害关系，产生遗憾感。威胁只是手段，而不是目的。威胁应该主要放在对于不良后果的说明上，这样才能起到说服作用。低程度的威胁很难说服人，因为客户觉得无所谓，对于听到的威胁往往会一笑了之。但如果过分夸大内容，反而会弄巧成拙。

用好时间之手

浪费自己的时间等于慢性自杀，浪费别人的时间等于谋财害命。

——鲁迅

如今是信息化时代了，人们的时间观念非常强烈，对于谈判活动，其中很重要的一个原则就是时间观念。比如，谈判时要做到守时守信，这是对客户的友好与尊重。参与谈判中的各种活动，都要按约定的时间到达，既不要过早，也不要过晚。若登门拜访，则需要提前约好，不要贸然造访。如果遇到特殊情况不能按时赴约，则需设法提前通知对方，切忌无故失约。还有，在谈判过程中不要拖延时间，这些“时

间观”产生的都是负效应，只有“准时”，才体现出交往的诚意。

总之，谈判时间的选择适当与否，在一定程度上影响着谈判的效果。一般来说，应注意以下几种情况。

（1）避免在身心处于低潮时进行谈判。例如夏天的午饭后、人们需要休息的时候不宜进行谈判。按照人体生物钟来看，下午是一个人最想要休息的时候，这时的人最容易犯困。因此这个时间段所做的事情最好以重复、说明、证实或考察等为主，而不要谈论你的一些新想法、新概念。一天里，时间越靠后，人的状态就越不好。要知道，下午是喝下午茶休憩的好时间，却不是谈生意的好时间，如果你想让谈判有个好的结果，那最好避开这个时间。

（2）避免在周一早上进行谈判。上班族都有这个体验，就是周一早上很难集中精力去工作，因为你的肌体还处在周六日的休息状态中，还没有进入工作状态，所以最好不要在这个时间段去跟客户商谈。

（3）避免在连续紧张工作后进行谈判。对于你自身来说，在经过高强度的紧张工作后，思维很难活跃起来，这时候跟客户谈判往往会很被动，因为你的思维跟不上客户的思维；对客户来说，如果他劳累过度，也很难集中精力应付你，即便你们谈了，达成的也是口头协议，待等他们体力恢复了，此前的协议还有可能被推翻。

（4）避免在身体不适时进行谈判，尤其是牙痛的时候，口腔难受，影响你的表达能力，也很难使你专心致力于谈判之中。

（5）避免在傍晚时分谈判。现代心理学、生理学研究认为，下午4点至6点是人一天中的疲劳时间。无论在心理上还是身体上都已达顶峰的时候，容易焦躁不安，思考力减弱，工作最没有效率，因此在这个时候进行谈判是不适宜的。

（6）如果你是卖方谈判者，那你最好避开买方市场；反之，你要尽量避开卖方市场。道理很简单，因为这两种情况都难以进行平等互利的谈判。不要在最急需某种商品或急于出售产品时进行谈判，要有一个适当的提前量，古人云“凡事预则立”就是这个道理。同时要注意时间因素的重要性，如夏天买棉衣，冬天买风扇，落市时去买菜，淡季去旅游，选择对自己最有利的时机。

行动指南

时间的重要性不言而喻，要想在销售过程中占得主动权，就不得不考虑到时间的因素。抓住时机，适时谈判，就可以在对方有强烈、紧迫需要时雪中送炭，获取较高的售价；或者在对方急于出售商品时，有讨价还价的余地，最后能低价购买。时机给谈判者带来了希望，关键就看你是否有把握时机的眼力和运用时机的勇气。

在哪里谈的确是个问题

天时、地利、人和，三者不得，虽胜有殃。

——《孙膑兵法》

20世纪70年代，美国一个名叫洛伦兹的气象学家在解释空气系统理论时说，亚马逊雨林里的一只蝴蝶翅膀偶尔振动，也许两周后就会引起美国得克萨斯州的一场龙卷风。蝴蝶效应用通俗的话来说，就是在一个动态活动中，起初条件下十分微小的变化经过不断放大，其未来状态可能与最初的有天壤之别。这一活动的持续时间越长，复杂性越高，其变化的程度就越显著。

销售谈判就属于动态活动的一种，因此洛伦兹的蝴蝶效应同样也适用于此。参与谈判的双方不断发现新的信息，并会采取一系列相应的新战术和特殊举动。一些在起初看起来是很随意的举动但在后续的谈判进程中却发挥出关键性的影响。因此，销售员要对这些可能会影响谈判的变动因素进行预判和计划。

准备工作有很多，除了大量的注意事项外，还有一个重大考虑事项就是——谈判应该在何处进行？尽管这看似小事，但谈判地点却能

够对谈判双方的关系产生深远的影响。

许多销售员喜欢约在自己熟悉的地方谈判，而一旦到了别人的“地盘”上，会觉得浑身不自在，有束手束脚的感觉。如果客户对你还不是很信任，或者你为了向客户展现你自己的实力，你大可主动邀请客户来自己的单位考察。因为人在自己的地盘上都会有“东道主”的心理优势。当然，你也不能因为在你的一亩三分地就肆无忌惮。俗话说“礼多人不怪”，一定要维护好你在客户心中的形象。

如果客户邀请你去他们的公司谈，你也不能推辞。这时你就要仔细观察、了解客户各方面的情况，包括客户本人、员工、机构、管理等方面，特别在决策方面，你一定要搞清楚客户是一个人单独决定还是开会讨论决定。除了这点，你还要感受一下客户方对你的重视程度。比如谈判的规则，什么时间，有多少人参与等。兵法云“知己知彼，百战不殆”，你对客户方了解得越多，谈判成功的可能性就越大。

如果谈判的地点既不是你方，也不是客户方，而是约定的一个地点，比如饭店，这样其实更公正一些。饭店是一个不错的洽谈场所，在这里谈生意的效果一般都会很不错。有时候，平时办不了的事情，在饭桌上，在推杯换盏之间就顺利完成了。当然，除了饭店，其他地方比如咖啡厅、茶馆等，都是很理想的地方，这里清静雅致，文化氛围浓厚，有益于缓解谈判过程中的刀光剑影，可能会在和谐的谈判中取得不错的效果。

谈判地点的选择是很有技巧的，要视情况而定。一家日本公司与另一家公司共同承担风险、进行经营，但问题是现在双方都不太了解对方的信誉，于是谈判陷入僵持之中，双方都不知如何下手。这时，有人提议让两家公司的决策人在一个特别的地点会面商谈。这个地方不是什么高级饭店，也不是什么高雅场所，而是选在了一个喧闹的火车小站，车站门口有一座狗的雕塑，站台上人来人往，但很少有人关注这个狗的雕塑。其实关于这个雕塑狗还有个传说：有一名叫“巴公”的犬，它对主人非常忠诚，一次主人出门未归，它连守数日不吃不喝，可它最终也没等到主人归来就死去了。后来人们把它称为“忠诚巴公”，把它当成了“忠诚和信用”的象征，并在这传说的地方为它塑了像。当两个公司的决策人来到这里，双方都心领神会，此时根本不需要太多的言辞，于是双方就地签订了合同。

行动指南

谈判地点的选择有很多，但不论在什么地方谈判，都应该让客户觉得有希望。抓住客户的心理，无论在任何地方谈判，都让他围着你转，这才是高明的选择。

扫去客户心头的担忧

安全感是一种从恐惧和焦虑中脱离出来的信心、安全和自由的感觉，特别是满足一个人现在（和将来）各种需要的感觉。

——美国心理学家　马斯洛

在销售过程中存在着这么一个问题，即客户对销售人员大多存有一种不信任的心理，他们认为从销售人员那里所获得的有关商品的各种信息，往往不同程度地包含着一些虚假的成分，甚至还会存在一些欺诈行为。于是，有很多客户在与销售人员交谈时，认为销售人员的话可听可不听，往往不太在意，甚至抱着逆反心理与销售人员争辩。

客户之所以会产生顾虑，很可能是因为在他们以往的生活经历中曾经遭遇过欺骗，或者买来的商品不能满足他们的期望，也可能是从新闻媒体上看到过一些有关客户利益受到损害的案例。所以，他们往往对销售人员心存芥蒂。

聪明的销售人员都知道，如果不能从根本上消除客户的顾虑，交易就很难成功。所以，在销售过程中迅速有效地消除客户的顾虑，对销售人员来说是十分必要的。通常有以下几种方法：

1. 和客户成为朋友

人在潜意识中总是相信自己的朋友，相信跟自己熟悉的人，而对

陌生人往往有一些排斥和戒备，这是人之常情。如果你能够让你的客户感觉你就是他们的朋友，你的销售其实就成功了一半。如果你和客户交上了朋友，那他们对于你所说的一切，都会奉为神明；他们会对你的商品质量深信不疑，他们就永远成了你的“被说服者”。正如一位金牌销售员所说的：“作为销售人员，你不是要打动客户的脑袋，而是要打动客户的心。因为心是离客户钱包最近的地方，是客户的感情，脑袋则是客户的理智。”也就是说，合格的销售人员要通过打动客户的感情让客户产生购买的想法。

2. 让客户感觉到获利而不是受骗

美国著名的社会心理学家马斯洛认为，“安全感是人类要求保障自身安全的需要，也是仅次于生理需要的人类必须满足的基本需求”。基于惯性，熟悉的东西往往会给我们心理带来安全感，而购买行为则意味着将打破我们原来熟悉的平衡感，它在为生活引入新东西的同时也引入了一定的风险和担忧。现在商家都在说客户是上帝，但实际上销售活动中有多少商家真正做到了呢，商家们虽然说以客户为尊，但是往往都是以此做幌子来骗取客户的信任。“狼来了”的故事上当一次就可，上当两次那一定是个傻子。所以，要想赢得客户的心，那就得去除这种欺骗心理，让客户感觉到从你这里获得的好处，给客户提供真正有价值的产品。

3. 坦诚说出产品的优缺点

在一家知名企业的内刊上有这样一句话：“优秀的销售代表必须为产品说实话，他必须承认，产品既有优点也有不足的地方。”从来就没有完美无缺的产品，客户尤其深信这一点。如果你一味地只说产品的优势，而对产品的不足闪烁其词，那你销售的产品不仅不会在客户心中得到美化，反而会引起客户的更多疑虑。有的客户比较直接会主动询问，但有的客户则在心里暗自猜疑。因此，只有你主动说出一些有关产品不足的问题，才能打消客户的疑虑。在说出这些问题的时候，态度一定要认真，让客户觉得你足够诚恳，但是这些问题的内容一定是无碍大局的，对方才可以接受。

4. 预防客户的不良情绪

其实客户的某些消极情绪是完全可以预防的，如客户的不安情绪和懊恼情绪等。如果销售人员能在销售沟通的过程中充分了解他们的需求，或者对客户提出的某些问题耐心解释，或者对不可能实现的某些客户期待采用其他方式给予补救，这样就可以大大减少销售完成后客户产生的不愉快情绪。通常有以下一些说法：

“真是对不起，您刚才提到的××要求，我们暂时还做不到，不过……”

“您提出的这个问题比较特殊，其实这种产品之所以这样设计，是为了……”

“您看这样好不好，如果您愿意的话，我们……”

“您现在买这种产品是明智的……”

“如果经过比较的话，您就会知道买我们的产品绝对放心……”

“这个价格虽然可能是你近半个月的工资，但它还是物有所值的……”

客户产生受到欺骗的懊恼情绪，其后果是很严重的，它直接关系到销售人员的个人信誉和企业的声誉，对此销售人员必须认真对待。如果销售人员处理得当的话，就可能将损失减少到最小。

行动指南

要想一扫客户心头的阴云，其要领就在于：第一，外在形象要给予客户安全感。个人的外在形象是赢得客户信任感的最直接有效的手段。第二，凭借专业、能力让客户放心。为了让客户有安全感，我们就必须加强自身的业务能力，使自己变得更专业。第三，坦诚告知客户产品可能存在的风险，让客户感受到：“原来你也在关心我的安全，而不是只想着我的钱。”第四，给予客户经济安全感。给予客户一定的经济安全感，学会帮经销商做规划，帮他们寻找市场、打开销路。第五，给客户吃定心丸。不妨给客户提供一份可靠的承诺书或者保证书，从而转移客户的风险。

|第十二章|

细节决定成败，让对方成为你的长期客户

细节决定成败！在销售工作中，要想做到出类拔萃，就必须在细节上下工夫。销售员只有把工作中的每一个细节都做深做透，才能让对方成为你的长期客户。因此，销售员要把销售过程中每一个微小的细节放大，把所有细节做到位。

一杯水敲开客户的心门

朋友之间，相求小事，顺水人情，理当成全。过分要求，得寸进尺，是存心丧失朋友最快的捷径。

——著名作家　三毛

销售需要商业头脑，更需要体察人心，看透客户的内心才能敏锐地抓住营销的脉搏。我们口口声声说体察客户的内心，最关键的一点就是细节！

事实上，一些微妙的细节很可能影响整个大局的走向。比如去拜访客户，销售细节往往能提高销售的成功率。

美国有一个超级棒的销售员，他的销售业绩总是在同行中名列前茅，究其原因是其方法非常独到。每次去拜访客户，他都非常礼貌地敲开客户的家门，然后就是一句："您好，我是一个过路的推销员，现在有点口渴，如果不介意的话能给我一杯水喝吗?"面对这样的求助，很多人都欣然接受。在喝水的过程中，这位销售员很快就和对方搭上了话茬。他先是与对方谈家庭的装修等问题，谈着谈话，话题很自然地就到自己的产品上，整个过程非常自然而且又显得那么合情合理。实际上，这个销售员要水喝其实就是在给客户一种体现自我价值的机会。我们不妨剖析一二：

讨一杯水喝，是一种活跃气氛的做法，让客户消除了戒备心理。在喝水的过程中你还可以跟客户唠唠家常，比如赞美一下对方家里的装修，或者主人的宠物等，这样既能与客户沟通感情，又能对客户的真实想法有所了解，如此自然也就容易成功了。

有一点需要说明的是，在喝水的过程中，你最好不要着急亮出你的目的。此时先以活跃气氛为主，倘若是熟人那还好说，但大多数情况下是陌生的客户，因此，他们还需要你去"打动"他们。

在跟客户沟通的时候，始终要围绕着客户的关心点。否则一上来就是你非常熟练的开场白，客户的反感情绪一下就会爆发，不把你撵出来就是给你面子了，即使客户百般忍耐地听你说完那些充满商业味的开场白，他也绝不会购买你的任何产品。所以，在向客户寻求一杯水的过程中，你所做的是快速发现客户感兴趣的话题，而不是让你的目的“昭然若揭”。

讨杯水喝实质上是你打开销售局面的一个巧妙借口，借着这个“小动作”诉说自己的销售目的。当然，讨水喝就是讨水喝，主人给什么就是什么，切忌跟客户提出不合理的要求，有的人竟然想喝什么饮料，这种滑稽的话题最好别从你口中说出。

有一个老板让其手下的10个销售员在推销前先讨一杯软饮料喝，结果销售业绩非但没有提升还一路下跌。为什么呢？从心理学上来说，人们往往喜欢得寸进尺，你要求得越高，相应的客户对你的要求也就越高，自然就增加了销售的难度。

你去讨一杯白水喝，客户帮了我们一个小忙，就像他作了一笔投资。人人都有怕失去的心理，他们害怕失去这份投资，于是就会追加一笔更大的投资来保住先前的小投资。

从心理学的角度讲，客户给了你一杯水，他会产生一种错觉，认为自己肯定是喜欢你才肯给你水喝，为了保持心理一致性，他会继续喜欢你，所以只好接着帮你的“大忙”。

还有一点就是要找到客户的“兴奋点”。劝说对方时，先要和对方讲一些令其异常兴奋的事情，投其所好，这样，他就会在意犹未尽的情况下痛快地答应你提出的要求。这个“兴奋点”往往是他的爱好、兴趣以及他所关心的话题等。

某厂商想同一家百货公司做一笔生意，几次交谈都未成功。一个偶然的机会，他听说该百货公司经理喜欢钓鱼。等到再次见面的时候，他们围绕钓鱼这个话题交流了半天，结果奇迹出现了，没等某厂商提醒，这位经理就答应了这笔生意。

说服顾客，可以先从发现和巧妙赞美顾客的优点开始，使顾客得到一种心理上的满足，等他兴高采烈时，你再向他说出你的目的，这时，他会舒畅地接受你的劝说。

行动指南

细节体现艺术与科学，而销售是艺术和科学的融合体，销售员需要增加顾客心理学与数学分析等科学知识，需要接受销售行为学的教育，这就是科学。同时要根据当时情境调整销售方法，注意细节，关注顾客，这就是艺术。销售很能锻炼人的毅力与风格，销售在拒绝中进行，没有拒绝，就无需销售。把销售作为一个帮助他人的伟大事业去做的销售员，往往是将自信、自律、热情融合为一体的销售员。

联络感情，让他忘不掉你

不是血肉的联系，而是情感和精神的相通，使一个人有权利去援助另一个人。

——俄国作曲家　柴可夫斯基

成交不是销售的重点，维护客户，联络感情，让客户自己创造价值这才是销售的最高境界。但如何联络感情确是有技巧的，以下方法可供参考：

1. 拜访

拜访是一个礼节性较强的必须实行的社会交流活动，拜访可以联络感情，增进友谊，提升工作进展。拜访并不一定是为了销售，主要目的是让客户感觉到销售人员和企业对他的关心，同时也是向客户表明企业对销售的产品负责。销售人员拜访客户时不一定有明确的目的，也许只是为了问好，也许是顺道拜访。在拜访时应把握一个主要原则，即尽可能地使拜访行为更自然一些，不要使客户觉得销售人员的出现

是有意讨好，更不要因拜访而干扰客户的正常生活。

2. 电子邮件、信件、电话联络

现在是互联网时代，信息化让交流更加流畅。所以，不妨经常给客户发发问候的邮件，但有些上了年纪的老客户更喜欢纸质的东西，对于这样的客户，你就给他们寄一封平信、挂号信，一来费用不贵，二来客户会觉得他们与众不同。

手机短信也是一种不错的选择，但在内容上要注意，切忌出现“××值多少钱，欲购从速!”这类话，而是应该先“塑造价值”。短信内容不需长篇累赘，但你需要先塑造价值，否则别人就不会去看，而是直接删除。

偶尔打个电话可以增进情感交流。但打电话也是有讲究的，你不妨说让他提点意见，但提意见也是有报酬的，给他点“纪念品”，这种方式至少可以起到两种作用：一是满足人们贪小便宜的心理，二是可以作为再次访问及探知情报的手段。这是成功销售的一种技巧。

3. 了解客户背景

与客户联络感情时，不管是在电话里、在办公室或在其他场所，销售人员都应该有意识地、很有技巧地询问或探知客户的背景，包括其家庭背景、职业背景及社会关系等。对于这些客户背景资料，销售人员应及时加以记录和整理。对客户的背景了解越多，就越能把握客户，从而增加销售机会和成功的概率。

跟客户联络情感要讲究艺术性，有的销售员在把产品卖出去后要么和客户再不往来，成为过路陌人，要么就是频繁推销，直指客户厌烦。其实，这两者都是销售员的大忌。所以，在后继的联络中，你必须注意以下两点：首先，不要为了销售去联络。最忌讳的话语就是说：“我有××，你要不要买?”这样过不了多久，客户就会厌烦。你的每一次联络，必须给他创造价值，否则他就希望你“消失”，因为你在干扰他的生活；其次，联络客户的目的，就是给客户创造价值。所以，销售员要改变自己的心态，不要考虑“说什么对方才会买”，而是要去考虑“给他提供什么，他才会明白购买你的产品是最合理的行动”。

总之，如果你没有什么价值可供，那就最好不要打扰客户。但是有一点你要记住，这个酝酿的时间不要太长，如果一两年都过去了，你才跟客户联系，那么客户或许早都忘记你是谁了。

行动指南

人是感情动物，只有保持着友好的情感，客户才乐意和你做生意。但是，你和客户之间毕竟是陌生关系，因此，联络的方式、时间等，都是有讲究的。时间不能太短，这样会让客户觉得你耗上了他，他甩都甩不掉你；当然也不能太长，遗忘是人的特点之一。还有就是让客户体验到额外的价值，你联络了他，让他觉得从你这里得到了附加的价值。

只需比客户穿得好一点

衣裳常常显示人品。

——英国喜剧大师　莎士比亚

爱美之心，人皆有之。古今中外，着装从来都体现着一种社会文化，体现着一个人的文化修养和审美情趣，更是一个人的身份、气质、内在素质的体现。从某种意义上说，着装是一门艺术，服饰所传达出来的情感与意蕴有时甚至不能用一般的语言替代。不同的场合，着装得体、适度的人，总能给人留下良好的印象，反之则不仅会降低人的身份，还会损害自身形象。

心理学家做了这样一个实验：他们让一名30岁的男子选择不同的地方闯红灯横穿马路。在一些地方，他们让这名男子身着笔挺的西服，系着领带；而在另一些地方，则让他穿着工作服。心理学家在远处观察，他们的目的是看有多少人跟着这名男子闯红灯过马路。结果发现，当那名男子身着西装的时候，跟他横穿马路的人数是他穿着工作服过

马路时的3.5倍。

心理学家的这个实验很好地说明了，一个人观察事物的顺序是由表及里的，大多数人往往是通过外表的好坏来判断内在的好坏。就同样的两包方便面，一包是近一个月出产的，但包装很脏，另一包是去年生产的，但包装非常漂亮而且还干净，面对这两种面包，你会选哪一包？相信大多数人都会选择外表干净的那一包。这个道理很好地诠释了，那种穿着良好的销售员为什么比那种穿着邋遢的销售员的业绩好的原因。因为一个好的着装能赢得客户的信任和尊重，有了信任做基础，客户也就没了顾虑和担忧。

那么，作为一个专业的销售人员，你到底该穿什么样的衣服去拜访客户呢？一般来说要遵循以下要点。

1.和客户的风格保持一致

人靠衣装，佛靠金装。一个人的穿着打扮对其形象起着十分重要的作用。这句真理放到销售领域还得有个前提，那就是你的穿着不能太过张扬，客户的衣着在你面前黯然失色，那么你基本上与客户无缘了。因为你穿得比客户更体面，会让他很失面子，心里有一种让你比下去的感觉，会感到自惭形秽。就算你各方面都很优秀，客户也不会对你有好感。

如果你担心自己的衣着不够得体，或者你不知道如何塑造自己的形象，你可以以客户的衣着风格来衡量自己的着装。如果你与客户的着装风格一致，就不会犯“鹤立鸡群”的错误，也就不会受到客户的排斥了。

2.让自己的穿着有弹性

当你不确定客户是谁时，你的穿着要“有弹性”。例如套装里穿着针织衫，到客户处万一发现过于正式，可以脱下西装外套，剩下针织衫与窄裙。而假若你套装里穿着的是不宜露出来的内搭，像是小背心、后背裸露的紧身上衣，那么当你到达客户处时，脱与不脱都会让双方很不舒服。

如萍刚做销售时去拜访一个女老板，这个老板是属于妈妈的类型，因此在穿着上比较稳重保守。如萍第一次去拜访时穿得非常时尚，结果对方的反应比较冷淡。后来如萍找同事讨论，同事告诉她，穿着一定要有弹性，去面见什么人就该穿什么样的衣服。她听从同事的建议，换了一身较专业保守的套装，配合自然淡雅的彩妆后，这个女老板的态度不但变得亲切，还待如萍像女儿一样，彼此之间建立了很好的关系。

另外，所有女性销售人员都要注意：你挑选的服饰最好能带给人温暖亲切的感觉，要低调保守，不要让对方觉得你的经济实力远胜过自己。

3．“客户+1”法则

职业装是销售员最好的搭配，你西装革履，手提公文包，这一来是你自信的反映，二来也可体现出公司的形象。所以，职业装在任何时候都是不错的选择，但有时候还是要看被拜访的对象，双方着装反差太大也会使对方不自在，无形中拉开了双方的距离。如软件销售员经常要拜访设计师和网吧管理人员，对于那些大牌的设计师你当然要衬衫领带以表现你的专业形象；但对网吧的工作人员，如果你同样着装则有些不妥，因为网吧毕竟是一个随意的地方，里面的工作人员不可能太讲究着装，此时你穿着显眼的衣服进出网吧，不要说与客户交谈了，可能连办公室坐的地方都难找。正如消费心理学家所说的：“最好的着装方案是“客户+1”，只比客户穿得好“一点”，既能体现对客户的尊重，又不会拉开双方之间的距离。”

行动指南

爱美之心人皆有之，但切忌“一视同仁”。如果你的客户是高端人士，那么你一番“朴素”相会让他们感觉你生活的窘迫，进而怀疑你的产品；如果你的客户是整天奔赴在工地上的小头头，那么你珠光宝气地登场会让他们感到你在炫耀，彼此之间的距离就会远不少。所以，你大可不必太过张扬，也不可太过保守，只要你穿的稍微比客户好一点点，就能收到意想不到的效果。

永远比客户迟放下电话

礼貌是有教养的人的第二个太阳。

——古希腊哲学家　赫拉克利特

电话是销售人员的必备工具。可以说是天天用，天天打。但对于通话结束后怎么挂电话，很多人都没多想过。而且好像有一个约定素成的习惯，就是谁先打电话的，谁就先挂电话。其实不然，心理学家给出的建议是永远让对方先挂电话。

丽丽是一家饰品公司的电话销售人员，有一天，她正在忙着处理客户资料，这时突然一个电话打了进来，是某经销公司的老板要询问有关产品的投诉问题。在听完客户的一连串问题后，丽丽只做了简单的回答就迅速地挂了电话。对方还没说再见，就听到丽丽这边“咔嚓”一声挂了电话，这让客户很恼火，心里十分不快地嘟哝了一句：“这么急，赶着奔丧啊！”后来，这个客户与丽丽的上司一起吃饭时说起丽丽挂电话的事，这让上司很没面子，回来就把丽丽训了一顿，并且扣除了她当月的奖金。

丽丽无礼挂电话的事例说明，客户在被你粗鲁地挂了电话后，心里总会有点不痛快。首先，会让对方感到你对这次谈话或者交谈不满或不耐烦，于是，之前谈话时你表现出来的诚意及客户对你的良好印象就会大打折扣；其次，会让对方觉得你处理事情时较为粗枝大叶，因此对于所谈的合作事宜或所交付工作完成质量的信任度就会大为降低。

所以，在接到客户电话的时候，你不应该主动挂断电话，而要等客户先说再见方可挂断。

当你准备终止通话的时候，要给客户一个比较明确的提示，让客户有个心理准备，然后再向客户道谢、道再见。一般而言，你要让客户先挂电话后再轻轻地将电话放下。挂电话的时候要轻，不能随意地把话筒一扔。

如果是你先挂断电话，一方面客户会觉得你对他不够重视，一方面客户可能还有什么事情正准备跟你谈，所以当你要挂电话时，最好先确认：

"××经理，您还有什么问题吗？"

"好，那就这样，××女士，谢谢您，再见！"

"好的，谢谢您！如果再有什么问题的话，请随时给我打电话！"

在与客户的电话沟通中，不管是谁先打的电话，结束的时候你都要记住：永远比客户迟挂电话。

也有人会问："如果遇到一些情绪非常不好的客户怎么办呢？"我们首先要做的就是关注客户的情感，体谅客户的心情，而不是追问事实。客户情绪不好大多数情况下都源自他们的情感，而并非你的产品质量有问题。如果我们过度关注事实，客户则有可能更加生气，甚至会在电话里说出带有侮辱性的语言。有的销售员不愿意听客户的废话，也不想被客户骂，于是采取果断挂断电话的行为。也许你的本意是希望客户能冷静一下，但是你这么做的结果却往往适得其反。

有人说，打电话最大的好处就是如果不想理对方就可以直接挂断电话，终止不愉快的交谈。但是，真的挂断电话就万事大吉了吗？事实并非如此。因为你果断挂断电话的后遗症可能是客户紧随而来的投诉或是永远地失去了客户。

行动指南

一定要记住永远让客户先挂电话。顾客至上，对于销售人员来说，不仅仅表现在口头上，更要随时记在心上。结束电话交谈时，一般应当由打电话的一方提出，然后彼此客气地道别，说一声"再见"后，再挂电话，不可只管自己讲完就挂断电话。而且在放下电话听筒时要注意：不要直接把听筒放回话机，而要用另一只手先轻轻地按下压簧，确认电话已经被挂断，再放回听筒，千万不要用力一摔，让对方大惊失色。如果对方是尊者，无论你是接电话还是打电话，都要让对方先挂断电话。

守住客户的秘密，就是守住了自己的人格

守口如瓶，持身若璧。

——清代学者 王永彬

每个人心里都有一块不容侵犯的领地，不管是情感上的、学习上的还是人际交往上的，对于这些“禁地”，我们始终坚守防线，不容他人侵犯一步。但是对于听来的秘密，我们却总是管不住自己，就想要跟别人分享一下，就像谈论一个八卦一样自然。其实，能守住秘密，这既是对他人秘密的尊重，也是自尊的一种表现。但是我们往往因为某些虚荣心理而松动自己的牙关，因此让自己与他人都蒙受损失。

张娟在一家销售公司上班，因为是亲戚介绍过去的，所以老板还比较关照，除了支付给她高薪外，公司还专门给她租了一套住房。当然这一切是绝对保密的，因为这是老板的特别照顾。老板怕其他同事知道了影响他们的工作情绪，所以再三叮嘱张娟要保守秘密。

工作后的张娟，拿着高薪而且还时常与老板在一起，平起平坐，“指点江山”。看着其他同事羡慕的眼光，她心里有种极其优越的感觉。“如果能让他们知道我的待遇也不错，他们不是会更羡慕我吗?”当她脑子里产生了这种虚荣想法后，便开始控制不住自己。

一天，适逢同事聚会，张娟感觉应该在大家面前露露自己的背景，于是她借着酒劲，敞开了她的秘密之门，她的秘密确实让在座的同事们瞠目结舌，看到大家惊愕的表情，张娟感到了一种极大的满足，结果这种虚荣的心理驱使她又告诉了很多人。

果然，没几天，张娟毫无遮拦的话语传到了老板的耳朵里，很快，张娟就收到了辞退信，临走之前，老板对张娟说：“不是我无情，你根本就不足以取得我的信任，上班之前我就跟你一再交代，这是我们两个之间的秘密，结果你还是把它扩散出去了，今后你让我怎么服众?

所以我不得不辞退你，希望你在今后的处事中引以为鉴。”

帮客户守住秘密，在销售活动中同样也是很重要的。销售员在积极争取客户信赖的行动中更应注意尊重客户的秘密，设法为客户保守秘密。

有一家五星级酒店的一个常客，把自己生意上的伙伴安排住进了这家酒店，这位常客的伙伴入住酒店之后就展开了公关活动，很快与酒店内一个了解这位常客的服务员攀上了关系，二人之间无话不谈。随着关系的进展，常客的伙伴开始从服务员嘴里了解常客的一些情况，从服务员那儿知道了常客的秘密，之后常客的伙伴没有和常客成交任何生意就离开了。常客得知是服务人员泄密之后，极为不满，后来再也没来过这家酒店。

上述事例中，那个服务员应该对客户的秘密做到守口如瓶。别说是这位客人的客户有意套他的话，就是平时的闲聊中，只要涉及客人的秘密就应马上停止，如果觉得拒绝回答有关属于秘密的事宜可能有碍于情面，那么就应婉转地推说不知，或把话题转到其他方面。

由此看来，为客户保守秘密是多么重要。客人让你知道他的秘密是对你的信任，然而你却无意中泄露了这个秘密，你丢掉了这个原则，也就失去了客户对你的信任。

其实，每个人的心里都装着一个世界。这个世界有多大、有多广，只有自己知道。高尚者懂得珍视别人完整的世界，尊重别人秘而不宣的故事；卑劣者做不到这点，他们掘取他人的秘密，在他人的内心领地横冲直撞，大加议论，结果伤了别人也害了自己。

想当初马克思在巴黎的时候，与诗人海涅之间的友谊达到了“只要半句就能互相了解”的地步。海涅思想进步，写下了很多战斗诗篇。夜晚他常到马克思家中朗诵自己的新作，马克思和燕妮就与他一起加工、修改、润色，但马克思从不在别人面前“泄露天机”，直到海涅的诗作在报章上发表为止。海涅称马克思是“最能保密”的朋友，他们的友谊为世人所羡慕，所称颂。

很多时候，我们都因为图一时的口舌之快，而让自己和他人的秘密就这样被泄露了出去。销售员要明白，有些秘密可能无足轻重。但是，如果这个你认为无足轻重的秘密相对于对方来说事关生命呢？一

个自己都不能保守秘密的人，又怎能指望别人替你保守秘密呢？

行动指南

守住别人的秘密，并非一件易事。它是一种真诚，也是一种对世间万物的理解和醒悟，更是一个人的修养和爱。守住别人的秘密，就是守住了他人的声誉，守住别人的秘密，其实是守住了自己的人格。如果你不想失去客户对你的信任，失去你为之珍惜的那份事业，就好好地管住自己的嘴，不光为自己更要为客户保守秘密。这样，你才能在赢得客户敬重的同时，还能让客户把你当作人生中最可靠的“听筒”。

小本子，大用处

好记性不如烂笔头。

——民间俗语

许多人下班后喜欢拿着笔记本电脑到咖啡厅坐坐，一边上网，一边喝着咖啡，感觉是那么惬意！不少销售员也喜欢这样，随身带着笔记本电脑，觉得自己特别潇洒！这样的生活是很惬意，不过在工作的时候，我们也应该随身带个记事本，一个可以随时记下客户资料和信息的记事本。

对于销售员来说，随身携带一个记事本那是有百利而无一害的事情。首先，你可以随时记下和客户交谈的时间、地点，客户的姓名、联系方式，客户的需求以及下次拜访的时间等。其次，还可以把重点内容一条一条记下来，避免忘掉。德国心理学家艾宾浩斯就指出遗忘是人的天性之一，要想让短时记忆变为长时记忆，就得让记忆内容重

复出现，直到转换为一种编码印刻在你的脑海中，而做笔记正是强化这种编码的有效工具。最后，如果你一边虔诚地听对方的讲述，一边专心做着笔记，这会令对方有一种被尊重的感觉，接下来的销售工作怎能不顺利呢？

刘军的超市在当地一直以销售新颖商品而闻名。对于新进的商品，刘军送货上门时都会征求顾客的意见。但由于忙，仅凭头脑记，难免会丢三落四，记不清楚，从而流失了许多宝贵信息。俗话说："好记性不如烂笔头。"受烟草公司服务手册的启发，赵军准备了个记事本，随时记录顾客购买商品的时间、使用的意见等。

2015 年夏天，刘军代理了山东某啤酒厂生产的新款 350 毫升装的小瓶啤酒。为了提升这款啤酒的品位，生产厂家在瓶嘴周围用了一片撒金纸做装饰。这款啤酒的设计初衷是方便顾客，不用杯子直接用瓶饮用。但用瓶饮用不仅不卫生，而且撒金纸上的粉末也很容易喝到嘴里。在一次送货时，有个顾客向刘军反映了这个问题，刘军当时就记了下来，并且广泛征求了消费者的意见。事后，刘军把这一问题及时反馈到生产厂家，厂家很重视，立即改进了生产工艺。

销售员需要把心思都用在客户身上，任何细节都不放过，甚至有时候连客户的隐私也有必要了解一二，当然，了解之后你也有义务保护客户的隐私。准备一个记事本，就能随时掌握客户的想法。

携带记事本，记下客户的要求，并且在以后的销售过程中尽量去满足。当然，也并不是客户叫你提供什么你就提供什么。你需要做的只是你承诺客户会做到的部分。对于客户的一些"非分"要求，你同样有权力拒绝！当然，无论什么样的拒绝都是需要一定技巧的。

有时，客户提出的要求实在是太多，甚至有些过分，而他们要购买的东西却不是很多，这就占用了销售员大量的时间和精力，从付出成本的角度来讲，这样的做法无疑是一种资源浪费。

销售员在与客户商谈的时候，一方面要抓住自己的筹码；另一方面也要认真分析客户的需求。把客户的需求一一记录在记事本上，然后认真思考、准确判断，从中了解自己努力争取的目标是什么，对你而言的重要资源是不是对客户同样重要。

记事本的目的就在于此，把所有内容记下来，简单明了。把想做

的事情按照重要程度列举出来，找出关键问题，而对于不太关键的问题，你就可以适时给客户一些让步。

行动指南

有一个原则要掌握，就是做笔记的功能是保证不被遗忘，如果你都能记住那大可不必做笔记。所以，当你在和客户谈话的时候，除非在很多信息出现的时候做笔记外，一般情况下的谈话不要做笔记。试想，客户一边说，你却在一边埋头记笔记，这会让他觉得你是个十足的“菜鸟”，除了会做笔记就没有其他能力了。记笔记固然重要，但是也千万不能因此让客户觉得你忽视了他的感受，或损害了你在客户心中的印象。

“我”字要不得

一个满嘴“我”的人，一个独占“我”字，随时随地说“我”的人，是一个不受欢迎的人。

——美国汽车企业家　亨利·福特二世

从心理学角度来讲，人们对自己的关心要远远大于对他人的关心，关注自己是人的天性之一。所以，在很多情况下，人总会不自觉地替自己说话。

销售员在销售活动中要练就“忍”功，不要动不动就把“我”挂在嘴边。如果你仔细观察那些优秀的销售人员，你会发现，他们很少直接跟客户说“我怎么着怎么着”，都是说“我们怎么怎么样”。你或许觉得这是在和客户拉关系、套近乎，但是，销售不就是和客户做生意的行为吗，还有什么比赢得客户更重要的事情？所以，在销售过程中，尽量少说“我”，多说“我们”。这其实不是一字之差，其里面的含义还是很深的。“我们”表明说话的人很关注对方，站在双方共有的立场上看问题，把焦点放在对方，而不是时时以自我为中心。

张辉是礼品公司的电话营销员，他是一个自以为是的人。公司对内部员工进行了一次电话营销技巧的培训，对于这次培训，张辉根本没听进去，他觉得通过电话与客户进行沟通，一要大胆，二要自信，就可以用声音征服客户，别的没什么大不了。

一天，张辉打通了一个客户的电话：“我公司现在有一批很具收藏价值的礼品……我认为很适合您。”“我可以通过邮寄、快递……我觉得……”张辉不停地说着，他认为这样不停地用“我”字才能向客户证实他有足够的自信，是一个很熟悉业务的优秀销售员。

客户听着听着，只觉得一个个“我”字不时地进入耳朵，最终实在难以忍受这种推销方式，于是找了个理由就把电话挂断了。

张辉没有意识到时时突出“我”字会反映出他自我意识很强，反而给人留下不好的印象。如果换用“我们”，会让客户觉得你是一个非常谦逊的人，是一个容易接近的人，这样客户才会愿意购买你推销的东西。比如，我们经常会听到一些客户这么说：“那位推销员虽然表现得十分专业，但是总觉得和他之间有很大的心理距离，不太容易亲近……”或者“我之所以一直喜欢到这里买东西，是因为这里的销售人员让我感觉很舒服，虽然他们说的话不多……”人们都喜欢和谦逊、易接近的人交流，都不喜欢和自以为是、居功自傲的人来往。同样，客户也是如此。因此，销售人员千万不要常把“我”字挂在嘴上，别说“我公司”，而说“我们公司”，努力做个受人欢迎的人，这样你销售成功的概率才会增大。在销售中，爱屋及乌的情况是常有的，客户会因为喜欢你这个人而喜欢你的产品。

对客户多说“我们”不仅是一种谦逊的表现，还是对客户的尊重。销售本质上是一种沟通，是销售人员与客户的双向交流。销售人员的一言一行都会影响客户，如果你的语言得体，措辞准确精练，那么对促进双方的友好合作就具有非常积极的作用。如果销售人员不注意语言表达方式，则很可能会引起客户的不满，这样必定会影响双方的合作。在与客户沟通的过程中，销售人员应该多说“我们”，让客户感觉

到我们时刻注意到他的存在，并且尊重他，这样才能促进销售。

我们经常听到销售人员在给客户介绍自己的产品时这样说："我们往往对新产品存有抵触心理……""让我们一起来了解一下"或者"我们还可以这样用"等。这种表达方式无形中就把销售人员与客户之间的距离拉近了，而且还会让客户觉得你非常尊重他，客户感觉舒服了就愿意听你继续介绍，进而愿意接受你的产品。

行动指南

要想避免发生类似的错误，其要领就在于：第一，用复数第一人称代替"我"，比如"咱们""我们"等词代替，复数人称的使用往往可以缩短双方的心理距离。第二，能不说"我"的时候就不说。如果开头的几句话你用的主语是"我"，那么后面就尽量少用"我"，以免显得重复。第三，说"我"的时候别忘了说"你"，这说明你心里一直有着对方，给他尊重。第四，说"我"字时要不卑不亢。在不得不说"我"的时候，一定要以不卑不亢的态度讲出来，既不要洋洋得意，忘乎所以，也不要畏畏缩缩，低声下气，否则对方会觉得你高不可攀，或者就是缺乏自信，底气不足。记住，你的重点是事件的客观叙述而非做这件事的"我"。

第十三章
记住，客户永远是主角

销售员要赢得好的口碑，一定要重视每一位客户，把客户作为永远的主角。虽然有些客户不一定会买你的东西，但是你的表现会让他们津津乐道，他们会主动帮你传播你的与众不同和你的热情好客，很多时候，有些客户还会被你的真诚打动而改变主意。

以客户为中心，主角是客户

企业存在的目的就是创造顾客。

——管理学大师 彼得·德鲁克

每一个销售人员都希望为客户带来价值，因此，他们的包里总是准备着丰富的数据，想以此来展示自己产品的所有好处，期望自己成为“价值创造者”。

可事实情况是，我们很少看见一次华丽的产品解说之后，客户会爽快地签约。原因就在于客户的心理已越来越成熟，他们反感那些只关心把产品卖到他们手里的人。所以作为销售员要更新自己的观念，改变自己的销售方式。销售成功最重要的因素就在于正确的方式。而正确的方式首先要有一个正确的出发点，即以客户为中心进行销售，而不是以自我为中心，只关心自己能不能把产品卖出去，记住，客户才是主角。我们来看下面一个案例：

销售员赵海：“张总，请您看看我们公司投影仪的资料。”

张总漫不经心地接过来，翻着。

赵海忐忑不安地坐在沙发上，心里想：“这次我会得到订单吗？他会听我说吗？我一定要想办法把产品卖给他。”

张总：“我今天很忙，来不及和你细谈，改天吧！”

赵海（失落地）：“那什么时候呢？”

张总（把资料随手放进办公桌上的文件夹里）：“有时间我通知你吧。再见！”

赵海（无奈）：“再见！”

赵海走出来，心想：“他会买吗？下次我一定要说服他。”

上述案例中，销售员赵海在整个过程中始终只想着自己，想把自己打造成销售的主角，由此而忽略了客户的需求。不以客户为主角的销售遭拒绝是理所当然的事。

在销售的过程中，绝对不要忘了“客户才是主角”这一点，就算情势使然，销售员也绝对不可以从头到尾都一手包办主角的角色。

真正顶尖的销售人员，是“创造价值”这出戏的幕后导演。他会让客户成为主角，销售人员成为陪衬的绿叶。

当销售人员的表达方式，换成了问句：“根据您对公司运作的深入了解，我们的提案能否让贵公司的生产力大幅提高呢？”

客户的答案若是肯定，等于为产品做了一次背书，证实了价值的存在；若是客户持否定看法，销售人员则更了解自己远离客户期望的原因。两种情境中，客户都扮演了更积极、更有意义的角色，为沟通的过程带来价值。

随时用问句请教客户，可以使“发言权”回归到拥有“决策权”（客户）的人身上，让他们掌握“主动权”去买东西，而不是被动地接受推销。

想象自己和客户正在一场棒球比赛中。纵使你有一流的球员、万全的准备、对的主场优势，你都应该把“胜利打点”留给客户，那位真正能够促成交易的人。

俗话说：“业务员是世界上最好的演员。”事实上，更高层次的销售人员会晋升为运筹帷幄的“导演”，将主角的位置永远留给客户。

行动指南

作为一名销售员，如果想在销售上取得成功，就必须以客户为主角，而不是你一个人在唱独角戏，你的任务是帮助客户解决他们提出的各种疑难问题。客户需要你的帮助，需要你帮助客户达成目标。记住：成功的销售员不是销售产品和服务，而是销售帮助，这就是以客户为中心的销售方式的核心思想。

为产品注入情感，增加客户黏性

推销工作98%是感情工作，2%是对产品的了解。

——美国推销大王　乔·坎多尔福

什么是美？哲学家柏拉图称“美是观念”；黑格尔认为“美是理

念的感性显现”。意大利哲学家克罗齐则认为“美不是物理的事实，它不属于事物，而属于人的活动，属于心灵的力量”。在哲学家的眼中，美不仅是设计之美，更是情感之美；美不仅体现在物质产品之上，更体现在人性与感性之中。

如今，伴随人们精神文化水平的日益提升，消费者对于产品的情感诉求愈发凸显，人们更多注重的是产品体验性，寄情于物，也就是说，一件好的产品，不仅要给消费者提供能满足生理需求的物质利益，还要提供能满足人们心理需求的精神利益。

正如美国推销大王乔·坎多尔福曾说过：“推销工作98%是感情工作，2%是对产品的了解。”如果销售员的各种销售行为都能从“情”字切入，找到销售员与顾客情感沟通的纽带，进行准确的定位和有分寸的“切入”，使顾客持续不断地感受心灵的冲击，即能潜移默化地影响客户的心理，从而激发其潜在的购买意识。

曾几何时，美国人对军火巨头“杜邦”公司是没有任何好感的，这令杜邦公司难以释怀。为了赢得美国人民的心，杜邦公司通过一根人造纤维——尼龙，打开了美国人的心结。杜邦公司把尼龙制成丝袜，爱美的女性看到广告之后，一窝蜂地涌向了百货公司和零售店，仅仅一年时间，就卖出了6400万双尼龙袜，超过了当时美国成年女性的总人数，而当时一双长筒丝袜的价格相当于一只昂贵的手表。

究竟是什么魔力让美国女性如此着迷爱上了杜邦呢？答案就是，女性消费者其实并不是在购买产品，而是在购买对自身细节的贴心呵护，购买男人们在她们身上逗留的迷人眼光，购买女性友人羡慕的目光，购买跻身上层名流社会的入场券，购买一个性感的外在形象……

这就是杜邦公司打开美国市场的一个突破口，用情感包裹了产品，让丝袜披上了情感的外衣，使丝袜一度出现脱销的景象。

销售界流行一句话，那就是：你认为产品是什么并不重要，客户认为产品是什么才重要！这就是为什么有些产品的物质形态本身的价值要远远低于其售价，高出价值的那部分价格正是情感属性的价格，情感让产品有了温暖，从而产生了增值现象。

一位父亲去玩具商店给儿子买玩具。他走到一个柜台前，拿起一架遥控飞机。

这时，售货小姐笑容可掬地询问：“先生，您的小孩有多大了？”

“六岁了。”他说完，就把玩具放回了柜台，目光在搜寻其他玩具。

“六岁正是玩这种玩具的时候。”售货小姐拿起遥控飞机，把开关打开，手中拿着遥控器熟练地操控着，前进、后退、旋转，边演示边说：“从小玩这种玩具，还可以培养小孩的领导意识。”说完，售货小姐把另一个遥控器递到了他手里。

“一套要多少钱？”他问。

“180 元。”售货小姐说。

“太贵了。”他显然觉得价格太高。

售货小姐马上说：“先生，跟培养孩子的独立意识相比，这简直不算什么啊！”接着，售货小姐拿出两节崭新的电池说，“这样好了，我再免费赠送您两块电池。如果发现有什么问题，可以拿来退。”

最后，他掏出钱买下了这个玩具。

可见，有的产品的物质形态跟本身的价值并不成正比，甚至远远低于其售价，而高出的那部分价值就是因为其添加了情感因素，而情感能让产品的价格有增长的弹性。

杰克是一家保险公司的销售经理。他向自己的新职员讲述了这样一个故事：

“当人们问我是干什么的时候，过去我总是回答‘我是卖人寿保险的’。在我干这个工作的第二年，有一天，我的一位客户因故去世，我去看望她的遗孀。当时她心情烦乱，但葬礼后她对我说：‘我以前总是反对丈夫在保险上花钱，我觉得这是在浪费钱，可以把这钱花在别的地方。但是现在你的赔偿费使得我的孩子们可以继续念书，我们可以继续住在这个房子里。你救了我们一家。’后来，当人们问起我的工作时，我总说是：‘我拯救家庭’，而在面对客户时，我也是如此激情高昂地这样说，我的客户量因此与日俱增。”

在面对客户时，要找到满足客户需求背后所隐藏的情感因素，然后给它披上一件合理的“外衣”。人在情感体验上的深度和广度会极其强烈，要让客户明白，他得到的并不只是单纯的产品或者服务。把你的产品或服务进行情感修饰或装点，这样它才会看起来更有“生命力”和“张力”，也因此更能打动客户。

行动指南

为产品注入情感才具有魔力，才能和竞争对手区别开来，才能让消费者更有黏性。具体来说，就是将情感要素渗透到销售的各个环节中，用以满足客户的情感和心理需求，进而做到成功销售。销售员要从客户的感受出发，耐心聆听、细心体察和呵护客户的情感，通过双方的情感沟通，达到客户对商家的信任和情感认同，同时也为企业制定相应的营销策略提供了第一手资料。双方在情感层面达到相互理解和尊重。在某种程度上来说，销售人员并不是产品或服务的推销者，而是美好情感体验的缔造者。

让客户反感真的要不得

我从未曾放弃，也不会离开；我一直都在这里，门也都是开着的。准客户一再地拒绝，也只是时机未到罢了。

——乔·吉拉德

我们都去过商场，或多或少都曾碰到过这样的事情：那就是正当我们要仔细看清一个物品的时候，正要伸手去触摸它的时候，旁边的售货员却过来了，冷不丁地说出这样一句话：“不好意思，这件东西怕脏，是不可以用手碰的！”想想这时你是什么感受？有什么了不起的，我不碰就是了，于是我们扭头就走了。

客户想买你的东西，那总得让人家买得踏实，所以他要挑选，他要了解，但你却阻碍了他的权力，你这种行为怎能不让他反感？客户一旦心生反感，就意味着你的销售工作失败了。

还有一些客户，他们虽有购买之意，但真正把东西拿到手后又开始挑三拣四，也就是我们经常说的“鸡蛋里挑骨头”。如果遇到这样的客户，你最好也不要去跟他辩论，因为在整个销售过程中，客户始终是主角，你所做的只是为他们排忧解疑，否则你很有可能会引起客户

的反感，所以，你首先要尊重他们的发言，然后耐心听完他们的意见，并做出赞同状，而非跟他们理论异议。

其实，很多心理咨询师在做心理治疗时，也时常采用类似方法。这是“非指示方法”的基本手段，被称为“容忍”的技巧。不给对方一些具体的指示，无论对方的意见如何不合理，你也要先去认可它。在这个时候，客户就会感到自己受到了尊重。当一个人觉得自己受到了对方的尊重时，反感心理就不那么容易产生。自然，他在一开始所具有的不安、戒心等心理压力就会降低，对产品也会客观看待。

一家生产企业的设备老化了，厂长决定上几台好的机器。这个消息一出就被众多机械生产厂家注意上了，纷纷派出销售员前来打听消息。厂长决定货比三家后再做决定，于是便约定时间跟这些厂家的销售员当面详聊。

先来的几个销售员那真是“行家里手”，对自己公司的产品是赞不绝口，有的甚至直言“厂里的设备早该淘汰了，现在都智能化时代了谁还用这种落后的机器啊！”一时间，厂长收到了各种推销之辞，但是越是销售员大说特说，越让厂长反感。在厂长的眼中，这些销售员个个都像是骗子，原本想购买设备的他警备心顿生，这些销售员最终都无果而返。

时隔不久，又有一个销售员登门拜访，厂长吸取了上次的教训，即便销售员把自己吹得天花乱坠，他也绝对不会购买。但是，此销售员非彼销售员，他并没上来就展开推销之术，而是先去看了看厂里的机器，然后，发自肺腑地对厂长建议，说这些机器其实挺好用的，虽然现在是智能化时代了，但那些高科技毕竟成本昂贵，如果现在就全部下马那太可惜了，不如再运转一个阶段再说。然后在离开之前递给了厂长一张名片。

这个销售员的举动让厂长对销售人员的反感一下子消失了！冷静下来一想，他还是觉得自己需要换一台新机器，于是没过多久，他就从那位销售员的手上买了一台最新款的机器。

从这个案例我们不难看出，销售员的成功之处就在于他能从客户的立场出发，尊重客户的选择，进而消除客户的反感心理，从而在双方之间架起一座沟通的桥梁，最后成功地推销出了产品。

因此，销售人员要消除客户的反感心理，除了要减少负面情绪的影响外，还要善于转换立场，从客户的角度思考问题，最终使客户自己说服自己购买你的产品。

行动指南

要想客户不产生反感情绪，第一，应该多从客户的角度来考虑问题；第二，切忌言必谈生意，应该学会适时地关心客户的经营情况，学会怎样和客户做朋友。但当大家彼此之间增进了感情，再与之谈生意，那就自然多了；第三，最重要的是要让客户信任你，人与人之间的交流最关键的就是要取得对方的信任。

欲速而不达，让客户享受砍价的快感

无欲速，无见小利。欲速则不达，见小利则大事不成。

——《论语·子路》

客户购买东西时，有两点非常重要，其一，产品的好处深深地打动了他；其二，在购买过程中他体验到了一种赢的感觉，也就是我们经常说的爽的感觉、舒服的感觉或者叫尖叫的感觉。所以，无论你销售什么产品，有一点要记住，你的服务对象是人，是一个活生生、有血有肉的人。所以，能否让你的客户感觉到作为人应有的认同和尊重，是你销售是否成功与否的标准。从某种程度上来说，你销售的其实不是产品，而是顾客购买产品背后的动机，是对人性的充分了解。

所以，切忌对那些讨价还价的客户感到厌烦，从消费心理学上来说，追求物美价廉是人的本性，他们砍价不只是追求价廉，也是了解产品功能、质量的过程，是找寻一种心理平衡的过程。

有一对退休的老两口偶尔在杂志上看到一页广告，上面是一座古典雅致的挂钟，老两口爱慕不已。老太太说：“要是这款挂钟挂在咱们

家的走廊上或是大厅中，那一定非常气派。”

老头也连连称赞：“嗯，不错，咱们家就缺这么个挂钟，只是不知道要多少钱，你看这广告中也没有给出价钱。”

后来，老两口几经寻觅，终于在一次古董工艺品展示会上看到了同样的挂钟。老两口异口同声地说：“对，就是它，就是它！”

老头说：“不过咱俩先统一口径，如果超过800元，我们就不买啊！”老太太说她也是这么想的。

于是，老头找到古董销售员，直截了当地说：“我也不多说了，这个钟我准备出500元的价格购买，你卖不卖？”销售员看都没看老头一样，就说：“拿去吧！”

买到挂钟后的老两口非但没有被这么低廉的价格欣喜若狂，反而感觉若有所失，老头对老太太说：“老伴，我觉得这钟咱们只用300元就能买下来，咱们是不是上当了，我感觉这钟一定有问题！”

就在他们提着钟往回走时，老头总感觉不对，他说：“这钟应该很重才对，怎么会这么轻呢？会不会是个赝品？”

其实，这个钟啥问题都没有，样子考究，走时也分秒不差。这对夫妇之所以轻松不起来，就是因为那位销售员轻松地接受了他们的出价，让他们没有体会到杀价的快感，没有体验到自己赢了感觉。

其实，客观地说，这个价格对销售人员而言已经是很低的了，但这对夫妇却觉得自己上当了，买贵了。相信他们以后也不太会光顾那家店了。

所以，销售人员在面对客户时，最好适当抬高你的门槛，不要那么容易就同意客户的出价，要让客户觉得你是在割爱，很不舍得以这个价格把产品卖给他，要让他有一种砍价的快感，这样，他心里才会有很大的满足感，才会感激你。

在与客户沟通时必须有耐心，不能急于求成。有的销售人员认为自己的时间宝贵，想着自己还要约见很多客户，却没有考虑到如果交易没有达成，约见再多的客户也都只是浪费时间。这种现象就好像一些人贪图便宜，喜欢买一堆质量差、价格又很低的产品，但是买回去都不能使用，结果浪费了大量的钱。因此，销售人员在有限的时间内与其试图约见多个客户，不如和一位客户达成交易。

经验丰富的销售人员遇到这样的情况时一定会说："失去一个订单的最简单、最有效的方法就是销售员在与客户签单付款时表现出急切的心情。"许多经验不足的销售人员将他们的工作视为一个巨大的销售促成阶段，却未能了解客户的心理特性，以致鲁莽行事，最后都只是白忙活。急于求成是很难得到客户认可的。

其实，在销售过程中，哪怕客户对产品非常感兴趣，他最后也不一定会购买。因此，在签单时，销售人员要避免急于求成。通常注意这几点：第一，初与客户接触时，最好采用灵活迂回战术，话题扯得越远越好，以便与客户搭界，但在最后签约成交的决战中，要全力制造气氛迫使对方决定购买。第二，与客户交谈时不要显出慌张的情绪。慌张、性急都会使即将到手的买卖功亏一篑，所以一定要沉着应战。第三，要做到喜怒不形于色，否则客户心中生疑，又落个空欢喜一场。到了最后成交阶段，你要做的就是再鼓舞，使其欲望不断升温。第四，不要急于降价。到了最后关头，要不要减价则无所谓了，客户这时要求减价，多是存有侥幸心理，并不会因为是否减价而改变主意。

所以，在销售过程中，销售人员千万不要心浮气躁，急于求成，要学会与客户讨价还价，要让客户觉得自己得到了实惠，让客户砍价有成就感。

行动指南

在客户挑选产品的时候，你一定要根据他们的动作、神态以及说话的语气等来判断客户对产品的喜爱程度，如果客户要求主动体验产品，而且感到非常称心的话，你不妨适当地多要点价。在客户砍价的时候，就算产品的利润很高了，此时你也不能一口答应，而是要恭维客户太会砍价了，最终再以稍微低点的价格让他拿走，这样客户会觉得他买的真的是性价比很高的产品！

成交后要表示感谢

一个人总得慷慨一点，才配受人感谢。

——英国作家 托·哈代

在日本销售领域，曾有人做过一份调查，就是统计一下哪些销售行业在售后还给客户写感谢信的人有多少，调查结果如下：

平均每星期，汽车销售人员是29.8封，证券销售人员是49.8封，百货店营业员是32.2封，财产保险销售人员是22.1封，房地产销售人员14.3封。

这就是为什么在日本会有那么多优秀的销售人才的缘由所在了。在成交后向客户表示感谢，不仅能使销售圆满结束，营造出皆大欢喜的气氛，更能让客户感到销售员的真诚、友好，从而避免后悔、上当心理的产生。

这封简单的感谢信就如同给客户注射了“稳定剂”一样，可以使此次交易更加稳固，还可能为销售员带来以后的交易机会，因此，销售员在每次成交后都要对客户说声“谢谢”。

其实，这种写感谢信的方法用心理学来分析就是：第一，对客户的购买表示谢意，属于商场礼仪的一种；第二，感谢信可以加深与客户之间的感情，俗话说“一回生，二回熟，三回见了是朋友”，民间还有“亲戚越走越亲”的说法，写信是接触客户的方法之一，也是成本最低廉的方法；第三，减少客户的“后悔”心态。我们都有这样的感觉，就是“悔不当初”，这种心理其实就是对后续事宜缺乏担忧所致，如果客户接到销售人员的感谢信，那么他的这种担忧就可能会消失。

我们还是以乔·吉拉德的事例来说明这个问题。

乔·吉拉德每年销售出去的产品总量比同行高出好多倍。他在介绍经验时说：“我成功的秘诀在于我认为真正的销售工作开始于商品销售出去之后，买主还没走出我们商店的大门，我的儿子就已经把一封感谢信写好了，我每个月都要发出1.3万张明信片。”的确，购买了

乔·吉拉德销售的汽车的顾客每月都会收到他寄的信，信被装在一个淡雅朴素的信封里，但信封的大小和颜色每次都各不相同。

乔·吉拉德认为，不能让信看起来像个邮寄的宣传品，因为人们对此已司空见惯，往往是拿起连拆都不拆就扔进废纸篓里去了，而乔·吉拉德写的信一拆开就是“我想念您”的字样。在不同的月份，每封信都有不同的贺词。

不仅如此，乔·吉拉德还会给过生日的客户寄去祝福的信件。有的客户在生日前一两天就会收到来自乔·吉拉德的祝福，惊喜之情可以想见。有人说乔·吉拉德给顾客邮寄卡片，好像是兜售汽车的一个花招，事实上，乔·吉拉德对顾客是倾注了全部心血的。

乔·吉拉德说：“谈到做生意，好的大饭店是以其厨房里做出来的美味佳肴赢得顾客的，而我销售的是汽车，顾客从我这里买走一辆汽车时，就应当让他的心情像在大饭店里吃得酒足饭饱后满意地离开一样。”

的确如此，从乔·吉拉德那里买走汽车的顾客，当车出了毛病回来修理时，都会受到他的热情接待，并使汽车得到最好的修理。在工作中，乔·吉拉德并不考虑要销售多少辆汽车，而是强调每卖一辆汽车，都要做到与顾客推心置腹，并全心全意为顾客着想。乔·吉拉德的情感销售术贯彻始终，这让他得到了丰厚的回报。

美国一家大公司的总裁哈托在接受《财富》杂志记者的提问时说：“我们的销售员在成交后除了要给客户寄一封感谢信外，还要在第二天上午打电话给客户再次表示感谢。我有时候也会亲自给客户打电话，我说我是公司的总裁，我非常感谢他们的支持与合作，而且，我还会问他们对我们的服务有什么意见，是否有一些问题需要和我讨论。然后，我会告诉他们我的随身电话号码，希望他们随时与我联系。你可能都不相信我的电话对他们产生了多大的影响，毕竟，你什么时候接到过一位总裁亲自打来的电话，而电话的内容是询问你是否对他们的销售感到满意呢？”

很多销售人员只知道重视成交，以为成交了就万事大吉了。其实不然，一次成功的销售必须要有一个“圆满的结束”，销售人员要把“成交之后仍要继续推销”的理念运用到实际的销售活动之中，在交易顺利达成后，千万不要忘记适时地表达一下自己的谢意，以免让客户

觉得买卖做成后你就开始敷衍他，否则客户就会失去安全感。

行动指南

成交是销售活动的最后一个阶段，是销售的结束，也是销售的开始。这个阶段就如画龙点睛一样，眼睛点好了，龙才会栩栩如生；眼睛若点不好，那就是败笔，整条龙就没有生气。销售不是一锤子买卖，成交后不要急于撤退，而是向客户先道声“谢谢”，虽是最后的一笔，但收到的效果却大为不同。

巧妙处理抱怨，赢得宽容与信任

当有人抱怨时，机遇也同时存在。

——阿里巴巴董事局主席　马云

在心理学中存在一个著名的霍桑效应，说的是美国芝加哥郊外的霍桑工厂是一个制造电话交换机的工厂。这个工厂具有较完善的娱乐设施，医疗制度和养老金制度等，但员工们仍愤愤不平，生产状况极为不理想。为了弄清楚个中原因，美国国家研究委员会组织了一个由心理学家等各方面专家参加的研究小组，在该工厂开展了一系列的试验研究。在整个研究过程中，专家们通过“谈话试验”，耐心倾听了工人们对厂方的各种意见和不满，并做了详细记录。最终结果显示，工人们之所以消极生产是由于工人长期以来对工厂的各种管理制度和方法有诸多不满，无处发泄，“谈话试验”使工人们的这些不满都发泄出来，从而感到心情舒畅，干劲倍增。社会心理学家将这种奇妙的现象称为“霍桑效应”。

霍桑效应也叫“宣泄效应”，它同样适用于销售中。当客户的需求没有得到满足时，就会通过情绪、语言和行动表达出来，对产品和销售员产生抱怨。不少销售员把客户的抱怨视为小题大做、无理取闹，这是由于销售员没有替客户着想。

一个专门替人割草的小孩在公用电话亭给彼得太太打电话："您好，彼得太太，您需要割草吗？"

"谢谢，不用了，我的孩子。"彼得太太回答道。

"我会很仔细地帮您家草丛中的杂草全部拔掉。"小孩说道。

"还是谢谢你，我已经有了一个割草工，并且他做得很好！"彼得太太说道。

"我还会帮您把草与走道的四周割齐。"小孩又补充道。

"我家的割草工就是这么做的，谢谢你，我的孩子，我现在的确不需要割草工。"彼得太太说道。

小男孩挂断了电话。这时，他身边的好友不解地问："你打这样的电话干什么？你不就是彼得家的割草工吗？"小男孩说："是的，我只是想知道我做得究竟够不够好！"

作为一名销售人员，总是需要和客户近距离交流。由于产品不可能完美无缺，因此也难免会遇见客户对企业或销售人员提出异议的情况，这表示客户对企业或销售人员的工作不满意，这也是售后服务中最棘手的事情之一，但挫折就是机遇，如果能有效地处理好此类事情，就能让客户感到满意。

被誉为"经营之神"的松下幸之助对待客户的抱怨就非常认真，他是这么对他的员工说的："对于客户的抱怨不但不能厌烦，反而要表示欢迎，因为这是松下提升竞争力、取得订单的一个好机会。"他多次告诫下属："客户亲自登门投诉，其实是给企业提供纠正自身失误的好机会。有许多客户每逢买了产品或遇到不良服务时，因怕麻烦或不好意思而不来投诉，但坏印象、坏名声却永远留在了他们的心中。因此，对待有抱怨的客户一定要以礼相待，耐心听取对方的意见，并尽量让他们满意而归。即使碰到爱挑剔的客户，也要婉转忍让，至少要在心理上给这样的客户一种如愿以偿的感觉，如有可能，销售员尽量在少受损失的前提下满足他们提出的一些要求。假若能使鸡蛋里挑骨头的客户也满意而归，那么你将受益无穷，因为他们中有人会给你做义务宣传员和义务销售员。"

所以，面对客户的抱怨，你要摆正心态，但在具体处理上还要注意以下几点。

第一，多一点耐心。处理顾客抱怨的原则是一定要站在客观的立场上找出事实的真相，公平处理。当然，顾客的抱怨有时可能会有夸大的地方，如果是客户本身的问题，一定要耐心讲解，认真倾听客户的抱怨，不要轻易打断客户的抱怨和牢骚，更不要批评客户的不足，要鼓励客户倾诉下去。客户的怨气如同气球里的空气，当他把牢骚发完了，他们就没有怨气了。

第二，保持好的态度。处理客户抱怨首先要有良好的态度，保持良好的态度是处理客户抱怨的前提，然而要保持良好的态度，说起来容易做起来难，它要求销售员不但要有坚强的意志还要有牺牲自我的精神去迎合对方，只有这样，才能更好地平息客户的抱怨。

第三，动作迅速一点。客户抱怨的目的主要是让销售员用实际行动来解决问题，而绝非口头上的承诺，如果客户知道你会有所行动自然放心，当然光嘴上说绝对不行，接下来你得拿出行动来。在行动时，动作一定要快，这样可以让客户感觉到尊重，还可以表明经营者解决问题的诚意，也可以防止客户的负面宣传对公司造成重大损失。

第四，语言要得体。面对客户的抱怨，销售员绝不能推卸责任地说："这事不归我负责""这不关我的事"，更不能去教训或与其争辩。如果在客户抱怨发生的初期，销售人员若能巧妙地运用语言艺术加以缓和，把抱怨平息在萌芽状态，往往能起到事半功倍的效果。在向客户解释或说明时，应把握好以下两点：其一，说话语气要婉转，不能让客户感到难堪；其二，不能老强调自己的清白无辜。没有人喜欢承认自己误会了别人，因此，销售员在解释的时候，一定会受到客户表面上的抵抗。他们很可能会用"我不可能冤枉你"或"我绝不会那么糊涂，连这么简单的事情都搞不懂"等话语来为自己辩解，掩饰自己的过错。

第五，补偿多一点。客户的抱怨很大程度是因为他们对产品发生了质疑，因此，他们希望在抱怨或投诉之后能得到补偿，所以，作为销售员务必要给予客户无论是物质上还是精神上的抚慰，多给他们一点补偿，客户在得到心理上的满足后自然会理解并再次建立对销售员的信任。

行动指南

记住，客户的抱怨是你改正错误的最好教材。如果你发现问题出现在自己身上或是在公司，那你最好先坦率地承认，接着再给出具体的整改措施，表明你是有能力控制整个局面的。这样一来，就能证明自己或公司的实力，从而赢得客户的宽容与信任！

成交，销售才刚刚拉开帷幕

无论何时何地，我总是要和我的客户站在一起，与他们同呼吸、共命运。

——乔·吉拉德

很多销售员都认为成交是销售的终点，以为客户付了账、签了单就等于给销售画上了一个圆满的句号。实则不然，那些优秀的销售员都不把成交看成是销售的终点站，日本推销大王原一平有句名言："成交之后才是销售的开始。"

我们不妨来看看乔·吉拉德在和客户成交之后做的事情。

成交之后，乔·吉拉德需要做的事情就是马上把客户及其与买车子有关的一切信息统统都记进卡片里面；同时，他还要给客户寄去一张贺卡。凡是在他那里买了汽车的人，都能收到他的贺卡，从而也就记住了他。正因为他没有忘记自己的顾客，顾客才不会忘记他。不仅如此，他在成交后依然站在客户的一边，他说："一旦新车子出现了严重的问题，客户找上门来要求修理，有关修理部门的工作人员如果知道这辆车子是我卖的，那么，他们就应该立刻通知我。我会马上赶到，设法安抚客户，让他先消消气，我会告诉他，我一定让人把修理工作做好，让客户对车子的每一个小地方都觉得特别满意，这也是我的工作。"

严格讲，销售人员的每一个销售对象都是销售成功的见证人，都可以成为销售员与其他客户的参考对象。所以，销售员要确保产品安装和应用的全过程都与客户保持联系，并且，这一过程可能需要持续较长的时间。

当销售人员把产品销售出去的那一刻起，卖完产品后的跟进服务也就开始了。产品销售完成后，在客户收到产品的第二天，销售员应同客户及时联系并询问他是否使用了我们的产品。如已经使用，我们应以关怀的口吻询问他是如何使用的，有无错误使用；如没有使用，应弄清楚原因，有针对性地消除他的顾虑，并给予适当的称赞和鼓励。

具体来说，成交之后，销售人员需要做好以下工作：

1. 表示感谢

成交无论对客户还是对销售员来说都是皆大欢喜的事情，所以，成交后，销售员要利用适当的时机和方法向客户表示感谢。这里有一点需要说明，感谢的时间最好在交货后的第二天或第三天内进行，切忌在成交当时就千恩万谢，这会让客户觉得你终于完成了一项“阴谋”而对成交心生疑惑；另外，感谢的方式可以通过微信、邮件、电话或亲自登门等。

2. 检验交货

交货时，销售员务必亲力亲为，此时，你要先行查验，一旦发现有瑕疵的产品要立即更换，切忌欺瞒客户，以免送至顾客处造成不良影响。如果自己是在亲自操作，你应把相关注意事项给负责交货人员交代清楚，避免发生问题。

3. 测试安装

测试安装是技术活，一般公司都会指派相应的技术人员去客户那里测试安装。在这个过程中，销售员要密切注意安装进度，随时听取客户的意见。安装完毕后，你要亲自或另请专人复验，然后再让客户亲自操作一番，一定要把问题解决在离开客户之前。

4. 训练养护

现在的产品越来越趋向于智能化，产品结构复杂，客户有可能会被那些复杂的操作程序搞晕，因此，在成交后，你要给予客户操作指导和说明，有时候即便是一个小问题也会导致大故障，使产品应有的功能无法全面发挥。另外，产品的一些简单维护、保养和修理的技巧，你都要尽可能多地传授给客户。

5. 调查满意度

当客户对产品使用过一个阶段后，你要不失时机地请客户对其所购买的产品及服务提出评价或者开个满意证明，以便你日后的销售更加有力，有时候一张客户满意证明会对你今后的销售起到意想不到的作用。

6. 建立联系

销售其实就是交朋友，所以一定要跟进客户，和客户保持长期的朋友关系。增进客户的感情不但是提高销售业绩的保证，而且还会给你日后扩大销售带来助力作用。

记住：你忘记顾客，顾客也会忘记你。在成交之后，你要继续关注客户，了解他们对产品的满意程度，虚心听取他们的意见，如果客户对产品提出质疑，要及时采取弥补措施，只有始终站在客户的角度，和客户保持密切的关系，你才能在激烈的竞争中获得一席之地。

行动指南

签单只是销售的开始！对待客户要像对待自己的朋友一样。销售不是一个线段，而是一条连续的直线，成交并不只是本次销售活动的结束，更是下次销售的开始。只有在成交之后仍然像成交之前那样关心顾客、帮助客户说话，你才能够赢得老顾客的支持，吸引新的顾客。从心理学上来说，成交后的销售很容易走进客户的内心，从而为自己品牌增添一位忠实的消费者。所以，切忌把成交作为销售的终结，恰恰相反，成交才刚刚拉开了销售的帷幕，后续的客户维护才是重头大戏。只有在客户心中树立起良好的品牌形象，他们才会帮你转介绍，要知道他们的身后就是一个庞大的购买群体，他们通过你的客户介绍，极有可能成为你的潜在客户，所以成交只是销售的开始。

第十四章 好心态，大赢家

心态决定命运，销售是一项富有挑战性的工作，是对销售员心理素质的全面考验。不管别人怎么说，销售员都必须要对销售工作有一个理性的认识，认识到工作的价值和意义，体会到为目标而努力奋斗的乐趣，从而全身心地投入到自己的工作中去，做出不平凡的成绩。正所谓“态度决定一切”，要做好销售工作，首先要摆正自己的职业态度，干一行，爱一行。只有倾情投入，才会换回应有的回报。

成功必须具备的7大心态

工作的快乐来自于自己的心态。

——阿里巴巴董事局主席　马云

曾经有人说过："销售人员就是不断在'天堂'和'地狱'间轮回的人！销售成功了，你的收入会很高，就仿佛进了'天堂'一般；销售失败了，你的时间精力都浪费了，就仿佛下了'地狱'一般！"

在世界上，销售几乎无处不在，那么到底是什么决定了一个销售人员的命运呢？其实，销售成功与否，到底是在"天堂"还是"地狱"，都取决于你的心态。作为一名销售人员，有些因素会导致你在"天堂"与"地狱"之间轮回。

心态决定一切！好的心态让你成功，坏的心态毁灭你自己。可以说心态比知识重要，心态比能力还重要。从根本上决定我们生命质量的不是金钱，不是权力，甚至不是知识，也不是能力，而是心态！态度是人与人之间竞争制胜的最核心、最根本的竞争力。可见销售人员保持一个好的心态是何等的重要。通常有以下7种心态：

1. 成就的心态

一个人想要成就一番事业，首先必须树立成就心态，也就是说，要给自己一个准确的定位，要为自己定一个目标，要敢于去梦想，一个人如果连想也不敢去想何谈成功呢？想想我们来这里是为了什么，为什么来到这里？该怎么去做？也就是说，先要想清楚（What）什么和（Why）为什么然后才是（How）怎么！那些优秀的销售员之所以成绩卓著，就是因为他们有一个成就的心态，有了成就的心态就会达到成功的彼岸：如果一个人没有强烈的成功欲望，那他是不会采取任何行动来达到成就的目标。

2. 积极的心态

积极的心态，是走向成功、实现自己人生目标的灵丹妙药。事物永远是阴阳同存，积极的心态看到的永远是事物好的一面，而消极的心态看到的却是不好的一面。积极的心态能把坏的事情变好，消极的心态能把好的事情变坏。从心理学上来说，积极心态的重要性还在于它是一种控制的感觉，一种你认为自己是生活中最主要的创造力量的感觉。它让你觉得你能掌控所有发生在你身边的事情。发展并维持这种控制感，对你培养积极乐观的个性而言，是绝对重要的。

3. 学习的心态

在销售领域有一句经典的名言："成功代表过去，能力代表现在，而只有学习才能决定将来。"所以，作为销售员，要自始至终都抱有学习的心态，只有学习你才能不被同行淘汰，才能长久生存下去。如果再从心理学上来看，人在轻松时大脑皮层神经元才能形成兴奋中心，思维才能变得迅速、敏捷。因此，你要把学习变为一种乐事，采用多层次、多起点的学习方法，让自己体验到学习能使自我成功的乐趣。

4. 合作的心态

当今是信息化社会，信息化社会的一个特点就是人们掌握信息的速度是非常快的，你了解的信息大家其实都已了解，这就形成了"僧多粥少"的现象，资源一下子变得短缺起来了，所以，要想在这个社会获得成功，单枪匹马是行不通的，你只有和他人合作才能实现成功。合作是一种做人做事的境界，保持一颗合作的心与团队伙伴共同打天下。当然，合作不只是加法之和。成功不是打工，是合作，成功就是把积极的人组织在一起做事情，正如阿里巴巴总裁马云所言，"只有客户、伙伴、自己都赢了才算成功"。

5. 感恩的心态

机遇只偏爱感恩的人，青睐懂得如何去感恩的人！要想成功就要用全身心的爱来拥抱今天。只有感恩才能保持一个谦虚的心态，才能不断提升自己的知识、经验和能力！只有懂得感恩的销售才会站在客户的角度换位思考，才能了解客户的需求，才懂得如何满足客户的需求，也才能获得客户的信任和订单。

6. 平常的心态

民国元老、著名书法家于右任先生有一副对联，上联是：不思八九；下联是：常想一二。于右任老先生所要传递的信息是，人生不如意处十之八九，要多想余下那一二得意之处。常想一二，用一颗平常心、积极应对才是明智之举。

7. 自律的心态

一位著名的作家曾经说过这样一句话："要想征服世界，首先要学会控制自己。"世界上最难征服的就是我们自己，只有战胜自己，克服我们人性自身的缺点，才能成就大事。所以，要想获得成功，首先要做好自律，因为他是成功的一大因素。登峰造极的成就源于自律，达到巅峰绝不是一件容易的事。世界上很少有几个人能在自己的专业领域中，被公认为是鹤立鸡群的翘楚，而在历史上留下名声的人，就更是少而又少。

行动指南

有一句话是"你不能改变环境，但你可以改变心态"。整天抱怨命运，不如实实在在地努力。创造好的业绩需要好的心态，保持和谐的客户关系需要好的心态，光辉的事业需要好的心态，美好的前程在等着我们，就让我们从现在做起，从每一天每一刻的改变做起，为我们人生的梦想打拼到底！

你不是普通人，像冠军那样思考吧

近朱者赤，近墨者黑。

——《太子少傅箴》

很多销售员都说："我不是销售冠军，何以像销售冠军一样思考？”事实上，我们虽然不具备他们所拥有的非凡业绩和高超手段，但我们可以学习他们的思考方式，普通的销售业务员只要稍稍改变一下他们的思想方法，就有可能成长为销售冠军。学习以下几种思考方式，会使我们的大脑变得和销售冠军一样灵活。

1. 保持好奇心

心理学认为，好奇心是人们在遇到新奇事物或处在新的外界条件下所产生的注意、操作、提问的心理倾向。由此来看，好奇心是一种优势心理过程，驱动人们主动接近当前刺激物，积极思考与探究。牛顿对一个苹果产生好奇，于是发现了万有引力；瓦特对烧水壶上冒出的蒸汽也是十分好奇，最后改良了蒸汽机；爱因斯坦从小比较孤僻喜欢玩罗盘有很强的好奇心。伽利略也是看吊灯摇晃而好奇发现了单摆……好奇心是成就冠军的必备要素，没了好奇心就没有了探索的欲望，作为销售员，要想取得优秀的业绩是离不开好奇心的驱动的。

2. 学会联想

从心理学上讲，所谓联想，就是人们由一种事物想到另一事物的心理过程。世间的事物千差万别，然而它们枝枝相连，绝对孤立的事物是不存在的。正是客观世界这种网状的关联性，构成了人们联想的基础。联想可以由感知某一事物而想到另一有关事物。例如，看到客户的行为，就知道客户的性格；看到客户的衣着打扮就知道其消费层次，等等。

3. 让自己进入角色

找一本小说，自己扮演其中的主角，看看你的另外一种命运。在一篇动人的新闻报道里，试着成为见证人和采访者。在记者漏写的地方，你试着来描述。去博物馆，站在巨大的恐龙遗骸或神像前，尝试着成为恐龙或雕塑，你甚至还可以去动物园体会动物的生活。

有一位著名的细胞神经学家，他说自己在工作时仿佛变成了一个精神病人，在感知着神经之间神秘的联系，这种角色使他发现了许多别人未曾发现的秘密。

4. 随时随地学习

不少销售员都说自己整天忙业务，根本没有时间学习，其实人生无处不学习，怎么能没有时间学习呢？学习是一种很享受的事情。不管多忙，可以不吃饭，但不能不学习。古人强调学习有三上，即“马上”“厕上”和“枕上”，挤出零碎的时间都用来学习，何况我们现在有大把的时间玩微信、打游戏。

5. 拆掉思维的墙

人人都是规划师，就看你自己如何规划和修正了。先要打破思维的僵局。拆墙很重要，建墙更重要。破旧立新是一个系统的工程，有破有立才能继续，光破不立，还是一团乱麻。不少销售员经常羡慕别人功成名就，抱怨自己的产品不好，公司不好，客户太少。其实换个角度去思考，换个方式去行动，换个心情去感悟，“拆掉思维里的墙”，你就会发现“墙”外的世界更华丽，也许成功就是这样简单。

6. 挑战最后期限

有一位著名的专栏评论家，他的作品都是在“逼迫”中写成的。“就像有枪指着我的脑袋一样”，经常是发稿前的头天晚上在奋力敲键。他总是希望有更充裕的时间来周到地思考，没想到当他这样做时文思枯竭。原来他就是这样一种生物，在某个温度上别人要濒临死亡，而他却是最活跃的时候。他最好的文章产生于这样的时候，常常因为压力而文思泉涌妙笔生花。

人类天生具有应激力，仿佛置之死地而后生，天才的思考会在这时不期而降。

7. 跨越人生的灰色区

所有成功者都发现，在最困难的时候，他们都有过放弃的念头，只要坚持下来，都庆幸自己没有半途而废。你当然不可能只是遇到好天气。在进入倒霉的灰色区时，爱迪生曾经说过：“如果世上有运气这么一个东西，那么我一定就是世上最没有过运气的人，我一生都没有碰到过任何走运的事情。我希望努力得到自己需要的东西时，就开始发现这个世界上我不需要的一件接着一件的倒霉事。我发现了99件不想要的东西，而最后一件，也就是我一直在寻找的东西。正确的态度，会让你的灰色区充满期望。”

行动指南

冠军都有一个共同点，就是他们都有一种属于自己独特的思维方式。明智的思维方式是可以改变人们的生活的。像冠军一样思考是非常实用，且具有可操作性的一种思考方式，它将帮助你冲出“我只是个普通人”的思考模式，学习成功者的思考模式，成为心灵、物质富足的快乐的人！世界上最悲伤的语句莫过于“早知如此”！如果我们能及早像冠军那样思考，那么我们都能避开那些只有亲身经历过才能知道的教训。

销售其实就是在推销自己

推销的要点是：你不是在推销产品，而是在推销你自己。

——乔·吉拉德

我们知道，销售的最终目的是成功地把产品销售出去，并让客户满意。只要做到这一点，销售员才有饭吃。更重要的是要确保产品能使客户得到满意，这样才能有下一次的销售机会。从这个意义上来说，只有把自己销售出去，让客户接受，客户才有可能继续在你这里消费，才有可能给你扩大客户群体。所以，销售其实就是“展现自己、推销自己、说服他人”的活动。

推销商品之前，先推销自己。那么销售员怎样才能更好地推销自己呢？

1.先从形象开始

不少销售员认为产品是第一位的，只要产品质量好价格有竞争优势，哪怕是形象差点，一样可以把产品销售出去。有的销售员从不讲究穿着，结果是再好的产品都被他的形象打了折扣。太多的例子证明，由于销售员不注重仪表和服饰，不但丢掉了订单，还严重影响了公司的形象和品牌。一定要端正观念，那就是销售工作的关键是推销自己。试想有谁愿意和一个看上去衣衫不整的人合作呢？销售员的形象是销售工作中的第一块敲门砖，一定要提高这方面的认识，坚持不懈地修养自己的形象，让自己成为一个有品位的人。

2. 在和客户见面的第一秒就让他们爱上你

在第一秒就让客户发现你说的话和他有关。如果你是兰州人，走在成都的大街上远远看到一家兰州拉面，一定会倍感亲切，而就在近处的四川菜馆你反而可能不会注意到。所以第一秒就要把客户唤醒，让他发现产品与他有关。

3. 注意销售技巧

从销售心理学来讲，很多客户都怕你质疑他们的理解力。如果针对一件事情，你一直跟客户抬杠，让客户产生了逆反心理，这样即使是马上要成的单子也会被搞砸。所以，面对客户，你一定要巧妙地应对，话有三说，巧说为妙。

4. 不要贬低同行

贬低同行等于贬低自己。做销售的人难免会吹捧自己的产品，抬高自己的身价，但有一点要注意，就是在抬高自己的时候切忌贬低同行。有的时候我们好像觉得同行之间竞争，贬低竞争对手是常见之事，没什么要紧的，殊不知客户不是这样想的。其实，“王婆卖瓜，自卖自夸”，王婆只是说自己的瓜甜，并没说李婆的瓜苦！你可以多方位展示你产品的优点，但不要靠贬低别人来抬高自己，因为每个人都有自己的评判标准。正如大文豪苏东坡和佛印的故事：苏东坡去找佛印禅师聊天。苏东坡对佛印说：“我最近学佛很精进，你看我现在的坐姿如何？”佛印赞叹道：“像一尊佛。”苏东坡听了很高兴。佛印接着也问道：“那你看我怎么样？”苏东坡为了压倒佛印，就答道：“像一坨屎。”佛印听了也笑笑。苏东坡大笑着回家，并且告诉了他的妹妹苏小妹说他战胜了佛印和尚。苏小妹笑了：“你知道吗？佛印和尚因为自己是佛，所以他看你是佛。你自己是一坨屎，所以你看他才是一坨屎啊！”所以做销售的一定要切记，在贬低同行的时候，其实就是在贬低你自己！

5. 要多学习产品相关知识

销售是一门学问，包含的知识面很广。而你要与不同的职业和职务的人打交道，他们的性格各有不同。销售人员要恰当应对这些性格迥异的客户，就需要不断地学习、充实自己，尽可能多地学习一些相关知识，然后灵活运用到销售中去。

6. 要努力向高端发展，推销自己的人格魅力

我们说，推销产品其实就是在推销你自己。作为一名销售人员，推销的不仅是产品，更是一种精神。要想让客户愿意购买你的产品，首先要让客户接受你、信任你。

销售与购买，其实是销售人员与客户之间的一种交往活动。既然是交往，只有彼此之间产生好感，相互接受，才能够继续发展下去，并建立起比较稳定的关系。

行动指南

影响别人最好的方法是让他们喜欢你。所以，你要照顾好你自己，从外在仪态的包装到内在修养的培养，打好自己广泛深厚的知识底蕴。确立信心、去除恐惧，将从别人那里得来的肯定作为激励自己的力量。一切从自我魅力开始，然后把自己放到产品里，一起销售出去。

远离销售倦怠

今天很残酷，明天更残酷，后天会很美好，但绝大多数人都死在了明天。

——阿里巴巴董事局主席　马云

什么是倦怠？心理学上是这么解释的：倦怠是指长期、持续暴露于压力，尤其是在与工作有关的压力情境中所产生的独特情绪反应。

它是一种压力现象，可能产生于工作、生活以及情感当中。这种心理学范畴中所指的倦怠感，如果用通俗易懂的语言来重新诠释的话，大致是这样的：个人感觉特别累，压力特别大，对工作缺乏冲劲和动力，甚至出现害怕工作的情况，刻意与和工作相关的人与事保持一定距离，对工作不是热心投入，似乎总处于一种被动完成自己分内工作的状态，对自己工作的意义表示怀疑，也不再关心自己的工作是否有贡献，甚至怀疑自己不能有效胜任工作，认为自己的工作对社会、对组织乃至对他人都没有什么贡献……

销售工作就是最易让人产生倦怠的职业。长期销售同一种产品，你可能已经心生厌倦，再也激不起工作的兴趣和活力。倦怠可能正吞噬着你大笔的提成，直接或间接地影响着你的工作效率和工作成绩。那么，如何战胜销售倦怠呢？

1. 正确面对压力

压力是一种情绪体验，而情绪就像潮水一样，有高有低。心理学家把这种情绪低潮、不愿意上班、上了班也无精打采、消极怠工的情形称之为“职业感冒”。有些感冒随着时间的过去，就慢慢好了，有些感冒，则可能会引起大的职业问题，例如自我怀疑、价值感低、对自己不再有信任。要改变这种局面，销售员就要让自己的“感冒”尽快痊愈，要勇于面对自己的情绪低潮期，找到负面情绪后隐藏的正向意图，同时为意图找到新的、有效的发泄渠道。

试着控制一下自己身体和情感的状态，试着把令人沮丧的画面转换成诸如“最好的结果”这样令人振奋的画面。通过这些方法，你可以在压力应对方面迈出第一步甚至是最为关键的一步，你会感受到越来越多的创造性压力，避免更多倦怠性压力的产生。

2. 换个观点看问题

西方有一句谚语说得很好：“纵声欢唱的人会把灾祸和不幸吓走。”也就是说，面对压力和不幸，你要乐观。如果能够换个角度看问题，生活也就充满了希望和快乐。然而大多数销售人员往往看不到工作中积极和光明的一面，工作也因此暗淡无光。所以凡事换个角度看，你的心境将会大不同。

一位老太太有两个女儿，大女儿卖草帽为生，二女儿卖雨伞为生，老太太成天愁眉苦脸的。一位邻居问她："老人家，你每天都在为什么而发愁呢？"老太太说："唉，下雨天，我担心大女儿的遮阳草帽卖不出去，等天晴了，我又担心二女儿的雨伞卖不出去，你说我能不发愁吗？"邻居听后哈哈大笑道："你这老太太，你不妨这么想，晴天，你大女儿的草帽就有得卖了，你应该替你的大女儿高兴；雨天，你的二女儿就能卖出伞了，你应为你的二女儿高兴。换个角度想，无论下雨还是晴天你都应该高兴才是啊！"老太太听后，脸上终于露出了笑容。

换个观点看问题，你的工作将会多一点快乐，多一点阳光。萧伯纳有一句名言说得好："人生有两大悲剧，一是得不到你想要的东西；二是得到了你想要的东西"。如果换个观点，从另一个角度看，这两大悲剧也是快乐的源泉。一是没有得到你心爱的东西，于是你可以去寻求和创造；二是得到了你心爱的东西，于是你可去品味和体验。

3. 适当限制自己的能力范围

销售倦怠的另一个原因就是自己做了超出自己的能力范围之外的事情了，长此以往，自己的付出得不到回报，进而产生了恐惧，倦怠情绪不请自来。

从心理学上来讲，能力是完成一项目标或者任务所体现出来的素质，能力是直接影响活动效率，并使活动顺利完成的个性心理特征。所以，做事情一定要衡量自己的能力，切忌贪图冒进，记住：人最值钱的东西就是知道自己几斤几两。

一位做销售的朋友苦不堪言，逢人就吐槽，说老板一直想学马云的破釜沉舟，不停给他下死命令："上海市场，下个月你就要给我拿下来，拿不下来就是无能！"老板直言："不要给我摆困难讲道理，我就是要全力进攻，总之一个字：'拼'。"结局当然是劳民伤财，公司上下费了一番工夫，但是收效甚微。

有一个寓言故事更能形象地说明这个问题：有一只乌鸦，经常看到鹰从悬崖上俯冲下来，叼走一只小羊羔。志存高远的乌鸦也开始学习老鹰的姿态：展翅、俯冲、急转、腾空……终于练得差不多了。有一天，它看准一只小羊羔，呼啦啦地从山崖上俯冲下来，猛扑到它身上，狠命地想叼起来，但爪子却被羊毛缠住了。牧羊人随手抓住它，大笑："就你这鸟样儿，也想充老鹰。"

凡事要考虑自己的能力所及，尽量做到量力而行，量体裁衣，留有空白，留有余地，不能做自己根本做不到的事情。

4. 营造良好的工作环境

销售行业跳槽的人比比皆是，在哪都是销售，为啥还四处跳槽，除了基本的薪酬外，是不是还有其他因素？有人做了一项“为什么原因令你感到工作倦怠”为主题的调查显示，其中有699人认为“公司气氛压抑”是产生倦怠的主要原因，占总比例的40.2%；有21.5%的人认为是因“工作枯燥乏味”而提不起工作热情；有3%的人认为“工作年限太久”缺乏工作激情而产生工作倦怠。大多数被调查者一致认同，工作环境的好坏已经成为影响一个人职业发展的重要因素。

所以，要想打破销售倦怠情绪，就先从改变自己的工作环境开始。良好的工作场所对提高士气、保持工作时的好心情与克服倦怠有着重要的作用。具体来说，比如，你可以通过养成随时记录的好习惯来改善你的工作环境。正如谚语所说：“人不是天生蠢笨，而是天生健忘。”克服这一弱点，需要拿出点儿时间，写下三五张卡片，把积极有效的信息写上，从而让自己能够全面客观地注意到一天中所有需要完成的事项，能够随时关注重要的事项。例如，你可以写上“除了我自己，再无他人能够主宰我的思想、支配我的身体、左右我的情绪”。

5. 设法进入良好的销售状态

与倦怠性压力相对应的是良好的工作状态。态度决定成就，你的工作，就是你生命的投影。它的美与丑、可爱与可憎，全操纵于你之手。对于任何一份工作，最重要的就是充满对工作的热忱，特别是销售工作，不可能一帆风顺，痛苦和挫折是避免不了的，不论是销售流程中与客户接触时遇到的挫折，还是工作繁重但业绩平平的苦恼，都使销售人员的压力大大增加。这时，销售员就需要调节自己的心态，进行自我激励，保持积极的工作状态，使自己工作、生活得更加舒适。

有人问三个正在砌墙的工人：“你在做什么？”第一个工人头也没抬地回答：“你看不见吗？我正在砌墙。”第二个工人有气无力地嘀咕着：“我在做着一份工作，每小时可以挣8美元。”第三位工人哼着小调，欢快地说：“你知道吗？我正在建设一座宏伟的教堂，它一定会成为这一带最杰出的艺术作品。”三个工人，三个回答，三种工作态度决

定了他们工作的质量。真正要做好一份工作，最重要的不是你的能力，而是你的态度。

行动指南

对于销售倦怠问题，有各种方法可以做出调整。第一，你要看一下你是否对职业的期望太过于完美。正如一句玩笑话说的："理想很丰满，现实很骨感，梦想无论有多么美好，都需要你一步步去接近它"；第二，尝试用不同的方式来做这份工作或者从生活中寻找其他的乐趣；第三，关注你从这份工作中得到的"分红"。其实，倦怠何尝不是一份礼物，倦怠的出现其实就是在提醒我们应该对工作做出一些改变了。

突破自我，开发小宇宙

突破自我，突破思维定式，突破昨天。

——海尔集团董事局主席　张瑞敏

许多销售员踏入销售行业，并非怀抱梦想而立志于销售行业，而是因为许多销售行业门槛较低，对应聘者要求不高。因为抱着混口饭吃的想法来到销售行业，因而在从事销售的过程中，许多销售员常常会感到迷茫。

面对陌生的客户和迟迟不见增长的销售业绩，许多人常常感到失落，加上生活、工作、社会等各方面的压力，使他们内心万分压抑。他们看不到自己的前途、看不到自己的未来，甚至看不清脚下的路。

然而，今天我们要说的是，每个人的身体里都有一个沉睡的巨人。如果将这个巨人唤醒，你将发现你拥有神奇的力量，能战胜一切，演绎出精彩的人生。这个巨人就是我们所说的潜能。

根据心理学家的研究，每个人都有巨大的潜能，一般人的潜能使用率不超过10%。那些还在沉睡的潜能就是你所不了解的那个令你都吃惊的自己。

爱迪生说："如果我们做出所有我们能做的事情，我们毫无疑问地会使自己大吃一惊。"只有抱着积极的心态去开发潜能，就会有用不完的能量，能力就会越用越强。反之，就只有怨天尤人，叹息命运的不公，变得越来越消极无为。

人人都是天才，至少天才身上的东西都可以在普通人身上找到萌芽。只要我们将潜能发挥得当，我们就可以成功。

一般销售人员与销售高手的差距也就是在运用潜能上存在不同程度的差别。那么如何开启你的销售潜能呢？我们必须了解自我观念。因为一个人的自我观念掌握了他的各种行为表现，自我观念是依据你对一件事情、你所相信的状况而形成的。当你相信一件事情时，它就会成为你潜意识里的真实状况，并且你会遵循这些观念来行事。

自我观念的核心其实就是自我价值，自我价值是指我喜欢自己的程度，每当你发自内心地重复说"我相信自己"时，你的自我价值就会提升，你生活中各方面的能力也会同时提高。因此，顶尖的销售高手都保持着热忱、积极的态度。相信自己是个最优秀的销售人员，感觉到自己是个胜利者，这正是顶尖销售人员的销售智慧和职业风范之一。

正因为自我价值同积极的心理态度关系密切，销售人员所显示的态度就是内在自我价值的表现，所以要好好地规划你的内在价值。作为一名销售人员，你必须学会把握自己的事业和人生，认识到不断学习、不断提高自我的重要性，如果你不能发挥自己的潜能，那你就无法适应这个变化剧烈的市场。要想成为一个顶尖的销售人员，你必须先提高自我价值。

另外，健康的身体和外表的观感也会影响自我价值的体现。一个喜欢自己的人永远会把最好的一面表现出来。所以，每天早晨看着镜子中的自己说"我喜欢我自己，我感觉非常好！我喜欢我自己，我感觉非常好"来提振士气是很有必要的。

行动指南

销售员该如何自我突破呢？第一，绷紧神经。时刻关注自己的销售，销售是一种要求“全力以赴、尽力而为”的工作。绷紧神经会使你关注自己的每一笔生意，并能从中发现另一个销售的机会。第二，独当一面。作为销售员就应该养成承担责任的习惯，没有人喜欢不敢担当的人。承担责任另一个要求是要以高出自身职位的标准来要求自己。第三，未雨绸缪，重视自己的职业规划，“静观通神”，要在繁忙的工作中能够冷静下来，思考自己未来的发展道路。

在坚持中收获成功

我已经给自己创造了道路，我将坚定不移。既然我已经踏上了这条道路，那么任何东西都不能妨碍我沿着这条路走下去。

——哲学家 康德

美国销售员协会做过一项研究：48%的销售员被拒绝一次就放弃；25%被拒绝两次就放弃；12%被拒绝三次之后还继续做下去，80%的生意就是他们做成的。所以，销售员战胜拒绝和挫折的良药就是坚持下去，在坚持中收获成功。

有位销售老师说过一番对所有销售员来说都有借鉴意义的话。他说：“销售其实有个成功的概率在里面，区别只在于经验多、技巧好的人成功率高一些，比如打3个电话中可以约着2位客户。而经验少、技巧差的人成功率可能就低一些，比如打10个电话才约着2位客户。被拒绝没什么可怕的，你打100个电话都被拒绝了，只能说明你越来越接近成功。反过来，如果你打了10个电话，10个都成功了，说不定你接下来就要开始吃闭门羹了。这就是战胜拒绝和挫折的关键，你必须去做，必须不断地打电话。”

根据我国一家销售公司的不完全统计表明，不能坚持是销售失败的主要原因：有10%的销售员不能坚持一个月，有15%的销售员不能坚持两个月，有25%的销售员不能坚持三个月，只有50%的销售员坚持三个月后继续干下去。

没有恒心，“三天打鱼，两天晒网”，或者浅尝辄止、半途而废，都难以在工作中取得成功。想要作出不菲的成绩，或者成就不凡的事业，没有持之以恒的精神是不行的，没有任何一个喜欢半途而废的人能够获得伟大的成就。就像挖井取水，虽然地址选对了，但有的人挖了3米就不再挖下去，而轻易下结论说“此地无水”，选择了离开；有的人挖了5米，也渐渐失去了耐心，觉得是挖不出水的，也选择了放弃；而有的人却坚持不懈，一鼓作气地挖下去，挖到6米的时候，就看到了汩汩涌出的泉水。只要再坚持一会儿，再挖几米就能挖到水了，但是他们选择了半途而废，于是最终失败了。其实，有时候成功与失败，杰出与平庸之间就差那么一点点的距离，谁有恒心，谁能够坚持到最后，谁就会取得胜利。

张小姐是某知名品牌化妆品的推销员，有一天她去一位女士家中推销晚霜，于是，张小姐就向她推荐了一种新产品。她向这位女士介绍说，这是新上市的一种新产品，保湿和美白的效果都非常好。由于是新产品，该女士有些怀疑，但还是很有兴趣地请推销员拿给她看看。

女士边看边问张小姐：“效果真的很好吗？里面会不会含有激素啊？”

“这种产品都是纯天然制剂，不含有任何的人工激素，您可以放心使用。”张小姐回答道。

“我可以试一下吗？”女士问道。

“当然可以啦！”张小姐说。

张小姐让女士在手背上试了一试，并问感觉怎么样。

女士说：“我感觉效果不是很明显啊！感觉有些干燥，是不是保湿效果不好啊？”

张小姐赶紧解释说：“这种产品保湿是很专业的，绝对没有问题，而且它还具有很好的补水作用，对于干性皮肤更加适用。”

女士还是表示怀疑：“既然是新产品，我怎么会知道会不会长期有效呢？”

“这个您尽管放心，这都是大公司的优质产品，质量您不必怀疑，很多客户使用后都反映效果很不错，而且现在它的销量也是很好的。”

张小姐说道。

“我觉得还是不太适合我，让我再考虑考虑。”女士说道。

一番努力之后，张小姐觉得客户并不是真心购买，而是有意为难自己，于是便心生倦意，放弃了继续争取的打算，对客户说：“那真是很可惜了，对不起，打扰您了，希望下次的新产品能够适合您。”

张小姐的中途放弃使交易最终失败。其实客户越是刨根问底，越是表明她对产品感兴趣，而且购买的可能性越大，毕竟客户希望新产品能够让自己“买得放心”，所以要求苛刻也是很正常的。这时候选择放弃，则会最终失去最有潜力的客户。如果张小姐能够再坚持一下，鼓励客户尝试尝试，客户就会被她说服，但是她缺乏恒心，关键时候放弃，最终使交易半途而废。

可见，缺乏恒心是大多数人销售失败的根源，在销售领域中取得重大成就的人无不与其坚韧的品质有关。成功更多依赖的是一个人在逆境中的恒心与忍耐力，而不是天赋与才华。有些人生性悲观，一脸的无奈，凡事都往坏处想，在进攻之前，先想好了一系列退守的路线，摆满了失败的借口。这种思维甚至渗入了他的潜意识，以至于表现在他的不经意的行为中，这样如何会有好成绩？

不可否认，事情办不成的原因确实客观存在。但是爱找借口的人，失败的几率往往高于平常人，平常人失败的几率，高于那些不认识“不可能”这三个字的人。因此绝不能在做事之前，就开始找借口搪塞。致使成功的概率很低，但只要存在着可能，就要勇敢地接受挑战。只有勇于接受挑战，才会存在成功的可能性。倘若在一开始就放弃，胜利的号角绝不会为你响起。

所以，一个优秀的销售员他会时刻记住：成功根本没有什么秘诀可言，如果真有的话，就是两个：第一个就是坚持到底，永不放弃；第二个就是当你想放弃的时候，回过头来看看第一个秘诀：坚持到底，永不放弃。

我们来看一看美国著名的金牌销售员乔·库尔曼的故事吧，他曾经连任3届百万圆桌俱乐部主席。乔·库尔曼幼年丧父，11岁就每天凌晨4点半起床，上街卖报。18岁成为职业棒球手，后来又因弄伤了手臂，被迫放弃棒球事业。当了一名寿险销售员后，8个月没有业绩，正在谋划辞职的时候，他听到成功学大师戴尔·卡耐基的讲座，又被公司总裁的讲话所鼓舞，由此激励了斗志，几经波折，终于取得了良好的业绩，由此悟出“天道酬勤，情况坏到极点，往往就开始好转。”

多年后，业绩辉煌的库尔曼又与卡耐基横跨美国巡回演讲，谱写了一曲人生拼搏奋斗的凯歌。

乔·库尔曼坚持到底，永不放弃的故事很有启发意义，他告诉每个销售员：首先，你要在失败中坚持。由于新人尚未熟练，因此遭遇困难是很正常的。这时你要对自己说，最初当然不顺利，反复去做就会变得顺利。反复实践正是走上顺利的唯一方法，即所谓反复十次可以记住，反复一百次能够学会，反复一万次，就变成职业高手了。

如果总是希望销售一开始就会顺利，抱着甜美的希望，结果，很容易因大失所望而深受打击。所以应该经常对自己说：“开始时不顺利是自然的，唯有在反复中不断进步，才会变得顺利。”

其次，你要在纠正错误中坚持。想一想，在自己的性格中，还有哪些优秀的东西没有派上用场？同时回头检查一下自己的错误。但要注意，我们“回顾过去”的目的是“展望未来”，而不是找个理由让自己当逃兵。别把自己的过去说得一无是处。谁都有自己独特的优势，你也不会例外。

最后，你要在战胜自我的战斗中坚持。很多人之所以不能成功地进行销售，是因为他们面对棘手问题拖着不办。他们往往爱做可做可不做的事，却不做该做的事。所以，遇到难题的时候，你就要对自己说：“做完它，我就可以清闲了，现在阻碍你享清福的就是它！”然后，就像它是你的敌人一样，向它进攻，把它赶跑。当你习惯了以后，你会发现，这是很爽的一件事——当你攻克了一个难关以后，你的感觉会和马拉多纳进了一球后的感觉差不多。

行动指南

每个人都应耐心地追逐成功，你会因此而品尝到成功的果实。成功就是简单的事情重复做，只在持之以恒地坚持下去，成功迟早会光顾你。既然自己选择了销售工作，就应该毫不动摇地坚持下去，即使经受再多的困难和阻碍，也不能轻言放弃。想要成为顶级的销售人员，就一定要具备持之以恒的品质。

永远不要低估一颗勇敢的心

勇敢里面有天才、力量和魔法。

——德国诗人　歌德

每位销售人员都有这样或那样的梦想，但梦想成真者往往不占多数，其主要原因就是缺乏一颗勇敢的心，想为而不敢为，结果就一事无成。在每位销售人员的工作中，都会经历许多害怕做不到的事情，因而他们画地为牢，裹足不前，使无限的潜能化为有限的成绩。

有人把销售工作比喻成一场战争，并引用一位在战争中失去一条腿的军官的话来描述“看不见的敌人”最可怕，“最恐怖的是眼睛看不见的敌人。跟眼睛看得见的敌人作战，心中多少有些充实感；但在密林中作战，看不见敌人，冲进去却没有抵抗，时间 5 分钟、10 分钟地过去，安静得令人窒息。恐怖成了我们心中的敌人。”

销售人员也有两大敌人：看得见的敌人——竞争对手；看不见的敌人——自己。心理学告诉我们，每个人都有潜力可挖，每个人最大的敌人是自己，所以要想成功就得向自己挑战，发挥出自己的最佳水平。

销售人员在面对日复一日的拒绝时，如果没有顽强的斗志和必胜的信念，免不了会产生“太受打击了，我实在是坚持不下去了”的逃避思想，这就是心中看不见的敌人之一。要想战胜这种看不见的敌人，除了销售人员自己给自己鼓劲外，别无良策。

“销售之神”原一平 23 岁时，远离家乡到东京打天下。27 岁进入明治保险公司做了一名“见习销售员”。他并没有被正式录用，只想让他试一试，但当时的现实生活问题逼得他喘不过气来，他不吃中餐是因没钱吃；他不搭电车，是因为没钱搭，但他把“没钱吃”改为“我不吃”，“没钱搭”改为“我不搭”，并把省下的时间用来拜访客户，拖欠了 7 个月房租后，公园成了他的家，长凳就是他的床。但他的内心仍在呐喊着：“原一平啊，千万不能泄气；全世界独一无二的原一平啊，提起精神；拿出更大的勇气和斗志来吧，原一平是顶天立地的；原一平是绝不屈服的；原一平是永远打不倒的！干呀！我要勇敢地干下去。”幸运的是就在睡公园期间，他认识了三业联合公会的董事长并从他那儿拉到了保险，经过理事长的介绍，原一平很快同三联合公会的许多公司搭上了线，获得了很多的潜在客户，从那一天起，原一平开始走向成功了。

销售是勇敢者才能从事的职业。销售是向准备拒绝你的人销售产品，让无心购买东西的人购买你的产品，可想而知它的难度有多大。所以说，销售是一种高风险的行当，不是一些懦弱的人所能承受的，只有勇敢者才有希望在销售行业中建功立业，成就辉煌人生。

杰夫·荷伊芳刚刚开始做销售工作的时候，有一次。他听说百事可乐的总裁卡尔·威勒欧普将到科罗拉多大学演讲。于是，杰夫就找到为卡尔先生安排行程的人士，希望对方能安排个时间让他与百事可乐的总裁会面。可是那个人告诉杰夫，总裁的行程安排得很紧凑，最多只能在演讲后的 15 分钟与杰夫碰面。

于是，在卡尔先生演讲的那天早晨，杰夫就到科罗拉多大学的礼堂外面苦等，守候这位百事可乐的总裁。

卡尔先生演讲的声音不断地从里面传来，不知过了多久，杰夫猛然惊觉，预定的时间已经到了，但是卡尔先生的演讲还没有结束，已经多讲了 5 分钟。也就是说，自己和卡尔会面的时间只剩下 10 分钟了。他必须当机立断，做个决定。

于是，他拿出自己的名片，在背面写下几句话，提醒卡尔先生后面还有个约会：“您下午两点半和杰夫·荷伊芳有约。”然后，他做了一次深呼吸，推开礼堂的大门，直接从中间的走道向卡尔走去。

卡尔本来还在演讲，见他走近，便停了下来。这时，杰夫把名片递给他，随即转身循原路走回来，还没走到门边，就听到卡尔告诉台下的听众，说他约会迟到了，谢谢大家今天来听他演讲，祝大家好运。说完，他就走到外面与杰夫碰面。

此时，杰夫坐在那里，全身神经紧绷，呼吸几乎快要停止了。卡尔看看名片，接着对他说：“让我猜猜看，你就是杰夫，对吧！”于是，他们就在学校里找了一个地方，自在地畅谈了一番。

结果他们整整谈了30分钟之久。卡尔不但花费宝贵的时间告诉他许多精彩动人的故事，而且还邀杰夫到纽约去拜访他和他的工作伙伴。不过，他赐给杰夫最珍贵的东西，则是鼓励他继续发挥先前那种大无畏的勇气。卡尔说："不论在商场或任何领域，最重要的就是'勇气'。当你希望达成某件事时，就应具备采取行动的勇气，否则最后终将一事无成。"

在销售过程中，销售人员第一个销售的应该是他的勇气，这是每一个从事销售工作的人员都要牢记的法宝。销售是一种销售自己的职业，更是一种勇敢的职业。当销售人员向别人销售产品，他们面对的不仅仅是别人，也是自己。有一些销售人员，当他们在销售过程中遭到拒绝后，往往会产生一种心理障碍，害怕再去向别人销售产品。所以，勇敢的心是非常重要的，勇气是你行动的动力。作为销售人员，应该克服自己的恐惧心理，让勇敢在你的心里生根发芽。

行动指南

作为一名销售人员，请你记住一句话：永远不要低估一颗勇敢的心。有时成功就在你的身边，就看你有没有一颗勇敢的心去采摘胜利的果实。失去金钱的人损失甚少，失去健康的人损失极多，失去勇气的人损失的是一切可能。

承担多大的责任，就能取得多大的成功

责任就是对自己要去做的事情有一种爱。

——德国诗人　歌德

每个人在事业发展的道路上，必定要经受很多挑战。挑战既蕴含着一定的风险，又潜藏着成功的机会。面对挑战，只有勇敢地起身迎接，主动承担重大的责任，才能从中抓住成功的机会。

比尔·盖茨曾经说过："如果你有很强的责任感，能够接受别人不愿意接受的工作，并且从中体会到辛劳的乐趣，那就能够克服困难，达到他人无法达到的境界，并获得应有的回报。"做到这一点固然不容易，但是作为一名销售人员必须知道这样一个事实：成就任何一番事业都不可能是轻而易举的，为了事业的发展和企业的利益勇于承担重任，这是每一个企业员工都应该尽全力做到的事情。

有这样一个实例：某公司的销售部经理李先生，在一次与客户针对某些问题进行谈判的过程中，由于措辞不当惹怒了客户。这位客户是一家大房地产公司的业务代表，如果不能挽回客户的好感，那么公司失去的就不仅仅是这笔交易，还将失去与这家房地产公司的很多合作。如果失去这样一位大客户，那么对于公司的销售总额将会造成很大的冲击，公司因此遭受的损失也不可估量。为了重塑与这位大客户之间的友好关系，更是为了维护公司的利益，公司召开特别会议，决定派出得力人手去完成这项重任。

公司的每一位部门经理及销售人员都参加了这次会议，不过每一位参加会议的人都知道，这项任务既艰难又有很大风险，因为一旦完不成，不仅根本目的实现不了，而且还会在公司内留下"爱出风头"的印象。况且，要真想完成这项任务，实在是太难了。大家都清楚，重塑客户关系要比最初拓展客户时更为艰难，因为这首先要消除客户内心的强烈不满。而这项工作本身就充满了挑战，在消除客户不满的同时，还必须要进一步加强与客户之间的沟通与交流，并且达到继续与客户保持长期合作的目的。

因此，参加会议的每一个人都不敢贸然领命。当公司领导提出这项议题之后，大家都保持沉默。看到这种情形，公司总经理又意味深长地说了这样一段话："第二次世界大战中，美国最受人尊敬的军事家巴顿将军曾经指出：在作战过程中，每一个人都必须肩负起自己应尽的责任，要到最需要你的地方去，做你必须做的事，而不能忘记自己的责任。巴顿将军还说，当敌人来犯时，如果谁能主动请缨完成极富挑战性的重任，并且能够尽自己全部努力完成自己肩负的重任，那么这个人就是最值得人们崇敬的真英雄。如果一个人在战场中一心想着远离前线作战，不肯为完成任务而担负风险、付出努力，那么这种人就是地道的胆小鬼，这种人永远都只能得到人们的唾弃。"

听了总经理的话之后，与会者均不由感到非常难堪，刚刚从公司项目部调到销售部不久的销售人员小孙内心也受到了很大触动，他其实有过接受这项重任的念头，因为他在项目部的时候，曾经与那位客户在另外一个项目中进行过合作，彼此都留下了不错的印象，可是小孙也有和其他人一样的顾虑，所以一直保持沉默。不过，在听到总经理的话以后，小孙觉得自己不能再沉默下去了，于是他站起来主动请求接受这项重任。

就这样，在众人有些惊讶又有些不屑的目光中，小孙接受了重任。后来，小孙通过艰辛的努力终于赢得了客户的好评，并为公司赢得了与客户的长期合作关系，小孙也逐渐由销售人员成为部门经理，后来又成为公司的销售总监……

虽然小孙主动承担具有挑战性的重任，将种种风险加之于己，但是他在完成这些工作、履行必要责任的同时，也获得了成功拓展未来事业发展的大好机会，而且他在承担重任过程中所积累的知识、经验和能力又为其未来事业创造了有利条件。

行动指南

作为销售员，在责任方面务必做到：第一，要担当起自己应该尽到的责任，如果对自己应该尽到的责任都逃避，还何谈去谋求未来事业的发展呢？第二，要主动担当自己能尽之责，自己有能力做好的事情就不要把它留给别人；第三，无论是对本公司内部的工作职责，还是对于与客户交往过程中的另外一些职责，都应当以认真负责的态度去对待。

参考文献

[1] 黄雪英，陈永泰. 营销心理学 [M]. 北京：中国财政经济出版社，2015.

[2] 陆剑清. 现代营销心理学 [M]. 北京：首都经济贸易大学出版社，2014.

[3] 苏山. 顶级销售员内部核心课程——异议调解 [M]. 北京：北京工业大学出版社，2014.

[4] 王俊峰. 每天学点销售心理学全集 [M]. 北京：石油工业出版社，2010.